緣於山海之間

東臺灣的原民與客家

王俐容◎主編

中大出版中心 National Central University Press ｜ 遠流

《台灣客家研究叢書》
總序

　　在台灣這塊多元文化的土壤上，客家族群以其獨特的文化與歷史，對台灣的社會發展產生了深遠的影響。客家人在台灣社會發展的各個階段都表現出積極參與、熱心社會事務的精神，在推動民主化過程中發揮了關鍵作用，與其他族群共同建立台灣民主制度的基石。客家人對於本土文化的承傳與復興同樣不遺餘力，不僅保護和傳承了自己豐富的文化遺產，也積極參與到台灣文化的多元發展之中。因此，客家文化已成為台灣文化的重要組成部分，為台灣社會的多元性與包容性貢獻了重要的力量。

　　從學術的角度，客家文化與歷史及其在台灣社會的多元性與發展過程的意義之研究，在客家研究體制化之前，一直未能從客家族群的視角來處理。這一領域的研究涵蓋了廣泛的田野調查、問卷研究、歷史文獻分析等，涉及經濟、文化、產業、語言、政治等多個層面，也牽涉到客家與周邊族群、客家研究的方法論，甚至知識論的範圍。客家研究不僅揭示了一個族群的歷史軌跡和文化特色，更從社會學、歷史學和文化研究的角度，提供了對台灣社會結構和文化動態的深刻理解。此外，通過對客家族群的批判性研究，我們能夠探討族群歷史詮釋的時代意義，並從中發掘族群多元價值對台灣社會發展的深層影響。

　　《台灣客家研究叢書》自發行以來，一直致力於提供高質量的學術平台，向學術界開放徵求書稿。經過嚴格的審稿過程和專業的編輯工作，確保了每一本出版物的學術水準與創新性。這些

努力使《台灣客家研究叢書》在學術界獲得了廣泛的認可，甚至成為學者們在學術升遷過程中的最為專業的學術出版機構。我們的目標不僅是出版優秀的學術作品，同時也致力於推動客家研究領域的進一步發展，為台灣乃至全球的學術交流做出貢獻。

這一系列已經出版了許多具有重要學術價值的論著，並持續吸引著來自各個學術領域的學者投稿。展望未來，我們正在積極、持續徵求更多優秀的學術作品。我們鼓勵來自不同學術背景的專家學者參與投稿，尤其是那些能夠提供新視角、新方法論，以及與台灣客家研究相關的學術專著。我們期待著每一位學者的珍貴貢獻，共同推動客家研究領域的發展，完成叢書的學術價值及出版質量。前述理想之所以能夠實現，要衷心感謝國立中央大學的遠見及對《台灣客家研究叢書》的支持與推動，在此向中央大學至上深深的感謝。

張維安

國立陽明交通大學榮譽教授

國立中央大學客家學院前院長

112.12.1

作者簡介

謝世忠

現職：國立臺灣大學人類學系兼任教授（2020-）、高等教育評
鑑中心人文學門認可審議委員（2016-）、《原住民族文
獻》季刊總編輯（2020-）

簡歷：美國西雅圖華盛頓大學人類學博士（1989）。國立臺灣大
學人類學系教授兼主任（1999-2002/2005-2008）、國立臺
灣大學行為與社會科學研究倫理委員會主任委員（2010-
2020）、美國哈佛大學哈佛燕京學社訪問學人（1997-
1998）、美國西雅圖華盛頓大學東南亞研究中心傅爾布萊
特訪問學人（2003-2004）、美國奧瑞岡大學人類學系傅
爾布萊特禮訪教授（2016-2017）、馬來亞大學文明對話
中心訪問教授（2009/10-2009/12）、德國漢堡大學訪問學
者（2010/5-2010/6）、德國海德堡大學訪問學者（2013/9
-2013/10）、俄國聖彼得國立大學訪問學者（2014/9-
2014/10）、美國西雅圖華盛頓大學人類學系通訊教師
（1990-1997）、臺灣人類學與民族學學會理事長（2016-
2018）、中國民族學會理事長（2001-2003）。研究領域
包括族群理論、第四世界國際原住民族運動、泰學與寮
學、現代北海道愛努族、中國西南少數民族、臺灣原住民
族文化、發展人類學、觀光人類學、人類學史、詮釋人類
學。

pasuya poiconx 浦忠成

現職：國立東華大學榮譽教授、監察院監察委員、國家人權委員會委員

簡歷：文化大學中國文學研究所文學博士。曾任總統府原轉會副召集人、國立東華大學原住民民族學院院長兼民族事務發展學系教授、考試院考試委員、國立臺灣史前文化博物館館長、原住民民族委員會副主委，曾參與推動《原住民族教育法》及《原住民族基本法》，致力促進原民正義，傳承語言與文化，推動原民相關法制。研究專長領域包括口傳文學（民間文學），原住民族口傳文學，神話，原住民族教育、文化與人權。曾出版過《臺灣原住民族文學史綱》、《原住民的神話與文學》、《神話樹與其他——鄒族土地與文化的故事》、《再燃庫巴之火》、《被遺忘的聖域：原住民族的神話、歷史與文學》、《敘事性口傳文學的表述：臺灣特富野部落歷史文化的追溯》、《從部落出發：思考原住民族的未來》等。

tanivu tapari 王昱心

現職：國立東華大學原住民民族學院教授，花東地區永續發展基金會委員

簡歷：澳洲史溫本科技大學設計博士。現任國立東華大學原住民族樂舞與藝術學士學位學程教授，原住民族學生資源中心主任。陶塑創作者，舉辦多次個展，曾任策展人：「花徑有光——東海岸女性藝術家的生命看見」（2023）、「纏繞Lemikalik——武玉玲個展」（2020）、「山海原力

——原住民族藝術展」（2019，國立中正紀念堂管理處）。研究專長領域包括傳統工藝與當代藝術研究、原住民族文化資產、文化創意產業與產品設計。曾出版過《2022蒔光bimisi——王昱心陶塑個展》、《蔓延：看見神話系列》、《重組：看見神話系列》、《再現：看見神話系列》。

潘繼道

現職：國立東華大學臺灣文化學系教授

簡歷：國立臺灣師範大學歷史學博士。學術專長為臺灣史、臺灣原住民史、東臺灣歷史、史學田野調查、東臺灣區域研究。出版過《國家、區域與族群——臺灣後山奇萊地區原住民族群的歷史變遷（1874-1945）》、《清代臺灣後山平埔族移民之研究》及客家研究、原住民族研究論文多篇。

姜貞吟

現職：國立中央大學客家語文暨社會科學學系教授暨通識教育中心主任、財團法人婦女新知基金會董事長

簡歷：法國巴黎Vincennes-Saint-Denis大學女性研究博士。現職為國立中央大學客家語文暨社會科學學系教授暨通識教育中心主任、財團法人婦女新知基金會董事長、教育部《性別平等教育季刊》副總編輯，曾任台灣女性學學會理事、行政院性別平等委員會委員、客委會性別平等專案小組委員等。主要學術專長為宗親族研究、性別研究、客家研

究、性別與政治參與等。著有專書《女歸成神》、《現代台灣客家女性》專書等，相關研究收錄於《認識台灣客家》、《這是愛女、也是厭女》、《性別向度與臺灣社會（第3版）》、《客家エスニシティとグローバル現象》（《客家族群與全球現象》）、《發聲與行動：大學教師的學術勞動與性別運動》等書，長期關注性別議題的社會倡議，尤其是從知識體系的研究到意識行動的實踐。

王俐容

現職：中央大學通識教育中心與客家語文暨社會科學學系合聘教授，兼中央大學副教務長

簡歷：英國華威大學（University of Warwick）文化政策研究博士。出身臺大社會系、歷經政大新聞學研究所訓練、報社採訪編輯的經驗；後往英國研讀文化政策與藝術管理的碩士與博士；學術背景跨越了社會學、傳播學、文化研究、文化政策與藝術管理等學門。著有：《台灣客家族群文化政策》；編有《多元的吐納：穿梭於台灣文化公共領域》、《AI時代的數位傳播素養教育》、與《認識台灣客家》等書，研究專長包括文化政策（文化公民權、文化平權）；客家與族群關係（平埔客家、印尼客）；跨國社群與遷移（泰國客家研究、臺灣新移民與二代）；數位傳播素養、人工智慧運用與文化科技等。文化部文化平權委員（第一到三屆）、文化部民俗審議委員、客委會客家智庫專家（第一屆）、台南族群主流化委員會委員（第三屆），台北市客家事務市府顧問（2022-）以及教育部人

權講師（專長兒童人權公約）。

王保鍵

現職：國立中央大學客家語文暨社會科學系教授，兼客家學院語
言平等及政策研究中心主任

簡歷：國立臺灣大學國家發展研究所博士、中國文化大學政治學
研究所博士，並獲得獎學金獎助至英國 University of South-
ampton 修習博士課程。已出版《少數群體語言權利：加
拿大、英國、臺灣語言政策之比較》、《客家發展之基本
法制建構》、《圖解行政法》（增訂第十版）、《圖解政
治學》（增訂第八版）、《圖解地方政府與自治》（增訂
第六版）及客家相關研究論文十餘篇。

Awi Mona 蔡志偉

現職：國立東華大學法律學系副教授

簡歷：美國華盛頓大學（University of Washington, Seattle, W.A.）
法律學博士。為臺灣首位原住民取得法學博士者，深耕本
土法律的理想，以具原住民身分之法學者投身原住民族法
學與人權之拓荒與開創，兼以具有呈現作為原住民族法專
研學者對法學專業領域獨特貢獻的雙重特色，推動臺灣原
住民族法學在國際上與各國學說及實證並駕齊驅，足以代
表個人在原住民族人權與多元文化法學領域作為領先學者
之一之實證。主要研究領域：原住民族法、國際法、人權
法、文化法。

石慧瑩

現職：國立中央大學客家語文暨社會科學學系副教授

簡歷：國立中央大學哲學博士。研究領域包括環境正義、動物倫理、政治哲學等。曾出版《環境正義之實踐》一書。

程進發

現職：國立中央大學、中興大學通識教育中心兼任助理教授

簡歷：國立中央大學哲學博士。傅爾布萊特獎助美國科羅拉多州立大學哲學系所博士後研究員。研究領域為環境德行倫理學、永續發展倫理學、環境哲學；學術專長課程為：哲學概論、環境倫理學、生命教育。

劉慶昌

現職：國立東華大學附設實驗小學退休教師

簡歷：國立臺東師範專科學校國師科數理組畢業、國立臺灣師範大學國文系畢業、國文研究所四十學分班結業。曾任教花蓮及臺東多所國小及南投私立普台國民小學，教學以外亦兼任教務主任、課程研發中心主任暨教學顧問及國小自然科縣輔導員。專長興趣為自然觀察，為花蓮縣鳥會、花蓮荒野保護協會會員，退休後擔任花蓮縣太昌國小、國福國小生態環境教育諮詢顧問。

吳忻怡

現職：國立中央大學通識教育中心專案助理教授

簡歷：國立臺灣大學社會學博士。曾任中央研究院社會學研究所

博士後研究員、國立臺灣大學社會學系兼任助理教授、國立中央大學客家學院合聘助理教授。研究專長領域包括文化社會學（文化生產之社會過程、文化生產與身分認同、族群書寫）、族群關係（外省人身分認同、外省客家、族群與文化敘事）、性別研究（性別與國族認同）等。相關客家研究論文見於《客家研究》、《客家公共事務學報》、《制度設計與台灣客家發展》等書。

目錄

馬賽克式的族群關係面貌

楊長鎮

客家委員會主任委員

　　我與社區營造學會的朋友曾在1999年共同推動一個叫村史運動的計劃，也在自己的家鄉推動的村民參與的「村史博物館」建構，在蒐集村史博物的過程裡，看到了許多與以個人或家族爲立足點的不同記憶和敘事觀點，在非族群脈絡下看到了一個山村生活的歷史特質，但也呈現共同記憶的馬賽克化現象。這些多元甚至相互矛盾的故事，如何能總成、共構爲一全稱式的「村史」，變成一個棘手難題。但是我們當時的思考是，也許我們就應該用這種馬賽克，來呈現以日常生活爲主體的豐富色彩，形成不精準、細緻卻可能更爲動人的印象主義式畫作。因此，我們最後並沒有寫出一本全知觀點的歷史文本，而是以博物館展示的方式，呈現這種多元一體。

　　在工作過程裡，我收集到兩張鄰村黃姓家族的老照片，一張是全家30多人在老家前面的大合照，那是分家前的團聚。另一張照片是分家出去的一支落戶池上，雙方往來探親，在池上車站月臺留下了送別的身影。老家是竹編夾泥牆的客家樣式傳統家屋，只在大門兩側的這扇牆上了白灰，區牆面都是裸露的稻殼生土。從建築的簡陋可以知道，這個不算小的家族尚未能以密集勞力的投入，改善生活水準，就已經到了必須分家，轉進東部的狀

況。北部客鄉山多田少，山林經濟隨著國際市場變動而沒落後，造成了開發時代以來，大約定居三二到四代人就必須分家再遷。

閱讀《緣於山海之間：東臺灣的原民與客家》，非常有當年村史運動經驗的既視感。本書以跨學科角度探討了：二次移民者與西部原鄉的牽絆；在東臺灣的落腳方式與新的客家鄉村社會的形成；還有在這個社會形成過程裡，如何跟在地原居的族群與社會交往等等。整體來說，我讀到不同領域的傑出學者，從國家、族群與社會生活三大變項交織，探討東臺灣客家與原住民的互動，呈現馬賽克式的族群關係面貌，以及不同層面上的交互鑲嵌。

「族群」這個概念範疇，原本即預設了民族國家的框架，它一方面是國家整體性建構的課題，一方面則挑戰自由主義憲政民主國家的構成正當性。也因此族群研究一開始就跟國家難分難捨，以國家的為背景談「族群」，基本上就是談「族群政治」。而「族群關係」也在這個脈絡上成為「族群政治」的一部分，所以也是國家建構的一部分。

在臺灣，族群議題首先是由少數族群提起，其議題化的背景是臺灣在民主化、自由化過程，批判威權國家的外來性與單一性（單一民族的文化想像），從而必須面對族群文化的本土性與多元性。從這個角度來說，不能忽視族群的建構，具有人民對國家形成主動性、或能動性的挑戰。所以，民主化的臺灣，國家承認多元文化的價值（姑且不論現實成就），是回應民族－族群運動的訴求，而不像某些文化研究者想像的：國家片面以多元文化為正當性化妝。

但既有的族群研究焦點多放在對個別族群文化社會的了解，

對於族群與國家的互動、辯證關係，相對討論得較少。而「族群關係」與「國家」的辯證關係則更為罕見。本書的出版，或許能啟動這個研究方向，值得期待。

另一方面，本書企圖呈現去國家化脈絡後，族群人民在社會生活及族群關係的主觀能動性，及呈現出的非族群政治下的族群面貌。在國家的統治與行政之外的日常生活裡，客家與原住民在東部的個別社群生活中，甚至家庭與個人生活中，族群性的實踐及其情境、脈絡：不但不同於民族國家建構脈絡下緊張性的面貌，也不同於西部族群人口高度不均衡的對比性。也就是說，族群人民之間，日常生活中的相遇的「他者」，其「異己性」與「他者性」不必相互定義，而相對更具有「重要他者」或「關連的他者」的色彩濃度。

一向以來，臺灣的族群研究有兩個基本的現象需要檢討：一是假設族群的獨立性，客家研究與原住民族研究分家，各做各的。二是研究對象中的多數族群闕如，好像只有相對少數族群才是族群，主流族群不放在「族群」的脈絡中。本書以東臺灣這個族群人口比例相對均衡的社會與生活為場域，探討了原、客之間的歷史性相遇與生活交織，自覺調整了前面所說的第一個假設。我認為這是非常值得進一步擴大研究，並持續展開的方向。這個嘗試也給了我們靈感，針對第二個假設，未來值得從這個方向進一步延伸到 Holo 與「外省」族群的更多變項與行動者，讓「族群關係」的意義有機會從「族群政治」解放出來，放在社會生活的脈絡下，檢視「共同」與「差異」如何可能、如何實踐，呈現一個多元而共同的辯證社會形成的結構與歷程。

總之，此書雖非一個大型的科際整合性研究計畫，卻具體而

微地演示了一個臺灣族群研究值得繼續開發的方向。我也希望這個方向能吸引更多後繼者持續開發,並將東部研究經驗回饋到西部,帶動更多元廣大的臺灣族群研究視野。

〈推薦序〉

遷徙、包袱與強韌：回憶生命遭遇的客家

pasuya poiconx 浦忠成

東華大學民族事務與發展學系教授

　　猶記得童年時，在阿里山鄒族 tfuya（特富野）部落與阿里山森林鐵路十字路站之間，有一個稱作「蕃薯寮」（hanciliao）的漢人村莊，這裡居住的是族人稱爲 ke'eanga 的客家人。父祖輩說，這一群客家人是在日本人爲了開採阿里山地區森林而開鑿鐵路後陸續遷徙而來。他們有的從事伐木工作，也有的是維護森林鐵路正常運轉的道班工。二戰後日本人戰敗離開臺灣，阿里山開採林木的工作繼續下來，森林鐵路也持續經營，後來林務局將阿里山鐵路神木站、沼平、姊妹潭、受鎭宮、三代木、森林博物館、阿里山賓館等據點區域，規劃爲阿里山森林遊樂區，與日月潭、太魯閣峽谷，成爲臺灣最富盛名的觀光遊樂景點之一。

　　居住「蕃薯寮」的客家人，除了在森林伐木、鐵路道班工作外，在山區山道無法行車、貨物運輸不便的環境下，就從事挑夫的工作。山區客家挑夫們，男女老少都有，肩上扛著一根竹製扁擔，兩邊繫上沉甸甸的貨物，以肩窩作爲支點，雙手往前向後扶助貨物，配合身體前後擺動，逐次前進腳步。這種以扁擔運送貨物的方式，在崎嶇、多石頭又要爬上爬下的山道，是極爲艱苦的工作。（鄒族人不會這種挑運貨物的方法，族人要搬運物品，有的是以網袋，有的是以藤簍（筐）盛裝，再以前額頂起。）

通常一早，他們由十字路火車站開始挑貨擔，那是火車由嘉義平地運上來的貨物，內容大抵是米、油、鹽、酒（太白酒）、砂糖、鹹肉、鹹魚、糖果、醬菜之類，運到達邦、特富野、里佳部落的雜貨店。達邦、特富野的貨物在午前可以送達，午後又會挑起雜貨店托運的筍乾、棕櫚、愛玉子、木耳、香菇以及各種藥材（如天門冬，有時候還會有整副的獸骨（如猴子、穿山甲）、乾膽等）。里佳部落單趟送達已經是傍晚，只能夜宿，一早再將貨擔挑回十字路。

　　挑夫隊伍有時候約十來人，多的時候可以有二、三十人一隊，不遠處會聽到她／他們隨著一種歌謠的韻律一步一步走著，似乎是藉由這種聲音的節奏調整步伐、呼吸，輕輕微微的，似有似無，多少年過去，總清晰記憶每次遭遇時的會心微笑。印象深刻的是比較年長的男性，肩窩多半隆起一塊大肉團，那是長時期肩挑沉重貨擔造成。當時年紀還小，卻已經可以體會這一群人堅毅、強韌的面對艱苦的生活。

　　進入阿里山香林國中第二屆，遇到一些居住山區的客家同學，記得的是跟部落來的鄒族孩子一樣，一餐飯總要吃上二、三碗，甚至四碗（那是蠻大的鐵碗）。後來進入陸軍第一士官學校，也有不少客家同學，桃園、新竹、苗栗、屏東都有。大家一起出操、上課，同甘共苦，記得的也是大家的食慾、飯量都不小，從不會嫌菜色。飯量多寡看似無關緊要，卻是在艱苦生活環境外顯的飲食行為。對照組是來自臺北一帶的同學，團體生活中，總覺得城市長大的孩子，愛說話、頂嘴、投機、摸魚、吃不了苦，對於伙食總會嫌東嫌西的。幾個少年時期結識的客家夥伴，到了花甲之齡仍然聯繫，因為擁有相同的甘苦記憶。

花蓮看到的客家，文化的包袱與對於傳統的守護，依然在客庄街巷的尋常生活場景以及文學作家、戲曲傳唱者、教育工作者與文史探索者身上看到。文化多元而相對均衡的環境，讓不同的族群願意以開放的態度面對，相互切磋，在合作與善意的氛圍，一起營造共同的生活空間。由中原逐次南下，成爲粵客，汲取南方山區山歌文化的養分，再渡過黑水溝，進入臺灣；在桃、竹、苗與屏東山區尋得落腳處，再由日人開拓後山的拉力，又一批客家遠離西部，在東部建立已經迥然相異於原鄉的客居之地，不是脫離而是開拓。

　　感謝王俐容教授推動花蓮客家的研究，受邀參加這項計畫，適逢本人擔任東華大學原住民民族學院院長期間，卻因covid-19疫情影響，在初步的鳳林田調後不得不調整資料蒐集的方式，也緊縮原本的想像。後來又轉任其他公務，原先期待的深耕花蓮原客，目前只能暫緩，期待來日。

期待更多的東臺灣研究，更美好的臺灣未來

黃宣衛

中研院民族所研究員

我生長在花東縱谷鄉間，進入中研院民族所服務後，長期在阿美族村落間調查，對東臺灣有種難以割捨的感情，這也是我先後借調到花蓮教育大學以及東華大學的原因之一。近日整理電腦檔案，無意間發現當年接受花教大多元所學生訪問的記錄*，一些塵封的記憶又被掀起。訪談中有兩段自己的話，今日讀來頗有感觸。

其中一段是這樣的：「碩士論文寫的是漢人的社會，後來才轉向原住民研究……我是到民族所之後才開始做阿美族研究，但心中始終希望自己的研究領域不僅限於原住民，這也是我會來多元所的原因之一——在民族所時自己的研究好像已被定型為原住民研究，但我自己很想把整個東臺灣當做一個比較大的研究範圍，這樣就可以處理很多不同的族群，處理很多不同層面的問題。」

另外一段話我是這樣說的：「大學時代在唸書的時候，會希望一方面能達到學術的關注，一方面又有些社會關懷……自己長期以來不斷在思考：學術研究跟社會關懷的最好的平衡點在哪

---

* 參見：http://www.mce.ndhu.edu.tw/~gimewww/epaper/9510/900.htm。

裡？……我在想，有沒可能，一方面不失學術的嚴謹性，一方面又能關心、幫助這社會。我相信，這其中一定有很多實際的問題要解決，也有很多我需要學習的地方。」

事過境遷，十多年過去了，儘管當時的一些措辭需要微調，但我的基本想法沒有太大的改變，而且很高興地發現，自己一步一腳印，持續地朝自我期許的方向在緩慢前進，儘管成果仍然很有限。當我知道王俐容教授在主編這本書，並且邀請我寫序推薦時，毫不猶豫就答應下來，因為從目錄中判斷，這本書的旨趣跟我對東臺灣研究的期望頗為契合。

王教授在結語中指出，本書有三個主要目的：貢獻東部區域研究的發展、原住民與客家研究間的探索與對話、以及跨領域合作的成果。跨領域合作部分無須多言，從作者群的不同學科背景、探討主題的多樣性即可明顯看出。其他兩部分容許我稍做引申。

學界目前所謂的東臺灣通常以花東兩縣為主，此範圍內的客家研究起步晚，相關文獻也相對較少，本書中好幾篇文章補足了研究上的空隙。例如潘繼道教授耙梳 1945 年之前秀姑巒溪流域的客家移民、姜貞吟教授探討花蓮客家移民的宗族化過程、王昱心與浦忠成兩位教授比較花蓮客家與西部原鄉的差異、以及吳忻怡教授解析花蓮縣客家移民的認同形構，我認為對東臺灣客家研究都有相當的貢獻。本書將王保鍵教授在宜蘭南澳的論文也納入，讓我們對東臺灣／東部區域有了不同的想像空間。更特別的是，一般人通常不知道南澳也住有一群客家人，而且是以捕魚為生。王保鍵教授提出濱海客家與客家孤島的分析概念，對聚焦花東兩縣的東臺灣研究者來說，應該是很有新意的。

王俐容教授在導論中提及，「原客關係為本書重要關注，亦是本團隊一開始形成的出發點：族群研究不應該只是族群內部的自我陳述，族群間的相互探索與觀看也很重要。」前面提到的幾章或多或少也都有關注到這個面向，謝世忠教授在第一章、王俐容教授在第五章則有更進一步的闡述。謝教授選擇北花蓮的一個鄉鎮，以人類學的蹲點研究方法，細膩地呈現原住民與客家共同生活下所謂的族群關係樣貌，可看出國家劃定的族群，與地方社會裡人們的認知有很大的差距。王教授在北花蓮的幾個鄉鎮，以訪談研究為主，試圖描繪出在族群多元的情況下，花蓮客家在文化、語言與認同方面的「流動」特性。兩篇文章在東臺灣族群研究上都有很大的突破。

　　前面幾篇文章學術研究的色彩較濃，其中雖然仍不乏淑世情懷的觀點，不過在這本書中有另外兩章，社會實踐的意義最為凸顯。石慧瑩、程進發與劉慶昌三位老師以北花蓮客庄為場域，除了盤點相關的資源外，更重要的是，帶進了環境教育模式的生態旅遊概念，不但有改善現有觀光旅遊模式缺陷的意圖，若能有效推動，對於未來花蓮在經濟、環境、教育等方面，預期都會有正面的影響。蔡志偉教授則以介於鳳林鎮與萬榮鄉邊界的林田山為案例，碰觸一個原漢間（以及原住民與國家間）非常敏感的問題：轉型正義。這當中涉及不同時期國家的政策、不同人群的進住、產業的發展、法律的規定、權益關係人的記憶與訴求等複雜面向。誠如主編所言：「林田山林業文化園區位於以客家人為主要社群組成的鳳林鎮，其間土地爭議作為原住民族轉型正義的指標性案例，如何能夠涵納在地豐富而多樣的歷史記憶，發展成為多元族群共存的林業聚落，當係歷史真相還原後，邁向和解共生

的重中之重。」

　　沒錯，若諸如林田山這樣的案例可以順利解決，我們的確可以透過原漢間的和解共生，期望多元族群的東臺灣大家都能共存共榮。但是，現實與理想還是有差距的，蔡教授的標題中的「侷限」兩字，我認為恐怕不僅只是「框架」的層面，更牽涉到民間（尤其是漢人）對轉型正義的理解與支持程度。

　　十年前出版的《在一起要練習》一書，點出了當時臺灣在族群問題上的一些盲點。例如該書中替外籍人士辦「四方報」者如此觀察：「現在臺灣看似多族群的生活環境，彼此瞭解的程度卻相當薄弱。」（王佩芬，2014：110）而在原住民比例遠高於全臺平均的東臺灣，情況並沒有多大的不同。例如，卑南族卡大地布部落為了反對遷葬祖靈，與臺東市公所有長期的抗爭。裡面其實牽涉到不同族群文化觀念的問題。正如該部落的高明智所言：「臺灣的族群還沒有彼此認知、了解彼此的差異性在哪裡，我們只是假裝在一起。」（鄭淳毅，2014：14）十年後的今天，情況並沒有什麼改善，例如外勞被歧視甚至攻擊槍殺的新聞時有所聞，而在東臺灣，根據謝世忠教授在本書第一章中的描述，也多少可以看出，阿美族人與客家人雖然住得很近，彼此間還是很陌生的。我個人的經驗亦是如此。

　　儘管政府大力推動族群主流化政策，客家委員會也高喊：向原住民致敬，但若缺乏民間的積極參與配合，很多政策美意很難落實。人類學者費孝通講過一句頗有哲理的話：「各美其美，美人之美，美美與共，天下大同。」意思是說，除了弘揚自己優美的文化傳統外，還要尊重、學習其他的文化，這樣各個優秀的文化互相包容、互相學習，就可以展現一個多元多彩的世界。當

然，這句話中仍有許多值得討論的地方，但卻是一個值得大家反思與努力的大方向。套用一段臉書上最近看到的話：「在政治正確意識下『我們都是一家人』說出口前，真的還有好多需要彼此尊重和學習的空間。」捫心自問，我也覺得汗顏。

東臺灣早期被稱為「後山」。彼時「後山」的語意本身，是以臺灣島的西部平原為中心，隱含著漢人本位的立場，更藉由「番居」之地，將東臺灣再現為一個未開化、次等的地域。然而在此時此刻的當代，多元族群聚集的特色，特殊的生活氛圍，昔日的「後山」反而吸引了很多人來此定居。不論在學術研究，還是在觀光旅遊上，多元族群文化也都成為東臺灣的重要資產。但要如何達到真正的共存共榮，則仍有待多方的努力。譬如說，在推展族群文化觀光時，不要忘了在歷史過程中，族群間潛藏著不平等的關係，有賴當代的我們努力去弭平。

總之，我理想的東臺灣研究必須從不同學科、不同面向切入，並能兼顧學術與應用，這樣的工作當然絕非一人之力所能完成，需要群策群力才能達到。衷心期盼更多人投入東臺灣研究，讓東臺灣成為適合所有人安居的地方，有朝一日，讓東臺灣成為臺灣面對族群議題時的學習模典範。

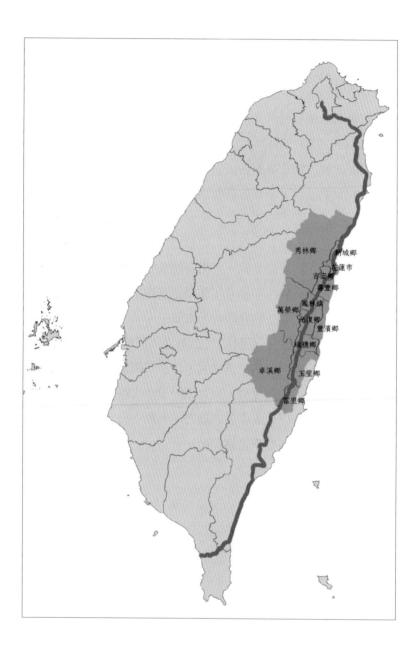

秀林鄉　新城鄉
　　　　　花蓮市
　　　　吉安鄉
　　　　壽豐鄉
　　　鳳林鎮
萬榮鄉
　　光復鄉　豐濱鄉
　　瑞穗鄉
卓溪鄉　玉里鎮
　　　　富里鄉

導論 ▍臺九線與花東縱谷的客家族群與原住民族

Highway 9 Encounters: The Story of Hakka and Indigenous people

王俐容

一、前言

你知道嗎？花蓮從臺九線上所有一整排全部都是客家人喔。有八個：除了山腳下海邊不算。它有八個。新城其實也是客庄（受訪者A）。

常常就聽到有人說，或是有一種感受就是，還好呢，我的祖先有搬來花蓮。如果沒有來花蓮，很可能在那（西部）還是窮鄉僻壤，就在那個山窩裡面……我們算蠻幸運的，移到花蓮這個地方，新天地（受訪者B）。

我們花蓮客家的特色就是，跟原住民太接近了（受訪者C）！

我幾乎沒有時間講客語……有時候會看客家電視臺的村民大會或是客語新聞。如果主播講太快就會聽不懂。自己反而更喜歡看、更常看原民臺（受訪者D）。

瑞穗的富源村這一帶是客家人多的，那富興村是閩南人多的，富民村就是阿美族多。馬遠村，馬遠村又是布農族為主的。小時候我爸爸在這邊（富源村）教書教了一陣子以後，爸爸就去那個馬遠教書了。他的學生都是布農族。……所以後來我們聽到人家要分族群分什麼的時候，聽了之後就覺得，這幹嘛呢？（受訪者E）

撰寫導言的此刻，這兩三年來，我在花蓮、吉安、壽豐、鳳林、瑞穗、新城、玉里等地所訪問的客家朋友與原住民朋友的談笑風貌，所說的一字一句，慢慢又浮現在眼前；時間真的過得好快喔，2019年中央大學與東華大學（堪稱臺灣東西部兩大族群研究重鎮），開始執行臺九線上的花蓮客家研究計畫。中央大學同事們抱著戰戰兢兢的心情，在當時東華大學原住民民族學院院長浦忠成的引領下，認識鳳林的「校長夢工廠」的許多長輩、初音山社區與北林社區的朋友，白天熱烈討論，晚上痛快K歌作樂，都彷彿還是昨日的事情。然後，2020年突如其來的新冠疫情，讓我們原本的規劃七零八落；西部疫情嚴重讓我們一再一再延遲到花蓮的研究行程：找不到願意開放的旅館或民宿可以訂；很少的餐廳營業更不能內用（當然我們也不被允許站在路邊吃，嗚嗚）；許多受訪者變成「網友」（只能線上看見）；都使得我們在花蓮客家的研究經驗，增添許多酸甜苦辣的滋味，成為難以忘懷的深刻記憶。即使每次的相逢總是匆匆忙忙，但卻格外難能可貴；「冒著生命危險」願意接受實體訪問的朋友，真情真心更是讓人難以忘懷。

然而，更幸運的是，在許多次的訪問與交流後，逐漸有更多

東華大學的學者教授們，覺得以原住民與客家的關係來看花蓮客家，可以拓廣對於客家、原住民與原客關係的理解；許多在東臺灣研究經驗豐富的教授樂意跟我們一起討論、分享、加入寫作的行列，一起探討東部原客關係，慢慢構築成本書的基本輪廓。

其中最令本團隊歡欣鼓舞的，則爲既是原住民研究也是客家研究學者的謝世忠教授，爲本書的寫作到花蓮阿美族的兩個部落，進行探討原住民與客家共存世界裡的「族群關係」調查成果。謝世忠教授的論文也爲本書提供了一個重要的「定錨」：雖然原住民與客家已經成爲「圈定族群」（中央政府設置相關部會來認證族群單位），但在日常生活裡，原住民與客家的關係與互動似乎不受到國家影響，有另一面的「生活族群」樣貌。在東部的臺九線與花東縱谷中，原住民（阿美族）與客家如何各自作爲「圈定族群」與「生活族群」的互動？

二、臺灣東部的客家與原住民族之研究文獻

臺灣東部有東臺灣、後山之稱，是臺灣東半邊區域，西側以雪山山脈、中央山脈與臺灣西部相隔，東側臨太平洋，佔臺灣島總面積約三分之一，通常指花蓮與臺東。由於具有孤立的地理特質，以及與在臺灣整體政治和經濟發展過程中，始終位於邊陲地區，東部研究往往被視爲獨立的研究區域。除了自然與地理位置的特質外，相較於臺灣其他地區，東部的人口結構、信仰、族群、物質文化、衣著、食物等日常生活與社會組成都有其獨特之處（康培德，2000：26）。林玉茹的研究更指出：「邊區東臺灣的研究明顯展現區域不平衡與區域差異的現象，大部分全稱性的

臺灣史研究都不能檢驗東部」（林玉茹，2013：23）。康培德從文獻資料與文字論述中分析，也凸顯出東臺灣具備一體性的區域特色，像是荷蘭時代東印度公司1650年舉辦東部地方集會；1880年清朝設置的臺東直隸州、日本時代的花蓮港廳等（康培德，2000：18）。夏黎明的研究提到「東臺灣及其生活世界的構成」，除了自然環境之外，還有海洋東亞與歷史；國家治理、居民與人群、網絡、日常生活及其變遷這五方面的獨特性（夏黎明，1997：7-16）。

　　從臺灣東部的歷史研究出發，15世紀之前，東部仍屬於史前時代的型態，15世紀後列強競逐海洋東亞，直到19世紀清廷將後山納入版圖，日本帝國的擴張後，相關的歷史研究開始發展，孟祥瀚（2014）整理〈東台灣國家與族群之歷史研究的回顧〉，指出兩個重點：第一、漢人在數量上並未居絕對多數，且因歷史因素自清末、日治時期與戰後移入，形成多元族群並立，文化彼此滲透的情況明顯；第二、國家政策造成東部的邊陲性，以及資本主義的發展，構成東臺灣特殊文化性格（孟祥瀚，2014：57）。孟祥瀚並提出不同時期的族群歷史研究重點：第一個時期為荷蘭時代：康培德研究荷蘭時期在東部建立集會區，與排灣、卑南、阿美族接觸，造成部落間的消長，建立新的不平等關係（孟祥瀚，2014：63）。第二則為清領時期：鼓勵漢人進入番區開墾，導致西部山區的泰雅族與布農族向東遷移，對中央山脈東側的阿美族與卑南族形成衝擊，迫使阿美族群在縱谷與海岸地區的遷移（施添福，2005）；潘繼道許多作品針對平埔族群向東遷移的歷史，以及奇萊平原原住民族與清廷國家力量抗衡的過程，例如加禮宛事件的影響（潘繼道，2001）；詹素娟檢視噶瑪

蘭族遷移至花蓮平原後，與太魯閣族、撒奇萊雅與奇萊各社的關係（詹素娟，1995）。

第三為日治時期：國家體制延伸進入東部地區，土地調查、地籍登記、警察、保甲等制度，都對東臺灣的原住民族帶來巨大的變化，衝突日增（李宜憲，2000）；張素玢則是以日本移民村的政策、設置、作物栽培、信仰方式等影響深入研究（張素玢，2001）。第四則為戰後時期：相關的東部族群研究更為蓬勃，除了當代原住民族的研究外，客家族群也是重要議題。學者指出，客家委員會與原住民委員會的成立，支持了東部的客家與原住民研究，可以大概解釋這樣的發展（孟祥瀚，2014；陳鴻圖，2014）。陳鴻圖的論文更指出，在研究資源貧乏的東臺灣，公部門的投入更為重要，積極補助或出版相關研究的單位包括：花蓮、臺東縣政府對於在地文化歷史議題的開發；鄉鎮公所的鄉誌編寫；中央部會的客家委員會與原住民委員會、退輔會、太魯閣與玉山國家公園、東海岸與花東縱谷區國家風景管理處，則因為業務的關係，皆或多或少投入東部客家或原住民研究的出版（陳鴻圖，2014：77）。這股延續村史運動與部落誌書寫的熱潮，從1990年代末期一直到2010年後，東臺灣的政府相關出版品則開始萎縮（陳鴻圖，2014：94）。

在學界的部分，當代東部原住民族研究學者眾多，研究阿美族的有黃宣範、羅素玫與張慧端；噶瑪蘭族的有林素珍與詹素娟；太魯閣族的有謝世忠與 Ciwang Teyra；布農族的有黃應貴；卑南族的有陳文德、林志興；西拉雅族的有詹素娟與潘繼道；達悟族的有謝世忠、楊政賢與蔡友月；撒奇萊雅族的有楊仁煌與王佳涵外，近年來還有很多年輕原住民學者投入自己族群的研究。

除了歷史與人類學的取徑外，關於原住民權利與法律、自治與公共行政、政治思想與哲學、健康醫療、社會福利、精神創傷、經濟產業、語言調查、土地開發、環境生態、建築藝術、展演與樂舞、文化資產、媒體傳播、文學創作的研究更是多元豐富。而在東部客家部分，學術能量與多樣性雖不如原住民研究，但也積累許多成果。東部客語的學者就有呂嵩雁、鄧盛有；客家歷史有李文良、潘繼道與張振岳；客家信仰與習俗的劉還月；族群關係有夏黎明與蘇祥慶、客家產業的黃宣衛；菸樓建築的黃蘭翔、客家認同的黃靖嵐等等。

　　既然東臺灣研究有其獨特性與區域特色，那東部客家族群的特色為何呢？與原住民族的相互滲透又帶來哪些影響呢？聚焦於東部客家，可以發現花蓮、臺東的客家族群人口總數分別為10.8萬人與4.4萬人，雖然總數不高，但佔總人口比例高於全國平均的19.3%，花蓮的客家比例更高達32.4%，僅次於新竹縣、苗栗縣、桃園市、新竹市，位居第五。花蓮可稱之為客家大縣。再者，在花蓮原住民佔四分之一，包括相對於桃竹苗的客家族群，原客有更不同的經驗，族群邊界與日常文化實踐更複雜與交疊。呂嵩雁（2007）指出，花東地區最強勢的語言是華語，其次是閩南語，花東客家人雖從西部遷來，但遷入花東後，因地形阻隔與顧及三餐溫飽而日夜工作，除了重大節慶以外，幾乎不曾返回前山，反而是由於生活與經濟上的需求，花東客家人到達當地後必須與花東在地的各個族群密切地交流與互動。

　　另外，東部客家另一個特殊之處在於，其客家組成具有高度多樣性，而且以不同方式不同時期移民過來。根據呂嵩雁（2014）研究指出：

花蓮北區、中區以來自桃園、新竹、苗栗以四縣腔、海陸腔
為主的客家人為大宗。至於南區還是以北部的四縣腔、海陸
腔為主，加上少數來自南部六堆「南四縣腔」的移民。還有
其他腔調分別來自不同地區：來自雲林縣崙背鄉、二崙鄉的
詔安客家人、新竹的饒平客家人、中壢市的長樂客家人，他
們零星分布在吉安、壽豐、鳳林、富里。

除此之外，呂嵩雁進一步指出，花蓮還有隨著戰後的外省移
民中，包含來自客家原鄉的客籍外省人，如廣東梅縣、福建長汀
縣、以及廣東揭西縣的「唐山客」，被視為外省人，且多聚集於
眷村或榮民社區，例如花蓮市的榮民之家、壽豐鄉的農場眷村，
讓花蓮的客家文化與語言現象更為複雜。而在原客關係部分，陳
文德指出，要跳脫漢人思考方式與社會文化脈絡，是東部族群研
究的重要思考基點。另外東部的歷史發展過程，特別是國家的力
量，做為影響族群發展的一個外部因素，必須特別加以重視（陳
文德，2005：56）。謝若蘭與彭蔚榕（2007）的研究則關注原客
通婚的認同影響，廖致苾（2009）則探討花蓮地區客語阿美語接
觸後，彼此在語言上所產生的變革與影響。

　　以上關於東部客家與原住民族的研究雖然豐富，但隨著東部
族群的遷移與混居的歷史經驗逐漸積累，族群關係與邊界互動的
議題更為重要，如何在每天生活與文化交融中，還要持續確立
「我們」與「他們」群體的分類方式與文化內涵，並形成有用的
族群認同或行動的框架，在當今的臺灣社會更具有重要性，也是
本書希望貢獻的目的。

三、本書規劃與宗旨

雖然本書的作者群來自的領域有社會學、人類學、哲學、文學、歷史、藝術、公共行政、法律、文化研究、性別研究；處理的場域從宜蘭到花蓮的臺九線與花東縱谷不同的區域；關注的議題有：族群邊界與日常生活、客家遷移史、家族宗親、文化產業、生態旅遊與環境教育、認同政治與族群政策、轉型政治與土地正義、語言使用與傳承等等眾多主題，但本書論文有共同的立場與關切：

首先，如同克里斯蒂安・卡納（Christian Karner）提出關於族群的三個框架：第一，族群可以作爲一組同時約束的結構並促成社會行動；第二，族群作爲一種認知方式解釋或理解世界；第三，族群作爲一種以傳記爲基礎，充滿情感的生活方式，體驗、感知和記住（日常生活）生活情境。同時，卡納強調族群受到以下三個參數：權力（分類或政策）、歷史／歷史性，和意識的影響（Karner, 2007）。因此，本書論文在不同的個案與議題中，將持續思考與詮釋族群框架對於日常生活的影響，並如何受到權力、歷史與意識的影響。

第二，如同理查・詹金斯（Richard Jenkins）（1997）的族群理論，提出族群如同受到外在社會分類（social categorization）與內部群體認同過程（group identification）的影響。Jenkins的社會分類是指外部強加的分類方式或權力，如何構築局內／外人群體邊界、文化／社群的建構與再生產。另一方面，內部群體認同過程則描繪了族群內部如何經驗作爲成員的團結與意義。因此，本書的族群個案也將側重社會分類與內部認同，如何在日常生活

中交互落實，強化族群身分與邊界的形塑。

第三，原客關係為本書重要關注，亦是本團隊一開始形成的出發點：族群研究不應該只是族群內部的自我陳述，族群間的相互探索與觀看也很重要。長期以來，中央大學客家學院與東華大學原住民民族學院，一直找尋兩院合作的機會。透過原民學者與客家學者（當然謝世忠教授剛好兩者都是）相互交流對話，以豐富當前族群關係的研究。特別在族群混居的臺九線與花東縱谷，每個人都有機會遊走於不同族群邊界，過著多文化、多語言的日常生活。因此無論是以客家或是原住民為主的論文，都會關注原客關係的影響。

基於以上立場與關注，本書收錄了以下九篇學術性論文，第一章：謝世忠教授的〈生活族群「內表」與「外表」的一幕：從阿美族樹梢頭和美山路部落主街的原客情事談起〉，探討原住民與客家共存世界裡的所謂族群關係景況。謝教授指出，即使四大族群的分類普遍被接受，但不能以表面上的意涵來接受。此地客家人會直接表明自我身分，但卻沒有共同組織的意念與行動。也就是說，客家人是自己的認同對象，它不涉及建立與其他族群集團相對的團體或共同單元。此地阿美族裔成員單純，由國家定制的「阿美族」，當然是不可更動的硬底子，而部落的完整存在，形塑了阿美族安定於此的一份力量，即為相對於行政硬體單元的軟實力。無論客家或是阿美族，軟實力的力道，似乎超越了國家賦予的硬底子。原客族群關係在靜水地區與國家和傳媒數十年來的族群融合呼籲並不發生關係。

第二章：王昱心與浦忠成教授的〈花蓮地區客家與西部原鄉差異探討〉，闡述花東地區原本是原住民的居住地，清代漢人開

始遷入；日據時期，配合日本移民村開墾，客家人大量自西部移入。自北部來的移民除入住奇萊平原的國慶、吉安、壽豐、豐田、鳳林、長橋（萬里橋）等地，也從田浦南下，進入花蓮溪東岸的月眉、山興等地；南部地區的客家人，在臺東建立的據點，除舊香蘭、下檳榔、鹿野、關山、池上等地外，由於海路交通逐漸順暢，部分客家人落腳於成功、長濱以及樟原等地，成為東部海岸線上的客家據點。花東不同地區的客家人的祖先在遷移過程，都有不同的故事，成為子孫在新的生活天地中重要記憶敘事。長期以來，居住花東的客家人，跟著與族群人口約略相當的閩南、外省與原住民族群共處，因此跨族通婚、語言互滲、產業在地以及採取彈性、多元文化態度面對族群議題，西部原鄉的族群意識、文化想像已經產生了明顯的變動。

第三章：潘繼道教授的〈1945 年之前花東縱谷秀姑巒溪流域的客家移民〉，以歷來文獻與研究，探究 1945 年之前在秀姑巒溪流域當地從事農業、林業、當「會社工」的客家移民。秀姑巒溪流域是東部重要的客家移民移墾地，甚至留下「客人城」的舊地名。其支流包括大坡溪、錦園溪、拉古拉古溪（樂樂溪）、鱉溪、九岸溪、阿眉溪、清水溪、大密納河（太平溪、豐坪溪）、挖鈴拗溪（馬蘭鉤溪）等，現今地方行政區域涵蓋花蓮縣富里鄉、卓溪鄉、玉里鎮、瑞穗鄉、萬榮鄉、豐濱鄉，及臺東縣池上鄉、海端鄉，是東臺灣，甚至是全臺灣重要的米倉所在。本文側重瑞穗、玉里、富里與池上為主，分析在清代與日治時期，國家政策如何影響客家移民來到花東縱谷，以及面臨各種動亂與鎮壓時，客家如何與不同的原住民族合作與因應。

第四章：姜貞吟教授的〈客家遷移東部與宗族化過程〉，分

析客家遷移東部近百年時間，家族發展延續西部家族／宗族的家系傳承，也因移墾事實與東部社會的特性，形成東部客家不同的在地主體性。研究發現客家遷移東部多數以家庭爲單位，常是在「當家男性缺席」的情境下，亦即爲父親（或祖父、曾祖父）過世後，由母親與兒子、女兒們出發的模式。這種以家庭爲單位的遷移模式，不同於早期西部客家從中國出發來臺的「兄弟相約」、「獨自一人」的方式。同時，移墾過程中有著多定點的地理駐居經驗，家族發展過程鑲嵌在對東部土地經營的深刻情感中，個人生命史、家族發展史跟地理空間之間的記憶充滿交織關係。

第五章：王俐容教授的〈流動於族群邊界的花蓮客家：文化、語言與認同〉，主要分析花蓮客家族群的遷移、在地社會的形成與族群關係，如何影響其認同、語言與文化，像是不特意凸顯其認同、重視族群平衡、努力學習強勢族群的語言（有時是閩南、有時是阿美族、或是布農族）、形成自己獨有的四海腔客語或阿美族客語；跟著西拉雅族的鄰居拜公廨；即使在其客家社區或社團也重視分享與交流等等。雖然沒有歷經1988年的母語運動，但在客委會成立後，新「圈定族群」政策仍促成了這些在臺九線與花東縱谷上的客家世代，一方面回西部找尋自己的家族史；一方面論述不同於西部經驗的「東部客家」。

第六章：王保鍵教授的〈客家孤島與周邊族群：以臺九線大南澳濱海客家爲例〉，以宜蘭最南部的南澳漁港爲場域，說明這個區域因爲許多客家族群，隔著臺九線與泰雅族分別靠山靠海居住；但周圍並沒有客家聚落，又是以漁港漁業爲生，而形成特殊的「濱海孤島客家」。當地客家人、原住民，受到威權時期「國

語（華語）運動」、跨族裔通婚（閩客通婚／閩原通婚）頻繁、對外商業交易需要等因素交錯影響下，致使華語、閩南語成爲大南澳的臺九線兩側商業區優先使用的語言；甚至到南澳鄉公所洽公，除華語外，亦可使用閩南語。在宜蘭縣，同屬少數族群的客家人、原住民的母語日益流失，彰顯少數族群面對周邊更大社會，於保存自身語言及文化，面臨嚴峻的挑戰。

第七章：蔡志偉教授的〈轉型正義框架的侷限與開展：以林田山爲例〉，以鳳林鎮的林田山林場爲例，陳述林田山林場原爲東賽德克族 Tgdaya 與 Truku 人管領的生活場域，日本時代山林資源的開發，引入包括阿美族與漢人的進住。在戰後行政治理的轄域劃分，則係將原屬蕃人所要地範圍之土地，劃入鳳林鎮的行政區域，正式進入所謂平地行政區域。後來縱已由原住民族委員會於 2019 年 8 月召開研商會議，決議撤銷前於 1996 年註銷萬榮鄉等九筆原住民保留地之行政處分，並就將鳳林鎮森榮段之土地地籍註記原住民保留地，卻仍無法獲致平和的結果。因此，林田山林業文化園區位於以客家人爲主要社群組成的鳳林鎮，其間土地爭議作爲原住民族轉型正義的指標性案例，如何能夠涵納在地豐富而多樣的歷史記憶，發展成爲多元族群共存的林業聚落，當係歷史眞相還原後，邁向和解共生的重中之重。

第八章：石慧瑩、程進發、劉慶昌老師的〈基於環境教育模式的生態旅遊：以北花蓮客庄爲研究場域〉，以花蓮市、吉安鄉、壽豐鄉與鳳林鎮等四鄉鎮之客庄爲場域，考察其中蘊涵的生態旅遊與環境教育資源，凸顯客家族群「人與自然」和諧共處的環境價值理念，如何在休閒娛樂的同時融入環境教育，達成保護當地族群文化、自然環境與提升在地產業。

第九章：吳忻怡教授的〈認同形構的多重交織：花蓮縣客家認同形塑的公私部門協作〉，分析從中央層級的客家論述透過政策制定連結至地方政府的過程，提出花蓮四個「客家文化重點發展區」的客家住民，基於歷史發展脈絡，與閩南、外省、原住民共居，發展出較為彈性的客家認同；2001年客委會成立之後，透過各種政策與不同層級行動者的實作、協力與角力，構築「社區化」的客家認同敘事。

書寫至此，真誠感謝各位讀者的耐心閱讀，也邀請您跟著本書的作者，一起走入臺九線原住民族與客家波瀾壯闊的歷史與生命經驗。

受訪者附錄表

受訪者編號	受訪時身分	族群	訪談時間	地點
A	花蓮客家事務局局長	客	2021.7.21	花蓮縣客家文化館
B	鳳林鎮讚炭工坊負責人	客	2020.2.13	鳳林鎮讚炭工坊
C	鳳林鎮社造文史工作者	閩	2020.2.14	北林社造工作室
D	壽豐鄉客家餐廳老闆	客	2020.8.26	老闆的客家餐廳
E	社造工作者、藝術家	客	2021.7.20	瑞穗鄉藝術家工作室

第一章 生活族群「內表」與「外表」的一幕：
從阿美族樹梢頭和美山路部落主街的原客情事談起

Life-rooted Ethnicity in Presentation and Representation: On Amis-Hakka Relationships in Clear-water Township and the Neighborhood

謝世忠

一、前言

筆者曾以「自然族群」和「官定民族」二個概念（謝世忠，1993），來區分一般生活中自我認同的族群身分以及國家強制性規範特定族裔名稱的差別，前者如臺灣原住民歷史或當代各部落，後者如今天的中國少數民族。此外，筆者也強調應區辨族類（ethnic category）與族群（ethnic group）之差異（謝世忠，1989；cf. McKay and Lewins, 1978），前者範圍籠統，且缺乏組織動機，如居處美國而僅僅熱衷於花樣節日的愛爾蘭後裔，後者嚴肅而具集體動員力量，如泰緬之交的甲良／佧倫人（Karen）。佧倫族甚至可被稱為國族候選人（nation-to-be），因為他們力抗國族－國家（nation-state）統治者（cf Keyes, 1995 [1977]；謝世忠，1994）。上述諸項概念以及各方族群面貌的了解，具為過去超過四分之一世紀筆者戮力探討的題目，現在反身觀之，其實是有過度強調族群必定深具政治內質的可能缺點，畢竟它很容易被生活情境民族誌的資料所質疑，那份政治屬性縱使存在，也距離揭櫫實踐甚至達成國族在望目標千里之遠。

在前述課題的討論氛圍裡，國家政策和反對或抗衡體制之運動等二要項常被過於凸顯，或說特別放大它的重要性，以至於可能失去關注「生活族群」（個人日常念頭與晨昏作為上，有自我所屬之淡淡認知）與圈定族群（中央政府設置相關部會來認證族群單位）之交錯關係的課題。族群範疇與屬性展示，或可能彼此交錯生成，相互競逐演化，而多半的情境裡，就是個人來承擔多樣族群面貌的呈現。換句話說，族群不一定就會變成政體挑戰者或社運終身纏繞的「被政治屬性化」（politicized）。他們可能肩負族群感知或身分的軟硬兼施作用，也或許會在生活時序中出現一片空白，亦即，當下時刻裡，並無感於族群存在的情況。簡言之，生活族群就是指在生活中存在的常態族群屬性，而非僅出現於政策辦法或政治倡議範疇的族群被建構景象。

臺灣近二十年客家研究蓬勃發展，惟筆者曾為文批評在族群關係課題方面，多只在作歷史研究，也就是日治之前的客家與其他族群間關係是為研究主軸，而當代現狀則幾乎繳了空白卷（謝世忠，2019）。換句話說，前述包括筆者在內接受過國際人類學訓練的學術領域，長期關注「被政治屬性化」的族群關係，而在臺灣的客家課題上，仍未有明顯之相關研究，因為凡是涉及該等分析取向者，勢必要對當下時空進行系統性詮釋，而這些種種，就在僅有歷史研究的景況下被忽略了。而至於前面所稱之生活族群意涵下族群關係的探索，更是仍在天邊遙遠之處。鑒於此一問題持續存在，筆者即擬直接躍過理應被積極調整的「被政治屬性化」族群關係研究旨趣，從而以花蓮縣一個阿美族域的二個部落區為對象，探討原住民與客家共存世界裡的所謂族群關係景況。亦即，我們期望了解阿美族作為當前人人可以隨意上口的族群單

位，在與另一或也可為人們直接認知的客家族群單元共處一生活脈絡場域中的族群展現面貌。筆者嘗試主張，此一族群面貌距離前述之政治獨厚屬性實則遙遠，取而代之者，即為生活運行中的細微點滴個人記錄。換句話說，客家課題缺乏完整「被政治屬性化」之現代族群關係的研究成績，似乎也不構成問題。我們可以跳過那段西方學界主導之政治眼光時期，從而觀察在日常生活裡，族群或有其不被替換的身分，但，多數時間卻是軟性地面對他者，甚至族群從未有主動出頭，以為周知各方的動機。

基本上，本文的討論架構，即涉及到在生活族群世界裡阿美族與客家人的「內表」（「內在表樣」的簡稱，一般多稱作表現，惟「表現」一詞屬於日常口語，若也作為學術專詞，容易產生混淆）方式（ways of presentation）與「外表」（對外表現的簡稱，一般稱作「再現」）模式（mode of representation）（cf. Smith and Robinson, 2009 [2006]；Goody, 1997）。臺灣的特定族群理解情境中，原住民是族群，客家也是族群（謝世忠，1987,2019；王俐容，2011；張維安，2019），於是，在族群框架之下，二者可能被認定為既然同樣具備族群身分，勢必有順然生成彼此關係之模式。惟此等假設亟需從生活角度上來求證真否，而「內表」與「外表」所屬之大脈絡作用過程更是切入論述的最佳起點，後文將陸續討論之。

二、阿美族域的鎮區客家

原住民族的行政機關一向將服務範圍擴及山地鄉以外的部分鄉鎮區，因為它們也被視為原住民主要分布的地區。從原民觀點

來看，該等鄉鎮傳統上應爲原民居住地，只是後來移進爲數不少的非原住民，才使得前者人口比例持續下降。阿美族多數分布於平地，漢人是平地適應的文化，因此，陸續移入之後，必然有與阿美族人居地重疊的可能性。不過，漢人的宗族聚落習慣，縱使遷移外地，也儘可能以同血緣關係形成新村舍爲優先選擇（Freedman, 1967, 1974；Feuchtwang, 1992），於是來到原民地區，漢人並不是採用個人式滲入部落，然後散狀或個別與在地族人爲鄰。基本上，多半漢人也會群聚居住，很快地建置成漢人庄頭。他們帶進商業，所以，物質和貨幣交易場所，自然就落根於此。總之，簡單來說，原民部落還是繼續以完整方式存在，縱使居住區相形變小，而外來漢人則取得部分原民土地後，即打造新社區於附近。

花蓮縣靜水鄉就是前述模式的一個典型例子。該鄉人口在過去三十年間始終維持在15,000至30,000多人之間，其中一個特色就是原民外移和非原民搬入之比重的更替，造成了人口多寡的變化。現在鄉內只要居住稍有時日者，均可清楚說出過往經濟情況良好，尤其農業剛轉型工商業之際，鄉內四處熱鬧的景象，單是市集就大大小小好幾處，鎮區中心和遠處部落均有之。但，如今的落寞日子裡，則夏天過晚間8點，秋冬則太陽一落下，整個住宅區一片寂靜，不見一絲人跡，此時，商業區二、三條街上的餐廳，也正忙於打烊。所謂夜市就只剩下鎮區角落每周固定一次的少少幾攤宵夜。

靜水鄉客家人佔有約近三分之一人口，他們原多居於靠近海岸山脈入口處的淺山邊，後來才陸續有人外移。鎮區的客家人有的即爲自山邊搬過來者，有的則來自客家人口眾多的花蓮縣阿郎

鎮。他們在此並未集中居住。因為包括餐廳、照相館、診所、藥局、雜貨店、超市、水果行、文具店、加油站、投注站等等，多數店家各有專業和資金擁有及使用的條件，因此，不可能單一族群全包並集中一處。號稱已有百歲之最老照相館及其後來延伸開拓而出分散於本鄉和臺東幾位兄弟分別主持的分館，係由同一客家家庭擁有。僅次於相館之最具歷史的文具店，也是客家老闆。他的曾祖父涉及日治時期桃園龍潭反政府事件被處決，其外曾祖父遂帶領全家逃往至阿郎，再輾轉到本鄉。老闆父親先擔任代書，替對文字陌生的原住民處理了不少事情，後來退休才經營文具行生意至今。鎮區主要市場內的一家較大乾貨店亦由客家人所有，在此已經接近三十年。這些客家生意人均知道哪幾家是客家，也對每一家庭細節人事知之頗詳，但，彼此並無密切往來，也就是說，不會因為都是客家人而特別形成一種內聚的族群情誼。倒是各家對自己家族歷史多有一番說法，甚至可以拿出族譜娓娓道來。顯然，客家人於此不是一種聚居型的族群社團，他們的「內表」（內在表現）方式就是自家侃侃而談的本身故事，家庭內的客家你我，正代表著具象的族群身分，而如社會運動者所呼籲之以外在添加要素來「外表」（正式並公開表現於外）客家者（參楊長鎮，2007：389-416；范振乾，2007：417-447），則不見筆者所接觸到的客家個人。

嚴格來說，鎮區和部落區都在靜水鄉內，但，彼此的生活各自分立，後者居民當然會至鎮區洽公採買或看病買藥，這屬經濟交往、民政必要或身體保健之需，但，人與人的社會往來卻不甚明顯，更遑論在文化上的對話融通。畢竟，縱使鎮區土地過往均屬原民所有，然今天此處卻早已是非原民的天下，在此擁有房舍

土地的阿美族相對少很多，而來到這裡也感受不到原民生活環境氣息，人們提及靜水，就是指鎮區，原民的部落區則另有名號，兩邊分得清楚。

三、鎮區與部落之分野──樹梢前頭

靜水鄉除了鎮區之外，主要有二大阿美族分布區，一為樹梢部落區，另一為美山部落區。樹梢部落位省道以東 MF 溪以西之處，它和鎮區的區分大致以 LS 路為界。LS 路有二所國中和高職分處路的前後端，它們仿如界線的標誌。常常到此走動者，應該可以體會到，過了學校圍牆之後，才較有明顯的部落感覺。部落感覺是什麼？其實也頗為抽象，但，至少一排排經商店面樓房不見了，取而代之的是四處都為較為矮小或門面少經整理的房子。當然，進入眼簾者有主要公家單位如部落活動中心和現在啟用正夯的文化健康站，亦可確定此處就是原民區了。

鎮區目前有四家樂透簽注站，其中三家與原民有關，一家老闆係阿美族退休議員家人，另二家的受雇工作人員為在地部落族人。另外，接近部落區的排屋中，有二家製作販賣原民傳統和改良服裝的店家，是為阿美族人所有。其餘商家就沒看到阿美族人蹤影了。不過，比較特別的是，鎮區市場的中間蔬果攤區，清一色是阿美族，他們販賣著各式種植和野生蔬菜，幾位攤主說，前任鄉長撥出此塊區域給原民低價承租做生意，功德無量。不過，圍在蔬果區四周的店面，除了一處卡拉 OK 店和一間民宿休閒農莊兼賣遠海魚類之外，其餘約莫 15 家店面，全係非原住民經營，包括前舉客家乾貨店。比較特別的是，另一家更大規模的乾

貨店老闆娘自稱是南投中寮的 *huan*。她說，*lang* 比較奸巧，她們 *huan* 都被欺負強佔土地，於是自己自立自強，發誓要當老闆賺錢。至於蔬果區攤位經營者是什麼 *huan*，她也不知，互相也不認識。

總之，鎮區絕非阿美族人的居家處，工作完畢就通通返回部落。這些族人大致上來自樹梢和美山部落者各半。進入樹梢部落，雖不見明顯足以宣告阿美特定區域的牌樓或標示，但學校圍牆畫有阿美族祭典儀式和漁獵服裝圖像，外加家戶門前掛有刻著家長族語姓名的木牌以及原民人物樣態的信箱，直接告知了此處的村落特色。當然，公家在製作路標和參觀對象的立牌上，也多有原民圖案，即使業已斑駁模糊，卻也稍稍通知了外來者一些特有訊息。

四、原民部落的純與異——美山景象

前述靜水鄉的非原民鎮區與阿美族部落區有頗為清楚的界線，此一特徵在美山部落更顯清楚。樹梢部落接邊鎮區，它與商業活絡之非原民區的分界，尚需稍有留意者或明眼人，才能有所察覺。而距離鎮區約有 2 公里之遙的美山部落，則有二座過溪橋樑為界，人人第一時間即可知橋前橋後之大差別。再加上部落前頭即有大大字牌揭示本部落名號，以及有豎立代表原民圖像雕品，美山的原住民屬性大抵不容易被錯過。

不少原住民部落的顯性建物特色就是教堂林立。美山部落也不例外。基督宗教的各派教堂，一進入社區，即可四望多間，有的還頗具規模，外表堪稱美侖美奐。西方宗教已然內化成原民信

仰一事，是爲學術上的普遍認知，多數族人在生活上也離不開教會或相關宗教思維。理論上，像美山此種距離現代鎮區稍遠的部落，更應具有此一特色。然而，事實並非如此。其中的影響要素，就是宮廟及其主事者在部落的出現與活動。

在強調阿美文化傳統保持完好的美山部落裡，至少有三個宮廟神壇由阿美族人擔任住持或乩童。這些源自漢人民間信仰的廟壇負責人，多爲一位前些年以八十高壽過世阿美族女性的徒弟。她們一方面跟師父學習阿美族傳統巫師技藝，另一方面也學會漢人方式的神降跳乩。人們需要何種服務，她們就配合。不過，阿美巫師沒有傳統技屋，所以，該等宗教專家均以漢人宮廟神壇作爲基地。既然以宮廟爲門面，事實上，只要是阿美族客戶，廟祝多會傳統和跳乩雙行，以求得更佳效果。

一位年約五十的女性神壇當家者告訴筆者，她們全家原來是基督宗教某教派信徒，後來她自己脫教拜師學到阿美與漢人雙項信仰執法技藝，開始開壇接受客戶問事，無料卻波及父母。某天她爸媽週日按例上教會，卻被執事人員擋於門外。基督宗教信徒們過去多少均遇上了傳統巫師無法處理之難題，而在自己轉宗之後，陸續獲得解決，因此，新的信仰超越舊款相當合理。不過，今天部落裡的宮廟神壇阿美族住持，同樣也常提及有效幫助了原本基督徒的族人之情事，其中最常聽聞者就是久纏病痛和家族連續發生不幸困境的獲得解決。至於，乩童本身則也多有類似幼年體弱多病，早早就被選中必須承擔人與神明間橋樑角色的漢人民間信仰說法（Potter, 1978）。

總之，在美山部落，教堂和神壇的數量幾乎已經並駕齊驅，前者信眾多爲在地族人，後者則因兼阿美巫師與漢人跳乩的技

法，所以，客戶就原漢都有。甚至出了名的阿美乩童也會被邀請至如太魯閣或布農等花蓮其他原民族群家庭協助處理超自然的問題。外界和在地族人常會表示美山位置偏遠，較少被經由省道而至的外來者干擾，所以，其原民生活尤其是祭典儀式和已然內化的基督宗教信仰，都比其他地區更為彰顯穩固，也就是說，阿美族傳統在此常保不墜。的確，若以宗教現象觀之，教堂林立代表族人信仰轉宗內化成功，祭典儀式如豐年祭的細目講究且盛大，也訴說出傳統維繫良好的事實。而宮廟神壇的兼做原民傳統巫術，更是讓祖先的超自然溝通文化，得以存續之明證。教堂與神壇的從外來到內化，直接帶動了在地阿美文化純真與新異質要素並置的今日景況。教堂、豐年祭以及宮廟等多元的「內表」，成了此地阿美族特色，縱使多元之間的競爭和批判話語從不歇止。而對外界來說，如何看到阿美族，則多半藉由豐年祭的活動，那是一份該族的具體「外表」再現的樣貌，族人們也深知此理，因此，他們不會刻意另外去著墨教堂和宮廟二者與自身阿美族的黏身關係，一切就交由豐年祭典出面即可。

五、樹梢頭的「全原」與「不客」

前面提及，樹梢部落鄰近鎮區，而鎮裡有不少客家人經營的商店，例如照相館和文具店，都是家庭生活必需用品的光顧之處，尤其小孩成長過程的留影和文具用品等等，幾乎每一原民族人都有與此等客家生意交關的經驗。不過，客家除了早期集體住在靠山邊公墓區之外，今天多已搬出甚至佔有鎮區商圈精華地作生意。問及部落裡客家人話題，多數族人表示部落內幾乎沒有客

家住戶，也想不起來哪家是客家。而鎮區有某某人是客家之資訊，他們也不知。換句話說，族人們可以清楚述說每一阿美家戶的人口背景，但，遇有非原民居住者，就說是平地人，細節則不甚清楚，更遑論可以指認出是客家或外省或福佬。

不過，有的族人的經驗較特別，偶有出現認出對方族裔身分之例子。有一麵店老闆娘切完滷菜之後，總會淋上一些特別醬料，有族人客人好奇問之，老闆娘直接說是客家人教她的。但是，到底是哪裡的客家，部落內或部落外，問者和答者皆未延續話題。也就是說，知曉了口味來歷之後即可，沒有進一步的興趣。

樹梢部落距離鎮區近，一跨上摩托車，不需要五分鐘，即可抵達商圈任一地點消費買賣。於是，在部落裡頭就只有零星幾家店面，它們幾乎全數集中於由鎮區直直往北到接近路底的一條小街上。那裡有村里辦公處居民活動中心與文健站以及衛生所等公家單位，還有一座棒球場。居民開設的店家緊鄰於這些單位，包括一家早上8：00營業至14：00的麵店、一家傍晚開店的炒麵與以臭豆腐聞名的小店、一家雜貨店、一家民宿、一家卡拉OK，以及二家檳榔攤。麵店與臭豆腐店是居民出沒最頻繁之處，白天吃這家，晚上換那家，大家會面用餐順便閒聊。公民營機構外派公差人員，也經常至此消費休息。來到此地，可以獲得大量部落內外資訊，也能於短時間內，得知親友平安健康與否消息。族人們戲稱此區為「中山北路」。意思是說，全部落最熱鬧地方在此，它是樹梢部落的前端主街，筆者稱之樹梢頭或樹梢前頭。

樹梢部落幅員不可謂不大，但，居民生活單調，年輕人多數出外工作，平日就冷清清，除了多走幾步前去鎮區市場找族人串

門子之外，唯有來到「中山北路」主街才稍有人氣。有的族人來麵館吃飯，一待兩小時，直到下午必須回工地爲止。這邊全是阿美族人，交談時華語和族語交織，前者使用頻率高很多，後者往往就是一些單詞或感嘆詞句。年輕男人來此彼此戲謔講笑話，女人姊妹淘則交換居家或與夫婿相處的不順遂心情。部落內的獨居老人不少，他們早上會至文健站舒活筋骨領便當，騎乘電動小車代步，有的偶爾會進來店裡稍坐。

在這全阿美的場合裡，提及非原民人口相關議題，的確有點尷尬，特別挑出客家來述說故事者少之又少，以至於研究者主動詢問時，對方往往一愣，不知如何回答，最後開口則總是說這裡很少客家人。所以，鎮區哪家是客家老闆，也多半一問都不知。可以這麼說，平日生活裡，樹梢部落阿美族人少有直接出現客家畫面的時刻，因爲缺乏引發動機，也沒有必要或需要的時機。族人們聚會於「中山北路」時，多半就是自己族內話題如男女失和、選舉恩怨等的內容，或者只是玩笑滿天飛而已。凡此，都是原民默契的一環，非爲本族者其實並不易了解話語內涵。當然，例如雜貨店創店老闆爲外省人，娶妻阿美族而落腳於部落，他的饅頭曾經溫暖地餵飽世紀交替前後十年的阿美居民，大家會懷念他，也不認爲已經過世的老闆是外人。不過，基本上，位處樹梢頭的「中山北路」主街，是阿美族樹梢部落人際往來的中心，外族要素很少有被談論的空間，客家和其他非原民都不例外。以「全原」（全數原民）與「不客」（不熟客家）來相對比，尚稱合宜。從「內表」與「外表」的概念角度視之，樹梢頭不存在客原關係，它的族群「內表」就是阿美族人的日常生活略圖，而「外表」阿美族及其文化，則或許唯有等待豐年祭的到來，否則

平日就僅是點狀模糊的傳統圖案出現於信箱或門前家長名字木刻上（參謝世忠，2020：43-58），不特別注意很難發現。

六、美山路的「全客」與「原力」

相對於樹梢部落緊鄰鎮區和省道，美山部落再過去一點，就是海岸山脈，也就是說，這裡的居民與山的關係密切，也被認為保存阿美族文化較為完整。進入部落就是小學和警局，再來一條東西向主街，它也是通往東岸必經之路。這條街道不長，筆者稱之為「美山路」，它是主街，居民多會往此走動。

不過，比較特別的是，主街上除了一家原民主事的神壇和一戶族人住家外，其餘清一色是客家人，而且家家戶戶均有遠疏不等的親戚關係。街道那頭是一間最大廟宇，主祀關聖帝君。目前的廟公為客家人，管理委員會主任委員也是客家人。這些客家同親在街上經營雜貨店，加入檳榔大盤股東，開文具與電器行以及小吃店等等，規模都不大，不過，那間餐廳卻是整個部落區僅有的三間麵店中最大者，桌椅和菜色數量都稍多於另二間阿美族人開的店家。對原民而言，餐館的珍貴性在於，它不僅是果腹的場所，更是居民族人溝通休閒好去處。但是，客家的在地餐廳似乎比較看不出同等功能，多數客人消費完畢就匆匆離去。這間客家餐廳的重要性反而就是提供飢腸轆轆者的滿足之地，倘若飯館休息，對不少出外人或家中不開炊的人來說，簡直是惡夢。餐廳老闆身兼大廟主委，比較忙碌，不營業的日子不在少，因此，有些常客總是戰戰兢兢，深怕吃不到飯。還好距離不遠的原民牛肉麵店有比較定時的營業時間，可以彌補不足，而此處也能稍稍發揮

居民閒時聚集的部分功能。

　　整條街是客家人，惟卻沒有特別凸顯客家如食衣住或任何圖像等等的要素。一般人察覺不出，不過，阿美族人卻都知道此處正是客家集中區。他們說，以前這裡是族人農地或空地，客家人原居山邊，後才來買地建屋，一家拓出一家，以致形成全街親族的景象。此地客家友人總是抱怨自己的族親都不團結，勾心鬥角嚴重，而且連續幾代都如此。主要是土地買賣觀念與做法的歧異所致。舉例來說，某家兄弟姊妹多人，有人想賣掉父祖留下之檳榔種植地，有人則反對，又，有人私下向宗親長輩借貸，債主拿不回借款，就往負債者的手足討錢，卻不得要領而回。凡此，都在客家美山路上發生，而卻少聞有與阿美族居民發生財務瓜葛事件者。顯而易見的就是，在美山部落，原住民人口比客家多出不少，但，卻從未被後者視為是威脅或敵對一方，反而自家客家親戚之間的資源競爭始終激烈。

　　此外，阿美族人對於此種外族人佔住部落前排的情形，並不有特別意見。有的人表示，一般族人不喜住在社區最前面，所以，過去此區從來就不是住宅地，也因為如此，當初原民與客家人之間的土地買賣才會很順暢，一方出賣非居住區，原本就無礙生活，另一方自山邊搬下，在平地區域取得新生活空間，也相當滿意。

　　從今日角度看，客家似乎取得了較佳地點，畢竟那是在部落前端，商店多，往鎮區也較近。但是，目前在進入此一美山路的三叉路口，計有二家比巷內雜貨店更大規模的超市，老闆都是阿美族。最大間者較晚開張，聽在地人說，在只有一間的時代，老闆待人苛刻，對消費者擺高姿態。而最大間超市老闆原本在外縣

市經營超市，退休回鄉，卻禁不起鼓勵，又重操舊業，無料卻一鳴驚人，一下子超越那家不受歡迎的老店。主要是，大店老闆待人和氣，又是華語、日語及族語樣樣精通，有時老闆娘甚至可以通融賒帳，外加他們供應鮮食，種種優勢，立即成了部落最重要民生依靠。美山路縱然「全客」，也就是幾乎全部客家住戶，但，進入街道之前的二家大小新舊超市，反而握於阿美族人手中，於是，「原力」，或說原住民族的力量，卻不輸於客家人口多數和土地建物絕對擁有的事實。尤其小家超市老闆女兒常常抱怨漢人總是欺負原民，而聽聞此說之客家消費者也會回應說：「我是客家人啦！」意思是說，客家人與漢人或許不宜直接劃上等號。這是原民取得資源上位的姿態，老闆女兒藉此反制對漢人各方壓力，而有求於超市物資的客裔居民則力撇自己是侵入者的身分，畢竟，在阿美族優勢下，仍須淡化自我的漢人背景。

美山路之外的街道上當然還有其他雜貨店，但規模都很小，雖然也各有客戶。一家福佬籍老闆娘就表示，那幾家有生鮮食品的超市和自己的乾糧店家不同，這裡的人習慣於乾糧買回家自己簡單吃，不一定需要生鮮或者麵館的食物。事實上，依照筆者觀察，除非真的必要，否則居民多數不習慣跑遠路。所謂遠路就是彎過幾條街的距離即算數。於是，部落中段至尾部地區的家戶，就多以乾糧店維生，而不太願意冒風雨或頂著大太陽或暗夜騎著車被狗吠追，還前去超市購物。不過，話雖如此，畢竟二家超市就位在部落路口不遠處，從鎮區外頭回來者，均會從此處經過，因此，順道進入採買很方便，終究它們還是全區商店的老大。在美山路全客區路口被二家阿美族賺錢店家囊括資源，顯見「全客」（全數是客家）景象並不必然就造成原民資源失落於外族，

而「原力」（原民實力）的事實展現，反而成了族群經濟關係的在地特色。美山路的區位深處，或許才是阿美族人主要生活內表的所在。二家超市少有人會直接以族群企業視之，除非有外來人特別詢問，才有特定提及經營者原民背景資訊的可能。它們多半時間就是扮演單純商家角色，因此，欲見到部落生活情形，還得需往內部走好一大段距離，而那正是廣大族人日常進出之主區，也為阿美「內表」的主軸面貌。部落內有一個特定空間，會在祭典之際，以「外表」傳統族群文化的姿態，吸引眾人目光。惟這些卻與美山路前區的全客與原力關係甚為薄弱。

七、原與客的種種

　　歲數超過六十的靜水鄉鎮區客家籍居民，多係在此出生讀書成長。他們和阿美族人一起唸同一個小學和國中。這些客籍人士本身或對在地的說法，有幾個特點：其一，幾乎完全不會聽講阿美族語；其二，記憶中，小時候本地並未有所謂的豐年祭；其三，近年興起豐年祭，但，從不會去參加，眾多理由包括有未受邀或看多了不稀奇或做生意沒時間等等。但是，對於樹桍與美山二部落的差別，倒是有部分鎮民說出了類似的意見，諸如靠山那邊的語言尾音較長，縱使自己基本上不諳阿美族語。而市場店面幾家客家店主，則多對筆者表示，場內一群群阿美女性為主之攤商很愛聚集飲酒聊天，其實那就是她們與眾不同的日常生活。

　　樹桍頭住民絕少客家，因此，雙方的跨族接觸經驗有限，也就不易自部落觀點獲取較為系統性的客家論述。而自客家角度看阿美族，多只能從鎮區的住民詢問得知，惟他們的原民景象判

準，卻多以籠統說法居多，部分居民或有聽聞過某些特徵，例如，前舉之語言尾音長短之辨，而此等有限訊息，即慢慢發展成自我的原民知識。不過，縱然如此，樹梢阿美族群性的被建構，在客家一方，似乎是偏向空白的，也就是後者其實不太認識前者，縱使原住民佔有靜水全鄉人口的多數。

至於美山部落，由於有一全客家的美山路，數十年來原客往來密切，客家人可以說出一長串阿美族的族群性特徵。酒是多數人主動提及的要素。甚至有的說，阿美族就是被酒給害了。問題是，如何被害？一般也說不出完整的道理，只是凡有論及原民，總是把酒掛在前頭。以酒來述說原民，似已成了一種回應慣性，或者說唯有如此，才能自我感覺接近真實。不過，前舉比較穩定作生意之阿美老夫婦就是專心經營麵館，店裡並不賣酒，也不歡迎客人攜帶酒類前來消費。居民們通常會到此處採買回茱餚，或要求外送至家裡伴酒。在本村內，客家和阿美族或其他在村內工作居住者，通通會如此作為。一般經驗裡，客家籍研究參與者／報導人跟筆者提到原住民嗜酒一事時，自己也正在享用米酒。不過，有一點很明顯，那就是，此地各個較小規模雜貨店，尤其是美山路上由客家人所經營者，冰櫃裡頭的酒品總是供應充沛，惟在店裡其他商品則種類極為有限。此一現象顯示，消費者的購物對象，酒類應屬主要範疇。而若有其他食物需求，則多往阿美族人擁有之超市跑。

由於與部落族人隔街或甚至同巷比鄰，美山部落的客家人對於參與阿美族慶典活動一事，就不像鎮區居民所言者一輩子未曾參加。有一家美山街上的年輕客家父母，即很驕傲唸小學的女兒打扮成阿美姑娘非常漂亮，也很喜歡看到她在會場上載歌載舞。

至於族語部分，由於現在族人小孩也不講了，所以，在學校裡並沒有無法以族語溝通的問題，這名女孩對每一週短短一小時阿美族母語課程很投入，回家後總會秀幾個單詞給媽媽聽。這是少見的客原融合例子。不過，進一步了解，才知道媽媽的婚姻曾經變化，前夫為阿美族人，現在同居人則為客籍。換句話說，客籍夥伴不介意小孩的阿美參與，相關族群文化事務係由客籍媽媽主導。

當然，客原的溫馨事情也在所不少。例如，美山路頭的阿美老夫婦麵店老闆就是一位善心長者。部落內供奉關聖帝君的最大廟宇廟公為一位小時腦膜炎引發身障的客籍男性，他除了行動不便之外，就只靠微薄政府救濟金和廟方供給數千元月薪過活。麵店老闆經常告訴廟公來吃麵免費，也會到廟裡陪他聊天。老闆女兒結婚時，甚至跟廟公說直接入座即可，不必給禮金。廟公是知恩圖報者，一直在外推銷麵店的可口美味，筆者就是被他說動而常常在麵店光顧者之一。前面提過，一般原民不太能直接道出客家人的特性，也就是說，客家是一個人群類別稱名，但並不容易為它建置一標準而完整之族群印象答案。例如，麵店老闆就只能指出哪一帶有客家人居住，以及他們何時搬來等等資訊。部落內部的原民也多數如此表意。不過，也有例外，譬如較小超市阿美族老闆女兒就會抱怨原民受漢人欺壓。無論如何，這些正反感受或許出現比重互異，但它們天天都在部落裡發生。

近幾年，原民會在各部落設立文化健康站，主要為照顧單身居家的長輩老人。大家每天可以至文健站做做體操活動筋骨，同時社交友人，更能唱唱歌，跳跳舞，並享用一頓午餐。但是，問及：那麼，部落內的非原住民籍老人家來不來呢？答案是，沒見

過。也就是說，這是百分百原民場域，從一開始的觀念形成，經行政機關規劃和編列預算，再至地方部落村里的執行，都是原民考量。所以，當筆者欲與相關人員討論非原民的參與情形時，他們多半愣了一陣子才搖搖頭。也就是說，同時邀集非原民老人一事，似乎從未在腦中想過。因此，對美山路客家人而言，日常時分，他們就多於自我客家街上行動，卻不至於跨越到原民場域而取得獲有一份午餐的回饋。綜合來說，在靜水鄉鎮區和二個所屬部落範圍內，阿美族原住民與包括散居和聚居的客家人，其共織之族群關係「內表」和對外「外表」的情形均相當隱晦甚至可謂闕如。在此地唯有被認知到存有以臺灣普及化之分類概念所認知的阿美族與客家人，他們各自的生活內涵即可稱為族群真實性（ethnic authenticity）（cf. Belhassen, Caton and Stewart , 2008: 668-689；Martin, 2010）的所在，所有論及族群者，就僅有如此。至於想像中可能出現的「內表」與「外表」同出，並且可供系統陳述的族群關係面貌，卻是只存於外來人或政治倡議者的虛幻意念之中。靜水區域的故事，或許亦正述說著臺灣不少類似族裔接觸社區的普常樣態。

八、結語：生活族群「內表」和「外表」的硬底子及軟實力

對靜水鄉的樹梢與美山二部落住民而言，他們的生活離不開鎮區，畢竟公所、衛生所、火車站以及農會、郵局、銀行等公務機關或生活必須辦理事務單位都在那裡，甚至二家連鎖超商和大型商場超市也陸續開設，吸引不少居民前來消費採購。鎮區以非

原民住民和商家為主，所以，縱使原住民族公務機關以及團體或個人都把該鄉納入原民鄉鎮範圍，但，提及靜水，多數人還是會直接指出鎮區的非原民景觀與實質功能，而原民區的樹梢和美山則清楚地被隔開理解，一邊是都市型態的鎮區，一邊是部落鄉社型態的村子。這是整個大靜水地區的在地人文地理認知模樣。

臺灣的幾個已成普通常識的類族群單元如福佬人／閩南人、客家人、外省人、原住民／阿美族等四組稱名，在此地即為阿美族人以族語所稱的 *Taywan/Payrang*、*Ngayngay*、*Holam*、*Pangcah*、*Payrang* 一詞往往被認為就是以福佬臺語發音的「壞人」之意。不少阿美族人在生活情境中，自然地多使用 *Taywan* 而非 *Payrang*。進一步詢問原因，他們總會說，「我們不會說他們 *Payrang*，就只稱 *Taywan*，不能用不禮貌名字」。換句話說，二稱都存在族人意識裡，端看拿出哪個來用，而大家也都知道其中 *Payrang* 有負面意思，因此，就不加思索地稱用 *Taywan*，乃至成了慣習。至於 *Ngayngay* 和 *Holam* 則偶會聽聞，但還是以華語的「客家」和「外省」居多。無論如何，這四個普常知曉的類族群稱謂，成了不易改變的全國性答案，也就是臺灣就這些個族群了，不需要次次舉證或再行研究確認了。

四個類族群單元名稱既然成了普通常識，不論使用禮貌或非禮貌者，就是鐵定的四個。這是臺灣人群區辨的硬底子，難以更動。縱使長時間沒有人刻意提及它們，一下子突然問到，還是可以朗朗上口。靜水鄉的居民並不例外於臺灣各地，也是四個稱名的日常備便使用。但是，此種硬底子的稱謂，並不能僅以它表面上的意涵，即可理解人們生活上的實景。靜水地區的阿美族人與客家人就是一個可供說明的例子。

靜水鎮區客家人會直接表明自我身分，但，卻沒有共同組織的意念與行動。也就是說，客家人是自己的認同對象，它不涉及建立與其他族群集團相對的團體或共同單元。客家人在靜水鎮區不是一個有如民族共同體般的範疇。此種個人屬性的我族意識，除了自己之外，其他左鄰右舍等等鄰里居民或並不曉得他們的族裔背景。而在與鎮區鄰近的樹梢部落，尤其是被稱為「中山北路」的樹梢頭主街族人較易聚集區，客家更是一個不易直接定義或被完整闡述的對象。它僅為一淡淡之族群單位的慣習認知，人們從不會主動去推敲他們的團體屬性內涵，例如文化特徵或族群顯形面貌等等。至於客家的原民經驗，一般會流於嗜好酒類的印象，以及雖在部落區成長，卻無阿美族多數文化壓力的感覺。原民喜好相聚說笑談天，酒僅是伴隨媒介，但，若眼光就放在酒之上，即很容易將人的主體降格成為酒類的附隨，也就是，原民就是愛酒，而非樂於與親友空暇時席地聊天。靜水客家的如是觀，與臺灣大社會觀點無差，顯然那是一難以打破的族群屬性定則。而人口較多的阿美族並未造成非原民些許文化壓力，也和族人的非擴張傳統有關，他們出售土地給外族人，也自然接受對方的不斷移入，然後慢慢佔有較多的各方資源。

　　縱使有大量土地隨著時間轉換成鎮區範圍，而且擁有者不再是原住民，樹梢部落和鎮區的大路相隔，倒也形成一種類似族裔圍區（ghetto）的範疇。阿美族人在那沒有圍籬的領域內吸取內部資訊，人來人往大家都熟捻習慣，尤其主街「中山北路」的聚集地點，造就了祭典儀式時間之外的日常我族交流場域。此地族裔成員單純，由國家定制的「阿美族」，當然是不可更動的硬底子，而部落的完整存在，形塑了阿美安定於此的一份力量，筆者

主張它正是一種相對於行政硬體單元的軟實力。它不必要有組織性的動員號召，自然而然大家往此一方向走來，然後停腳談話，族語與華語交錯，群內訊息一覽無遺，而此等景象卻是部落區外所陌生之事。樹梢的阿美族軟實力如此展現，而鎮區客家人則各自為政，創出如照相館、文具行及雜貨乾糧店等的成功事業，他們同樣不需要以客家族群為名的組織支持，自己有一份認同，也以此有效開展軟實力之功夫。

　　至於美山部落情況，是與樹梢有大不同。前者的客家美山路盤佔部落頭街，左鄰右舍幾乎全係親戚，族親們對於父祖前輩非常引以為傲，因為他們聰明地決定從貧瘠山邊遷到街上，不僅買了土地和房舍，也各種語言精通，和原住民們成功相處。大家都是客家，多半不經稍許思索，即對詢問者回以自我之確實身分，這是客家具實存在，以及自己身上的硬調子認同。不過，客家與客家之間又是如何，基本上多數人並無所感，也就是組織和動員之意識從未上心頭，不若在地阿美族人有固定盛裝慶典祭儀。原民的傳統慶典注定了自我不可能與阿美族身分脫鉤，這也是硬底子的事實，不會隨時間空間而變動。只是組織性的慶典，會不斷強化團體的共同屬性，它和散狀客家個人自我的情形很不相同。不過，組織性團體似乎就僅止於祭典儀式，它是內部事實，而與外族無關。所以，其活動與鄰街的客家無涉，除極少數例外（如前舉客原通婚的小孩），後者也不會參與阿美族聲勢浩大服裝美麗並由媒體營造出名的豐年祭。美山路客家縱使居處主街，也只是靜靜存在那邊，與部落文化不相干，而原民組織團體亦不構成威脅，因此，故事就多數發生於客家內部，親族不需要團結對外，於是族內資源競爭情事反而多重而複雜。

原民與客家之間彼此不構成威脅，也相當程度無感於對方可能的族群集體力量，對筆者而言，這是雙方軟實力的展現，亦即，存在而不有壓力，縱使理論上阿美族人口大優勢，而客家作為漢人的一支，卻也沒有生成整體臺灣漢人國家所引發的統治者壓力。更有甚者，阿美族人事實上幾乎壟斷生活必需品的供應來源，二家超市統管美山部落居民的日常吃用，包括主街美山路客家人也是多倚賴它們的生鮮食物。軟實力構成一種平衡實景，人人在此感受和平的族群關係。

國家有原民和客家的中央部會。既然有了以族群為名的政府單位，就表示，一定有人會被該等機構圈定族群所屬。惟事實上，縱使沒有上述部會，靜水的阿美族和客家人也會有各自族裔的認同，他們是政治意識與倡議不明顯的個人（如客家）或集體（如阿美族）。換句話說，政府義正嚴詞或規制標準的族群身分圈定，並不影響靜水二部落和鎮區阿美族與客家的生活方式。也就是說，在臺北的圈定和在花蓮靜水鄉的生活族群樣態並沒有清楚交集，前者的任務完成，不會帶給後者不同於前的在地步調，而部落和鎮區的日常人們，也不存在著股股期盼自部會而來的族群指示。雙方各自在獨有場域維持著阿美族原住民和客家人的名號與範圍。「生活族群」與傳統社會科學掛在嘴邊或產出自筆鋒的「政治化族群」宿命，有著根本性的差異。後者顯然是為形而上的政治理想所引導，人人均應該加入倡議型社運，無休無止，因為追求類似國族實力的族群運動才是真諦。但是，民族誌的事實，告知了另一份全然新款的族群理解方式，筆者稱之為「生活族群」，指望未來的族群學術研究，或應積極轉向於此。畢竟，像靜水原民和客家如本文的認識路徑，或較具有在地人文地理經

驗情份的敘述，那是一幕深具人意人氣且溫馨的眞實，它告知了土地上多樣人物的生活點滴。

提到現代國家內的原住民或少數族群，很常就自動引發「內表」（presentation）和「外表」（representation）的旨趣。研究的重點在於族群本身如何配合國家政策以及國際要素如全球觀光需求等而致力於自我「內表」與對外「外表」（see e.g. Chio, 2019；Notar, 2006）。無論是「內表」，抑或是「外表」，均與文化的形式與內涵息息相關。國家是重要外力源頭，它具有充沛之操控文化變遷或再現方向的技能，但，「內表」的過程，卻也充滿自我尋覓尊嚴價值或舒適生活的味道（cf. Goody, 1997），外力在此的根據地，似乎難以絕對堅固。靜水鄉被認定是原住民傳統區域，但，它卻非屬典型的花東沿線必經之觀光旅遊地點，所以，二個部落除了豐年祭典之外，其餘時間並沒有成爲觀光對象。換句話說，此地並無如在芬蘭原住民族Lappish社區曾見到之製造文化以因應觀光需求的例子（Miettinen, 2009 [2006]: 159-174；cf. Picard and Robinson, 2009 [2006]: 1-31；Harrell, 2001: 239-260）一般。國家力量縱使曾經嘗試於樹梢和美山部落內擺置原民風味物件，以期展現在地特色，但，這些都沒能達成以此作爲代表族人的標的。於是，「內表」的部分，還是由族人的自然生活日常來述說眞實性的一面，它是結實的軟實力。而豐年祭雖然很熱鬧，國家也參與資源提供以及政治貴賓扮演的角色，但，「外表」出阿美祭典面貌，也屬日常「內表」的一部分，外界取向的「大家一起歡樂」之娛樂性活動所佔比重有限，此時，軟實力的力道，似乎超越了國家賦予的硬底子。

之所以稱呼「生活族群」，也是基於前述說明的道理。換句

話說，生活還是阿美族人的日常，而不是以多數時間在等候國家的指示。至於客家方面，他們的鎮區商家家庭個人、美山的小聚集族眾、以及可有可無的樹梢現蹤等，更都是十足的自我「內表」主要依據。他們在此一區域生活，從無須爲了因應外頭，而著手「外表」特定客家風采。原客族群關係在靜水地區是一份淡然的感覺，它與國家和傳媒數十年來的族群融合呼籲並不發生關係，似乎就是天然的無衝突模範生。然而，事實上原民無視於客家的鄉街存在，以及客家無感於原民祭典的出場，正是此地的族群關係樣態，它平靜無害，無關係其實是有關係，卻也與國家菁英理想中的狀態有段長距離。

＊　基於研究倫理保護研究參與者／報導人權益之考量，人類學研究的成果報告，常見以假名稱呼人名、地名、甚至村寨社區以及其他特定事物之名稱（見謝世忠，2001：35-54；Locke, Spirduso, and Silverman, 2007: 25-38）。而假名代稱的使用，從未出現可能影響科學研究價值疑慮的報導。據此，本文所述縣級以下之行政單位如鄉鎮村等和部落名稱，全數使用假名，而河流與街道名稱也以英文字母代之。部分關於該等單元之基本行政數據如確切人口數等資料，以及與阿美族和客家研究之相關文獻，因已揭示眞名訊息，故不列入本文參引範圍。事實上，原初之研究主題設計方向，即儘可能設法避免因缺乏使用這些資料，而影響文章寫作，特此說明。另外，筆者田野期間蒙靜水區域阿美族人與客家居民以及其他在地人士指導協助，謹致謝忱。

第二章 ▌花蓮地區客家與西部原鄉差異探討

Discussion on the Differences between the Hakka in Hualien and the Homeland in the Western Taiwan

tanivu tapari 王昱心、pasuya poiconx 浦忠成

一、前言

　　清朝以前，臺灣的政經中心是臺南，東臺灣的門戶在臺東，而花蓮是距離政經中心最遙遠的地方；其間居住著不同族群的原住民族（廖高仁，2017）。胡傳《臺東採訪冊》記載：「自貓公社沿海以北至花蓮港六十五里之間，亦有可耕之處。從前阿眉番曾開墾成熟，今爲木瓜番時出殺害，避而遷去，路遂不通。……花蓮港以北至加里宛各社二十里間，最爲平廣，土之膏腴甲於後山；而大鹵番時出擾之。加里宛以北新城、得其黎、大小清水、濁水溪及大南澳等處延袤百六十里，今已棄在境外。而境內沿山、沿海所有溪河，夏秋雨多，水漲阻隔而不能通往來者，歲必有一、二月之久。地勢如此、水勢如此，是以經營已二十年而土不加辟、民不加多也。」清朝末年北部花蓮地區平原原本居住著阿美族（荳蘭、薄薄、里漏、七腳川等）、撒奇萊雅族（筠椰椰、竹窩等）、噶瑪蘭族（加禮宛六社）及西邊山區的太魯閣族（今和平、崇德、秀林、威里、銅門、重光等）（康培德、陳俊男、李宜憲，2015：25-29）。

　　清朝末年，花蓮、臺東地區的客家移民還不多，大部分聚居

某一個聚落，北路移民經基隆或蘇澳港坐船而至，因此大部分客家鄉親聚在洄瀾港附近，也就是今天的花蓮市、吉安及壽豐一帶；中路移民，落腳於璞石閣（玉里）及富源一帶；由南路北遷的移民，定居的地方較多，從舊香蘭到卑南平原，都有他們的蹤跡。

日據前期，客家遷入人口增加，居住地就較為擴散，自北部來的移民除入住奇萊平原的國慶、吉安、壽豐、豐田、鳳林、長橋（萬里橋）等地，也從田浦南下，進入花蓮溪東岸的月眉、山興等地；南部地區的客家人，在臺東建立的據點，除舊香蘭、下檳榔、鹿野、關山、池上等地外，由於海路交通逐漸順暢，部分客家人落腳於成功、長濱以及樟原等地，成為東部海岸線上的客家據點。花東不同地區客家人的祖先在遷移過程，都有不同的故事，成為子孫在新的生活天地中重要記憶敘事。

要概括呈現居住花蓮地區的客家，本文嘗試由區域開發、在地族群組成與互動、文化認同、政治經濟資源及客家意象與產業等因素梳理，運用扎根理論，在觀察與彙整研究資料的過程中，逐步澄清、驗證原有的假設。

二、區域開發

花東地區原本是原住民的居住地，清代漢人開始遷入；日據時期，配合日本移民村開墾，客家人大量自西部移入。客家人到花蓮墾殖可溯及咸豐3年（1853），廣東人沈私有、陳唐、羅江利等由中央山脈至璞石閣（玉里）。

明治36年（1903），臺灣西部平原大部分已被開墾，而東

部的花東縱谷內荒野遼闊，日本政府為了安頓本國的移民，將東部劃為預約墾地，規劃日本農民移居到花蓮，1915年前，至少建立了吉野村（現吉安鄉）等三個日式移民村。惟吳全城附近、鯉魚尾、鳳林村等地，由賀田金三郎經營的賀田農場獲得成功。日本人希望在東部建立典型的日式農村，由於農場面積廣闊，485位日本農人的人力足，而日本人認為客家人勤勞，即自新竹、中壢客家庄招來漢人，給予五年免租金，五年後種甘蔗始收租金的獎勵措施。故許多客家鄉親即到東部發展，並在這兒落地生根。到花蓮的客家人，找不到肥沃的平野，更沒有日本人配給的田舍，面對的是「境內沿山入海的溪河，夏秋雨多，水阻隔而不能通往來者，歲必有一、二月之久。地勢如此，水勢如此，是以經營已二十多年而土不加辟、民不加多也」（胡傳《臺灣日記與稟啓》）的環境，也只得重新學習先人，向河床爭地，一畝一畝的石頭田就這樣開墾出來，特別是新竹的客家人具備這方面能耐，因此花東地區客家人在原本滿地亂石、雜草與樹木的荒原跟自然爭地，逐漸開拓不少良田。也因為如此，接踵而來的客家鄉親就絡繹於途，在東部建立客家人二次遷徙的家園。

廖高仁《悅讀鳳林客家小鎮》：「鳳林的開發過程的發展史，不可忘記饒永昌先生，他是苗栗縣頭份鎮人，生於民前32年（1880）。幼年家貧，替人看牛之牧童，依靠親友供醫菜才能過日子。約在民前7年（25歲）饒永昌先生單槍匹馬，由基隆坐船到花蓮外海，再乘竹筏登陸，結識二位阿美族人，欲到玉里發展，路過溪口一帶遇到原住民出草（高山族下山殺人頭）追殺，二位阿美族人飛奔逃命，饒永昌先生潛入草叢中躲過一劫。逃到鳳林地方，發現鄰近原始林以樟腦樹為多，土地平坦又肥沃，認

可開發的處女地很多，事後三人商議，立志開發鳳林不再南下。從此開始回家鄉頭份鎮招兵買馬，帶領一大批的『腦丁』（蒸餾樟腦油的工人）和『隘勇』（保護產業的勇士）等人員來，開始在鳳林落腳發展。饒永昌先生向政府申請樟腦事業登記及專賣品獨家生意。因其有旺盛的事業奮發鬥志，當時可說只要有樟腦樹的地方，就有『腦丁』，和『隘勇』的蹤跡，足見其事業版塊之廣，所以需要許多工人，故當時饒永昌先生的總管家（長工頭）鄧阿秀先生（苗栗頭份人）每年利用回家鄉掃墓之便招募一些同鄉來鳳林工作。」（2015：71）這段敘述具現當時花蓮地區危險、艱苦卻也充滿機會的狀況。日人在花蓮嘗試發展的是糖、菸草、樟腦、森林的產業，因此除了自日本招募移民，也注意到勤儉、樸實和善於開闢惡劣草埔的客家人。

劉還月實際的觀察是：「來到東部的客家人，其實都很清楚，西臺灣的祖先初墾地，是他們根本回不去的家園，如今只有在這塊貧瘠之地試圖落地生根，才是最佳的圖存之道，也因此，他們必須時時面對不同的嚴苛考驗，在生存壓力下，他們必須放棄原本純客家式的文化觀念或生活習俗，融入或採納不同的環境模式以及族群文化，久而久之，也就發展出東部地區獨特的客家文化。……花東地區寺廟中，客家人敬祀的主神，以關帝君、五穀大帝、義民爺為最多，在西部地區被視為客家守護神的三山國王，在東部只有少數幾個地方才見得到。」（2004：119-120）西部是回不去的家園，在尋覓的土地上建立居地，新地是一個迥異的環境，風土氣候、族群組成與耕墾條件，需要適應，也要將原鄉的信仰帶來，以安頓心靈。

三、在地族群的組成與互動

花蓮區域的原住民族（阿美、太魯閣、撒奇萊雅、布農及噶瑪蘭族）、閩南、客家及戰後移民（外省）各約四分之一。不同族群人口比例的均衡，在臺灣其他地區是比較獨特的現象。不過在花蓮市、吉安、壽豐與鳳林一帶，主要的是閩南、外省、客家及阿美族、太魯閣族與佔少數的撒奇萊雅族、噶瑪蘭族，布農族則在靠近玉里的卓溪鄉（少部分住萬榮鄉）。這樣相對均衡的族群在一個區域的互動，可以語言、通婚及資源分配加以理解。

黃靖嵐的研究發現：「東部客家人經常需要面對其他不同的族群，所以東部的居民已經很習慣可以同時操多種語言，並且轉換自如，各種語言自然也就受到個別相互之間的影響。……高達九成多比例的客家人的客城社區，長期以來一直都是河西地區客家人的聚集地，也很少和其他族群通婚，即便是通婚，往往也都會要求配偶說客家話，以便孩子傳承，此區所使用的客語，不但四縣和海陸都有，亦有不少的客家人會說閩南語和原住民語。」（2008：58-59）

廖致苡在其研究提出了發現：在花蓮縣客家、阿美族混居的花蓮市、鳳林鎮、光復鄉和瑞穗鄉發現幾位能說客語的阿美族，和能說阿美語的客家人，他們因為各種原因必須使用對方的語言，且帶有母語的口音，因此稱作「阿美客家語」和「客家阿美語」。在調查中發現「阿美客家語」的規律性較高，原因是「阿美客家語」的使用者多為女性，且因婚姻關係與客家接觸，在進入客家家庭之後，幾乎沒有阿美語的環境了，所以使用客語的能力越來越高，使得「阿美客家語」較有規律性，漸轉變至客語。

「客家阿美語」則因為客語和阿美語語言社會地位高低的關係，客家人學習阿美語較不踴躍，所以語言能力不能持續提高（廖致苡，2009）。

廖致苡更舉出一個具體的例子說明：「自小，隨阿婆上傳統市場，總能有四種以上語言流動在小販的嘴裡，隨時視客人的族別選擇方言，反應靈敏態度自然；學校生活裡，各班都有好幾位原住民同學，我們偶而學習對方的語言，快樂的笑弄擺不掉的母語的口音，族群的親密、語言的接觸，一直都紮實在生活裡。我大學就讀的原住民學院中，好幾位原住民同學對我說，他們對客家人其實很熟悉，客家人在阿美語中稱作『ŋai ŋai』，因為客家話中許多以『ŋ』為韻母的音，稱呼以此模仿而來。有位出生於豐濱鄉大港口部落的阿美族同學對我說，他已逝的曾祖父是客家人，當年結婚以後，照阿美族習俗進入女方家庭居住，他融入傳統母系社會中，能說流利的阿美語。」（廖致苡，2009）

不過花蓮地區原住民以阿美族人數最多，所以跟客家人通婚者較多，雙方語言接觸以此為主要途徑，而通婚的情形多以阿美族女性和客家男性的結合，經初步調查，來自男方客家家族意識強烈，婚後阿美族女性為融入夫家生活，努力學習客語，此為阿美語主動與客語接觸的最大動機，其二才是生活環境所需，如鳳林鎮以客家人居多，故居鳳林鎮許多阿美族人會說客語。花蓮地區主要客家族群分布的鄉鎮為：吉安、鳳林、光復、玉里和富里等地，其中鳳林鎮及光復鄉各有阿美族部落，混居情形多，為主要客語、阿美語語言接觸區。

謝若蘭與彭尉榕訪問了 24 位居住花蓮縣的「原客通婚者」，發現：「東部原鄉與異族通婚的（原住民）婦女，有很高

的比例依舊以原住民為族群認同，且母語的使用及節慶參與度都非常高，所以她們其實是客家族群統計資料的幽靈人口。90年代之後，原住民女子嫁給非原住民男子的族群身分不再喪失，加上2002年開始，原住民領取老人津貼的年齡限制較漢人放寬十年，使得這些在統計資料上消失的原住民回流。……至於與原住民婦女通婚的客家男性，因為在族群認定尚無法取得原住民身分，所以客家族群在官方層次得以固守『漢』族邊界。在民間層次，較為優勢的客家男性普遍未有原住民認同，這與閩客通婚造成的福佬客現象極為不同。……但大體而言，藉由原客通婚者對原生族群認同的執著看來，族群邊界的移動在『根基』已經發展成熟的成年人身上，很難因為通婚而帶來認同上的改變。……相對的，族群邊界的移動很容易發生在根基尚未發展成熟的原客雙族裔身上，下一代族群認同的彈性與可塑性的確較高。」（2019：338-340）

在資源分配上，相對均衡的族群仍會產生一些不同的意見，譬如2019年5月28日《自由時報》曾報導：「花蓮縣客家人口佔1/4強，但花蓮縣議員王燕美今質詢提出，縣府客家處預算只有不到2,300萬元，只佔縣預算221億元的千分之一，『平均1名客家鄉親只分到200元』，但縣府舉辦夏戀嘉年華花3,800萬的預算就是客家處全年預算2倍！縣府原民處年度預算更高達8億元，『不如不要當客家處、回歸民政處客家科』，她替客家人叫屈！」[1] 相對於西部的客家，常常要對抗的是閩南對於語言獨攬「臺語」的霸道及歷史文化（如義民信仰）詮釋的殊異，在東部則是閩、客一起宣洩對於原住民族群資源與福利上的優厚。

由於臺灣國民中原住民有其身分認定的法規，同時依據《中

華民國憲法增修條款》、《原住民族基本法》、《原住民族教育法》、《原住民族工作權保護條例》等，可以在選舉、土地、教育、工作事項享有部分特殊的權利，而其他族群則回歸通則與一般法制的規定。

四、文化認同

在東部因為必須與不同族群間接觸、互動，因此塑造出迥異於西部的客家文化，但是客家人傳統注重教育，用心栽培後代子孫的想法則頗為一致，寧可犧牲自己，一定要成就下一代，甚至樂於照顧較後遷入或生活困難無著的鄉親。東部客家人不畏艱辛，開墾荒郊，將他鄉變故鄉的韌性精神，無異於其他地區的客家人（廖高仁，2015）。但即使東部的客家人在基本的族群、文化認同上如此，但是實際的生活層面仍舊會與西部客家有明顯的差異。徐正光（1991）認為：「很多人的印象當中，客家人是一個不具備自主族群意識的一群人。……就深層的族群特質來分析，客家人極端重視歷史，自傲於悠久的優異文化，具有強烈認同意識的族群，這種強烈的客家意識表現在日常生活和歷史思考中。例如，他們喜歡談論客家人在歷史上的豐功偉業以及當代華人政治圈中的重要成就，以中原文化的傳承者自居。這樣矛盾且對立的兩種身分，卻是延續族群和個體生存的自處之道。一旦生存受到重大威脅，強悍的族群意識就會迸裂而出，形成熾熱的洪流。」以下舉例說明不同世代的客家人對於原鄉、文化傳統以及花蓮在地發展的看法。

曾擔任國小教師、校長並長期探討、整理地方文史的廖高仁

認為：「客家古訓：『做一等人，忠臣孝子：做兩件事，讀書耕田』書寫圖繪在一些祠堂的門上。……儉樸、質直、果敢、急躁、輕生尚武。宋元時代已深植客家人心中。耕讀傳家成了客家精神，演變成『晴耕雨讀』、『晝耕夜讀』的美德。努力耕讀得以溫飽，苦讀詩書未來前途，海內外的客家人就這樣遵行著老祖先祖宗留下的古訓。」廖高仁也歸納客家人的特質：勤儉、建堅實的房屋、愛清潔、注重禮教、客家婦女特別勤勞，不纏足、愛唱客家歌謠（廖高仁編著《悅讀鳳林客家小鎮》，2015：325-327）。這是傳統客家自我觀照的典型。

即使居住在多族群、多元文化的地域，因為自身的學術訓練、生活環境，又部分客家人，對於中國文化與文學傳統，時常表達高度的尊敬與維護態度，對於中原文化存有極深的孺慕與嚮往；對於客家語言文化，認為就是直承中原，而客家語音保持古老的中原音韻，以客家音韻方能真正體悟古典詩詞。同時認為「少數民族（意指臺灣原住民族）最後終將同化於漢民族」。（La）

但是已然落地生根的客家人，即使年歲較大（近70歲），對於花蓮已經有更為深刻的關注：

> 我曾經去過西部客家的原鄉，坦白講，我真是感覺到現在在花蓮太好了。所謂的客家原鄉雖然客家傳統味道確實比較多，但是嫌保守，不如現在花蓮的感覺。我也曾經去過大陸梅縣，那種更早原鄉的味道，比起現在在鳳林，我真是慶幸當年祖先渡過黑水溝來到臺灣，更感謝祖輩由西部來到花蓮鳳林。（Lb）

至於青壯一代的客家人，則已更爲融入花蓮在地的情境：

東部除了鳳林的客家人遷徙時間點不同，其餘客家人普遍居
住於山腳、郊區，與原住民族群的交流相當多。而西部平原
區域的客家族群聚落規模更大，內聚效應比較顯著，東部除
了鳳林有客家庄的風氣（各種場合皆以客語溝通），其餘聚
落規模都相當小，且有多族群混居情形，一般來說客語使用
僅限於家中。以語言使用爲例，全國性廣播的聯播網「講客
電臺」，提供了比較穩定的族群共同體經驗，便於在開車途
中播放。以飲食習慣爲例，東部客家人的飲食口味與慣用食
材，受到原住民族飲食的影響，與西部習慣已經不同，例如
在臺東，受到阿美族影響，客家菜也慣用蝸牛、野菜、樹
豆、海草、浪花蟹等。……東部地區多族群、跨域共生的現
象值得更深入的脈絡化的研究與敘述。（Lc）

從客庄移居到花蓮，感受最深的是族群的多元化，族群之間
各自有固有的生活領域，也有匯聚共處的區域，在現代的社
會氛圍中，也鮮少出現族群之間的衝突與紛爭，不過仍然有
零星不了解傳統、文化而產生的糾紛，但我認爲花蓮偏向於
移民匯聚的城市，有別於原鄉過往畫地爲界的時空背景，花
蓮的族群相處有相當大的包容力。
我認爲西部跟東部客家人對傳統的態度，差異存在於「城鄉
環境」，以我觀察竹苗爲例，由於科學園區爲在地帶來大量
的就業機會與收入，收入與物質生活的提升，在這層影響之
下，相較於「文化」，人們更重視「工商產業」的發展。而

我在花蓮參與社區活動的時候，觀察到人們對傳統產業、農業的重視，連結傳統的生活，也維繫傳統的精神，因此在東部，即使城市機能、工商業發展不如西半部，我卻能感受到客家人更加重視傳統與生活，而且更加團結。（Lc）

由於在大學、研究所期間的養成，我關注地理區域與族群分布，以及族群遷徙史，也一直在學習接觸到原住民族群的文化，長期在銅門部落參與文化、藝術活動，相較於和太魯閣族的相處，閩南與外省族群我是陌生的，這是有別於西部的成長經驗。而我認為對於族群的意識，東部是養成的合適環境，相對於西部則很難有接觸多元族群的機會，許多客家或閩南為主的城市，其多元族群之間的包容力、認知則較為缺乏，不友善的刻板印象仍存在人們的認知中。（Ld）

我認為東部是個多元包容之地，族群之間各自獨立，仍會有固定的區域自主發展，但共享生活的場域。東部的族群多元性會一直放大，在現代社會族群意識的發展，我認為是會持續凝聚的，並彰顯各自的特色與價值，在東部的舞台上各自發光。（Lc）

不同世代的客家人對於西部、東部，乃至於花蓮地區的客家文化認同發展狀況與趨勢都有相當的差異。相較年長的客家人，均持傳統、堅定而明確的文化想像與自我認同，擁有相當的自尊與自豪；而中壯以至年輕的客家人，依然呈現客家的文化與認同的想像，卻已經採取重視在地與多元文化的態度，更要積極和周

邊的族群互動，認為這是東部客家永續發展的可行模式。

五、政經資源

　　居住都會的客家族群菁英在1988年首次發起全球性的客家文化運動，推動臺灣客家文化復振，而行政院客家委員會（以下簡稱客委會）於2001年6月14日成立，正是回應客家長期追求的獨立族格、文化延續並塑造嶄新意象。表示目前客委會首要的工作就是要讓這個社會看見客家，並且利用全新的客家意象來讓其他的族群認識客家。社會大眾經常透過媒體看到有關客家的形象廣告，以及各類客家文化活動，提醒客家人在臺灣是具有特殊文化的一群人，希望各方平等相待，讓客家得以在臺灣享有族群政治的地位。客委會《110年度施政計畫》「前言」：「以客家堅毅精神重建母語普及社會，透過客語環境營造及文化加值應用推動客家文藝復興，讓客家自然融入語言、生活、文化、生態及產業；因此，本會致力開創客家文化價值，尊重多元文化共榮，落實憲政民主精神，以打造跨族群的公共領域，使不同族群在互為主體性的環境中共同建構社會主流，打破中心與邊陲權力關係，創造族群主流化新典範。」

　　年度施政目標及策略一、推動「國家客家發展計畫」，深化族群主流化意識：（一）藉由「國家客家發展計畫」之推動，引導各級政府落實族群主流化政策目標，跨部會推動族群平等相關政策或措施。（二）透過成效檢核獎勵制度，鼓勵地方政府共同落實「國家客家發展計畫」，使客家在地主流化成為潮流。（三）重塑客家與原住民族族群關係，積極互動合作，展現多元

族群共存共榮之美。（四）辦理地方客家事務首長會議，促進客家事務單位跨域合作，共創客家語言文化永續發展。

其他重要推動事項包括「形塑講客語榮譽感與場域環境，為語言薪傳注入新活力」、「強化客庄產業經營體質，振興客庄在地經濟發展」、「整合傳播行銷與藝文發展，翻轉客家印象」等。即使這是近期的施政重點，卻是沿襲歷年的施政目標與策略。

在實際的執行面，客委會成立後，便開始對各類客家活動進行補助、獎助，積極輔導各地客家事務，讓許多有心客家事務的單位可以透過申請補助經費，也協助各地區的各項客家才藝培訓，例如米食製作、客家舞蹈和山歌等。同時，客委會也補助多項的學術計畫，讓各處可以自行發展客家研究，並調查當地的文史資源，甚至舉辦多場學術研討會。近年也委託學術單位，推出客語認證的機制，更每年定期舉辦桐花祭、義民祭等客家文化活動，讓社會大眾注意到，並一同參與客委會所協助的各項客家活動。教育方面，客委會除了補助相關研究客家議題的學術計畫，也會補助如中央、交通、聯合大學等有關客家學院的研究資源，而對於小學推動母語教學的扶植也不遺餘力（黃靖嵐，2008）。

其中目標與策略特別列出「重塑客家與原住民族族群關係，積極互動合作，展現多元族群共存共榮之美」，應是著眼於過去西部客家多半居住於山區或鄰近原住民族地區的空間，而花東客家更是與原住民族群多族共住的情況，遠近相互接觸、互動的經驗以及勢必要持續共處的未來，這是值得積極推動的工作。客家族群在1980年代的語言文化復振運動，伴隨著族群認同、客家權益爭取，終於成立「客家委員會」，也設立「客家電視臺」；

國家政策與資源穩定支撐，在近年來確實讓客家整體形象、族群認同、語言文化復振與產業發展，獲得明顯的提升。這種由少數、弱勢、邊陲處境，透過長期抗爭、論述，終而扭轉形勢，與原住民族經歷的過程相當類同。

六、客家意象與產業

清朝末年與日治時期移民到花蓮、臺東的客家人，相較於西部自廣東祖籍遷移到桃竹苗、與高屏的客家人，被稱二度遷移；這樣的地區移動是受到西部原居客庄土地資源貧乏、生活艱苦的推力而產生，而花東地區在清末、日治時期確實因為土地猶未充分開發者仍多，加之日本總督府眼見花蓮地區可闢為良田的空間極大，因此積極地想要經營日式移民村，並由日本國內招募移民到花蓮耕墾。在這樣的背景之下，在西部山區早已適應土地狀況惡劣而貧瘠的環境，並且能夠藉由耐苦、勤勞的秉性，奮力將之改變成為足以耕作各種農作的本事，也受到日人的青睞，在官方的鼓勵以及親友之間的相互牽引，西部客家人遂在此時由北、中、南部逐次遷入花東。

西部客庄原鄉生活與環境艱苦的推力，以及花東地區土地資源的拉力，讓這些遠離家庄的客家人，決心要在新的空間建立家園。這種遷離與祖先飄洋過海到遠地異國另尋居處，情況相似。因此客家族群認同、文化包袱、集體記憶，譬如圓樓、中原正音（統）、廣東原鄉、唐山過臺灣、義民信仰[2]、硬頸精神等仍會跟隨移民。但是長期以來，居住花東的客家人，跟著與族群人口約略相當的閩南、外省與原住民族群共處，在現實生活情境中的

競爭、互動過程，很多時候確實無暇、無庸時刻標舉客家標記。當西部客家團體推動客家文化運動、還我母語運動、揭示「新个客家人」、辦理客家雜誌、痛訴國語政策與福佬沙文主義等，在花東客家族群卻未能產生鉅大的反響。這是其來有自[3]。

這樣的情況開始改變，還是要回溯「客家委員會」成立以及「客家電視臺」的開播。由於「客家委員會」重視客家語言文化的傳續、客家意象的凸顯以及客庄產業的發展，官方具體的經費資源得以持續挹注，官方、民間媒體協力行銷，逐漸讓花東客家的意識明顯產生，而原本孤立、分散的語言及文化團體及個人，也在這樣的情勢下逐漸接觸、連結。

相較於西部桐花祭，帶動臺三線客家產業，以及關西仙草、三義木雕以及各地的採茶戲、義民祭典等，帶來商機與產業的發展。花東客家產業的主軸顯然也有在地趨勢。黃靖嵐發現，東部客家為主題的活動中，客家擂茶、米食被推出，鳳林則有豬腳、臭豆腐，以及臺東瑞源推出的客家花布產業（2008：140）。日人原來在花蓮地區移民村田園留下來的甘蔗、菸草、香茅，已經式微，而在今日花東縱谷北段，玉里的稻米、梅子，鶴岡的茶、咖啡與柚子，近二十年內瑞穗鄉富源社區（拔仔庄）的鼓王爭霸戰、靛染工坊，富興社區的鳳梨，春日的粉薯，以及豐田獨有的玉石，近年逐漸形成獨特的產業，其未來或將與西部客庄產業產生區隔。

生活在東部的客家族群最常被提及的生活型態與產業除了農業之外，大型的產業像是製磚也影響遷徙，在 1950 年之後，建築使用的磚窯業開始影響臺灣東部，萬安磚窯廠 1954 年在臺東的池上鄉萬安社區建廠，生產建築所需的紅磚，直至 1989 年黏

土礦枯竭加上不敵現代化的磚窯場而關廠。花蓮於 1960 年代開始，位於富里鄉的富南磚廠於 1966 年開始燒磚產業直至 1991 年退役，目前為花蓮縣文化局登錄為歷史建築。另外，經營近五十年的日豐磚窯場（前身為煌昌磚廠）係以客家系謝福清[4] 為班底，在 1973 年間與友人共籌資金買下煌昌磚廠，舉家自宜蘭遷往花蓮，開創謝氏在磚窯業的一片天。1976 年間，花蓮地區的磚窯業非常興盛，尤其是光復鄉富田（太巴塱）地區，由於製磚原料採用屬於海岸山脈黑色黏土質，全盛時期花蓮八家磚窯廠中高達五家窯廠皆設廠在此。1991 年間因花蓮地區砂石價格便宜，而建築業多採鋼筋混凝土結構，使得各廠萌生退意，最後採聯盟策略，煌昌磚廠接單，通知其他磚窯廠出貨。經營者由第二代謝得安先生接棒後，將原先的八卦窯改建成產量較大的隧道窯，更在 1995 年買下廠區較大的日豐窯業（創立於 1972 年，位於光復鄉太巴塱部落），整編擴廠以全新自動化設備投入大筆資金，增加隧道窯的長度擴展商業競爭力，於 1999 年完工進入日產量為 10 萬塊磚的時代，因此得以在 90 年代的一片景氣蕭條下渡過難關，成為花蓮、臺東兩縣唯一還在生產紅磚的窯廠[5]。

　　由客家家族經營的磚窯工廠曾經長期挖掘也為阿美族人熟知的黑色黏土，阿美族人[6] 因緣際會地投入生產線，維持家庭生計，族群間的相處緊密、和諧，但在 2020 年日豐公司停工後，花蓮客家經營的紅磚製造產業走入歷史。

七、結論

　　長期以來，居住花東的客家人，跟著與族群人口約略相當的

閩南、外省與原住民族群共處，因此跨族通婚、語言互滲、產業在地以及採取彈性、多元文化態度面對族群議題，西部原鄉的族群意識、文化想像已經產生了明顯的變動。謹以圖表對比花蓮地區與西部客家原鄉在區域開發、在地族群組成與互動、文化認同、政治經濟資源及客家意象與產業等異同予以呈現。

表1：花蓮地區與西部客家原鄉異同對照表

事項	差異	類同	備註
區域開發	1. 移入之地（二次遷移，自西部客家原鄉移出）。 2. 西部客家原鄉土地不足或貧瘠，造成推力。 3. 日本移民村經營（水稻、甘蔗、鳳梨、菸草等）為一大拉力。	1. 移入之地（自廣東原鄉移出）。 2. 西部原鄉土地有限，促使一部分客家人遷移至花東。	1. 有相當比例是親屬引介而逐次進入花蓮。 2. 北部客家有部分移民先在宜蘭定居，後來逐次遷入花蓮。
在地族群組成與互動	1. 西部客家原鄉多聚集區域，居地主要有閩南人；而花蓮地區客家、閩南、外省及原住民族約各佔四分之一。 2. 花蓮地區客家散居現象較西部原鄉較為顯著。	1. 花蓮亦有客家較為集中的聚居之地如鳳林、春日、富里、玉里「客城」等。 2. 花蓮地區除了原住民族群外，閩南、客家及外省族群均係移民，因此居住地除了	1. 花蓮地區客家與閩南、外省、原住民族（阿美族、撒奇萊雅族、噶瑪蘭族、太魯閣族、布農族）互動模式仍存在差異。平原族群如阿美族、撒奇萊雅族、噶瑪蘭族跟客家互動較為頻繁

	3. 族群間互動頻繁，通婚多（客、原亦不少）。 4. 多族群語言互通（較弱勢的族群會使用不同的語言）、互滲現象。	鳳林、春日、玉里、富里有明顯的客家聚居外，花蓮市及其他鄉鎮，多為族群混居狀態。	，婚嫁也比山地族群如布農族、太魯閣族為多。 2. 客家宗教信仰活動與原住民族祭儀活動仍保持各自清晰的界線；但是也有少數跨族群的參與者。
文化認同	1. 在客家委員會成立前，花蓮客家未如西部原鄉客家那麼強調自身的族群身分及文化認同。 2. 花蓮地區客家採取重視在地與多元文化的態度，更要積極和周邊的族群互動。	1. 重視傳統、道德（勤勞、節儉、尚義等）。[7] 2. 強調語言文化傳承自中原。 3. 重視教育。 4. 依然呈現客家的文化與認同的想像，重視族群邊界、意象。	1. 花蓮鳳林、高雄美濃均有校長故鄉之美譽。 2. 花蓮縣豐濱鄉新社有女媧娘娘廟。
政治經濟資源	1. 西部原鄉客家長期爭取族群權益與資源，而花蓮地區客家由於資訊相對匱乏，過去對族群整體權益與資源爭取則相對低調以應。 2. 花蓮地區客家過去對於現實生活的議題較為關切，對於政治敏感事務比較漠視。	1. 兩地客家在政治經濟資源上都曾遭到漠視，在客家委員會成立後逐漸獲得穩定的政治經濟資源。 2. 客家整體形象、族群認同、語言文化復振與產業發展，獲得明顯的提升。	1. 由於整體經濟優勢，花蓮縣長長期由閩南、客家人士擔任；而平地原住民族鄉鎮市（花蓮市、壽豐、光復、玉里、新城、豐濱等）鄉鎮市長選舉，平地原住民（阿美族）極不容易當選。山地原住民族鄉（秀林、卓溪、萬榮）鄉長選舉則限制由山地原住民參選。

	3. 近年來花蓮地區客家在客家委員會、客家電視臺及廣播電臺陸續設立後，民間社團成立，整體資源增加。		
客家意象與產業	1.（鳳林）客家豬腳、臭豆腐，（玉里）稻米、梅子，鶴岡茶、咖啡與柚子，瑞穗富源社區（拔仔庄）鼓王爭霸戰、靚染工坊，富興社區鳳梨，（春日）粉薯，（豐田）玉石雕刻。 2. 客家經營磚窯產業曾興盛一時。	1. 耐苦、勤勞的秉性，奮力將惡地改變成耕作各種農作的本事，受到日人的青睞。 2. 西部客家桐花祭，客家產業如花布、擂茶、米食、仙草、木雕及採茶戲、義民祭典等，亦存在花蓮地區。	1. 壽豐豐田玉為臺灣主要玉石產地。 2. 日豐磚廠所在的太巴塱，自古即有阿美族採陶土製作陶器。其磚廠曾有不少阿美族人擔任員工。

資料來源：本文製表（王昱心、浦忠成，2022）

　　清朝末年與日治時期移民到花蓮、臺東的客家人，相較於西部自廣東祖籍遷移到桃竹苗、與高屏的客家人，被稱是二度遷移；花東地區在清末、日治時期確實因為土地猶未充分開發者仍多，加之日本總督府眼見花蓮地區可闢為良田的空間極大，因此積極地想要經營日式移民村，並由日本國內招募移民到花蓮耕墾。在西部山區憑藉耐苦、勤勞的秉性，奮力將之改變成為足以耕作各種農作的本事，也受到日人的青睞，在官方的鼓勵以及親友之間的相互牽引，西部客家人遂在此時由北、中、南部逐次遷入花東，後來在花蓮的族群人口也佔四分之一強。遠離西部家庄的客家人，決心要在新的空間建立家園。這一群移民依舊保有客

家族群認同、文化包袱、集體記憶，譬如圓樓、中原正音（統）、廣東原鄉、義民信仰、硬頸精神等仍然伴隨著移民。

　　客家族群在1980年代的語言文化復振運動，伴隨著族群認同、客家權益爭取，終於成立「客家委員會」，也設立「客家電視臺」；國家政策與資源穩定支撐，在近年來確實讓客家整體形象、族群認同、語言文化復振與產業發展，獲得明顯的提升。這種由少數、弱勢、邊陲處境，透過長期抗爭、論述，終而扭轉形勢，印證客家族群勤奮、耐苦與扭轉逆境的韌性。花東不同地區的客家人的祖先在遷移過程，都有不同的故事，成爲子孫在新的生活天地中重要記憶敘事以及持續追求族群發展的動能。

附錄一

　　書面問卷（本研究原本要進行田野工作／field work，惟進行期間適逢covid19新冠肺炎流行，因此設計半開放式問卷，請在地具有客家關聯／或非客家人卻有關聯性填答）

　　您好，我最近跨域追隨國立中央大學客家學院王俐容教授團隊，執行「媒體使用與族群認同」計畫，探討花東區域客家族群原鄉（西部）、在地（花蓮、臺東）、族群認同，以及對於其他族群（如閩南、外省、原住民族、新住民等）的印象。先前團隊曾到鳳林劉德紹教授的「讚炭工坊」，聽取當地客家長者廖高仁校長等敘述客家遷徙、定居、發展的史實，收穫豐碩；後來由於**疫情轉趨嚴重**，導致原本應該持續的田野受到影響。即使如此，為了推進工作，特別設計這份文件，希望您能就各項議題提出見解，幫助團隊掌握必要的資訊。

　　為了減少對於您的干擾，邀請您直接依據議題，在這份word檔文件書寫，完成後再回傳到我的Email（psy@gms.ndhu.edu.tw）。對於您的個資、敘述的見解都會保密，計畫報告會隱匿您的個資，計畫完成後三年資料就會銷毀。感謝對於您提供見解、看法，本計畫將支付新臺幣貳仟元整填答酬勞。如有疑義，請隨時聯繫本人（手機0919XXXXXX）。耑此

　　敬祝

　　平安健康

王昱心、浦忠成敬啟

110.6.21.

「媒體使用與族群認同」（自填）問卷

姓名：

族群：

居住地：

出生年：

壹、請問您最常接觸的媒體是什麼？

一、您在花蓮最常接觸的媒體是什麼？為什麼？

二、您會收看在地的客家媒體嗎？為什麼？

三、您會定時收看客家電視臺嗎？為什麼？

貳、在地認同

一、您居住／遷移花蓮／臺東有多久了？會繼續居住嗎？

二、您認為客家族群在花蓮／臺東的處境及發展性如何？

三、您認為花蓮／臺東不同族群相處的情況如何？

參、自我族群認同

一、有一種觀點：客家傳統的族群或自我認同確實有別於閩南、原住民族、新住民，您認為如何？

二、依據您的了解，東部客家人對於傳統（文化、語言、宗教信仰等）的態度，跟西部原鄉的族人存有差異嗎？

三、身為客家人，也是花蓮／臺東在地居民，您如何安頓自己？

肆、他族群觀念

一、您對於東部閩南、外省、原住民族、新住民的認知為何？

二、東部區域跨族群間的互動，您認為未來可能的趨勢為何？

附錄二

（一）書面問卷回收資料

La / 林○○（76歲）

出身鳳林政治世家[8]，是國立政治大學中文研究所碩士，專長在中國詩詞以及鮑照作品、楹聯學，先後擔任省立花蓮師專、國立花蓮師範學院語文教育系及國立東華大學中國語文學系教授，本身也曾經擔任過國民大會代表。受出身上海的母親邵○○影響甚深，對於中國文化與文學傳統，時常表達高度的尊敬與維護態度，那是對於中原文化的孺慕與嚮往；對於客家語言文化，認為就是直承中原，而客家語音保持古老的中原音韻，以客家音韻方能真正體悟古典詩詞。其中令人印象深刻的是林○○教授認為「少數民族（意指臺灣原住民族）最後終將同化於漢民族」，對於當時任教於花蓮師範學院多元文化教育研究所教師們提出的「多元文化教育」觀點，頗多質疑與批評，對臺灣在1990年代逐漸出現的「鄉土文化」、「在地化」或「本土化」的表述，也深不以為然。

Lb / 劉○○（居住鳳林，國立臺北教育大學退休教授，國立東華大學藝術創意產業學系兼任教授，67歲）

我曾經去過西部客家的原鄉，坦白講，我真是感覺到現在在花蓮太好了。所謂的客家原鄉雖然客家傳統味道確實比較多，但是嫌保守，不如現在花蓮的感覺。我也曾經去過大陸梅縣，那種更早原鄉的味道，比起現在在鳳林，我真是慶幸當年祖先渡過黑水溝來到臺灣，更感謝祖輩由西部來到花蓮鳳林。

（2021/9/21讚炭工坊訪談紀錄）

Lc／劉○○（臺東客家人，東海大學表演藝術碩士學位學程專任助
理教授，40歲）

客家族群自我認同的問題，大部分以家長制的形式呈現，往往
代代重複，年輕世代一點也沒有要加以改變的傾向，簡直形同
共犯結構。主要的家長制內涵，尤其以功利主義最具代表，賺
錢、成家、養小孩。東部除了鳳林的客家人遷徙時間點不同，
其餘客家人普遍居住於山腳、郊區，與原住民族群的交流相當
多。而西部平原區域的客家族群聚落規模更大，內聚效應比較
顯著，東部除了鳳林有客家庄的風氣（各種場合皆以客語溝
通），其餘聚落規模都相當小，且有多族群混居情形，一般來
說客語使用僅限於家中。以語言使用為例，全國性廣播的聯播
網「講客電臺」，提供了比較穩定的族群共同體經驗，便於在
開車途中播放。以飲食習慣為例，東部客家人的飲食口味與慣
用食材，受到原住民族飲食的影響，與西部習慣已經不同，例
如在臺東，受到阿美族影響，客家菜也慣用蝸牛、野菜、樹
豆、海草、浪花蟹等。模糊印象中，臺東有一群外省退役軍
人，應該是知本開發隊退休人士，這群外省退除役官兵的飲食
習慣造成相當影響，比如原汁牛肉麵、川味牛肉麵等風潮。這
群外省老兵與阿美族聯姻，臺東市區現存的幾家麵店、水餃
店，多與這個組合有關。這種老字號麵店，口味特殊，西部北
部皆無類似，現已傳到第四代。尤其在第四代工作人員中，已
經出現了新住民，外省老麵攤有越南人掌櫃的現象已經相當普
遍。東部跨域族群除了以血統族群區分，另應發展美學政治性
的研究，例如臺東農場族群（榮民安置、壽豐會館、知本開發
隊相關），美援時期族群（阿尼色弗之家、基督教醫院、阿美

文化村）等。東部地區多族群、跨域共生的現象值得更深入的脈絡化的研究與敘述。（書面訪談紀錄）

O／翁○○（居住花蓮的苗栗客家人，國立東華大學藝術創意產業
　　　　學系碩士，28歲）

從客庄移居到花蓮，感受最深的是族群的多元化，族群之間各自有固有的生活領域，也有匯聚共處的區域，在現代的社會氛圍中，也鮮少出現族群之間的衝突與紛爭，不過仍然有零星不了解傳統、文化而產生的糾紛，但我認為花蓮偏向於移民匯聚的城市，有別於原鄉過往畫地為界的時空背景，花蓮的族群相處有相當大的包容力。

我認為西部跟東部客家人對傳統的態度，差異存在於「城鄉環境」，以我觀察竹苗為例，由於科學園區為在地帶來大量的就業機會與收入，收入與物質生活的提升，在這層影響之下，相較於「文化」，人們更重視「工商產業」的發展。而我在花蓮參與社區活動的時候，觀察到人們對傳統產業、農業的重視，連結傳統的生活，也維繫傳統的精神，因此在東部，即使城市機能、工商業發展不如西半部，我卻能感受到客家人更加重視傳統與生活，而且更加團結。

由於在大學、研究所期間的養成，我關注地理區域與族群分布，以及族群遷徙史，也一直在學習接觸到原住民族群的文化，長期在銅門部落參與文化、藝術活動，相較於和太魯閣族的相處，閩南與外省族群我是陌生的，這是有別於西部的成長經驗。而我認為對於族群的意識，東部是養成的合適環境，相對於西部則很難有接觸多元族群的機會，許多客家或閩南為主

的城市，其多元族群之間的包容力、認知則較爲缺乏，不友善的刻板印象仍存在人們的認知中。

我認爲東部是個多元包容之地，族群之間各自獨立，仍會有固定的區域自主發展，但共享生活的場域。東部的族群多元性會一直放大，在現代社會族群意識的發展，我認爲是會持續凝聚的，並彰顯各自的特色與價值，在東部的舞台上各自發光。

（書面訪談紀錄）

Y／葉○○（國立東華大學教授）

壹、請問您最常接觸的媒體是什麼？

1. 您在花蓮最常接觸的媒體是什麼？爲什麼？

   BBC。每日收聽新聞和 radio programs。

2. 您會收看在地的客家媒體嗎？爲什麼？

   不會。家中沒電視。

3. 您會定時收看客家電視臺嗎？爲什麼？

   沒有。家中沒電視。

貳、在地認同

1. 您居住／遷移花蓮／臺東有多久了？會繼續居住嗎？

   17年。會。

2. 您認爲客家族群在花蓮／臺東的處境及發展性如何？

   一直有被忽視之感，但吉安、豐田、鳳林和玉里的發展相當有潛力。

3. 您認爲花蓮／臺東不同族群相處的情況如何？

   花東族群混居的現象非常值得研究。我的村子有位阿美族的Ina，客語說的比阿美語流利。

參、自我族群認同

1. 有一種觀點：客家傳統的族群或自我認同確實有別於閩南、原住民族、新住民，您認為如何？

   在臺灣不是一直是這樣來分類族群的嗎？倒是東西兩岸客家文化的異同，值得關注。

2. 依據您的了解，東部客家人對於傳統（文化、語言、宗教信仰等）的態度，跟西部原鄉的族人存有差異嗎？

   拍謝！沒研究。不過我觀察到的吉安「拜伯公」的祭儀文化，每年仍然是重要的祭典。

3. 身為客家人，也是花蓮／臺東在地居民，您如何安頓自己？

   拍謝。我不是客家人，但是花蓮在地居民。就努力在土地上種植物，養動物，持續吃喝玩樂，安居樂業啊。

肆、他族群觀念

1. 您對於東部閩南、外省、原住民族、新住民的認知為何？

   一直是周遭生活的一部分啊！

2. 東部區域跨族群間的互動，您認為未來可能的趨勢為何？

   就持續的跨族群混居、通婚，然後變成「花蓮人」或「臺東人」啊！

（二）磚廠經營訪談紀錄

L1／羅○○（磚廠第二代經營者，臺東關山客家人，61歲）

我當初在關山讀書是學商，到臺北工廠工作後被在玉里就業服務站隔壁配銷所上班的舅舅叫回來工作，他說回到花蓮當會計身分也不一樣，離家比較近……後來在煌昌當會計工作嫁到謝家，擴廠期間公公過世我先生接棒經營後，就會直接面對員

工，一直以來我婆婆對工作人員會提防，我先生一開始也是，但是我會準備午餐給工作人員，減少工作人員往返時間提升工作效率。像是我先生在休息時間會跟員工喝點小酒，還會辦員工旅遊。……當老闆不用高高在上啦，要像跟家人一樣……

尤其磚廠就設立在阿美族人聚落，前期需要大量人力的年代就會有許多族人來工作：

> 每三個月燒一期火，磚賣完之後再開窯（燒磚），就會有許多人來工作，還有從富里來工作的人我們還提供宿舍，尤其是自動化之前，自動化之後人力只需原來的三分之一……這十年內固定的 28 位員工內，20 位都是在地阿美族人來工作……（2021/04/20 訪談）
>
> ……當然工作是很辛苦的，但是跟員工之間那種像是一家人的感覺是讓我最永遠難忘的，而且讓這些員工稱讚是你，你是最好的（老闆），是讓我最安慰的事情……我們大約有 20 位員工，都是這附近的原住民，你知道跟原住民一起相處，就比較沒有那種心機感，大家一起工作很高興，我的小朋友也是這樣……目前工廠收起來了，我跟這些老員工都還是有往來，互相關心。（2021/08/26 訪談）

L2／梁○○（磚廠品管與包裝部門組長，太巴塱阿美族人，56 歲）
……紅磚要出的話都要經過我這邊，有一些壞掉的磚、或是黑的磚，我都要把它挑出來，這樣子賣像才會比較好。老闆對我們都很好，看到員工受傷，馬上過來會照顧我們。幾年前，我

們整個公司都淹水，好多員工，冒著颱風天都跑來工廠怕我們的機器泡水，整個地板全部都是泥巴，我們大家都冒著颱風天來整理、打掃，老闆也是跟著我們一起這樣子做，大家一條心，所以這個是我們很難忘的事情。

K／高○○（磚廠包裝部臨時人員，太巴塱阿美族人，60歲）
……疊磚很累的時候我就唱歌，我就唱什麼「哦～嘿～」，當我嘿的時候就是很累的時候，但是還是很快樂啦![9]

　　在訪談第三代年輕世代中，察覺生長在阿美族人居多的客家族群境遇都不大相同，謝家第三代的老大就對小時候被同學們言語欺負而對阿美族群保持距離，而老二在返鄉在家族企業工作時，不但與她的小孩在在地國小就讀時融入原住民族群，並且擔任課輔老師，還通過阿美族語中級認證考試，老三也說明磚仔窯對他來說就像是一個大家庭：

工廠裡面所有的叔叔、阿姨、伯伯，都看著我們長到大，隨著人口老化的問題、人口外流，員工就慢慢得變得越來越少……。

S／謝○○（磚廠第三代經營者，38歲）
當初哥哥在被爸爸安排在廠內工作，我是因為工廠正要轉型也懷孕了，要轉職，就回工廠幫忙，弟弟回來是因為爸爸過世了，我們三個就變得更團結……我跟哥哥弟弟從小就在太巴塱出生長大，小時候都在搬磚很辛苦……我們全班只有三個非原

民……從小只知道阿嬤不喜歡原住民也不准我帶（阿美族）同學回家玩，所以我們都會在外面的教會玩，然後再各自回家，然後長大後覺得沒有像阿公阿嬤講的那樣，只覺得原住民怎麼可以這麼樂觀，這種特質很好……再大一些發現有些話聽不懂，原來是阿美語，後來我女兒讀太巴塱國小，我也去學習阿美族語並去考族語認證……多學一種語言也可以了解其他族群的語意與文化。（2021/08/26訪談）

……雖然我們小時候常常跟我的阿公阿嬤回羅東，後來他們（阿公阿嬤）跟爸爸後來都長眠於鳳林，我們都習慣在這裡生活。

我覺得回來學得更多……雖然大環境產業型態改變，我們也轉向觀光工廠，還有開發文創商品、文化小旅遊模式，與鄰近社區共好經營……磚廠的生意是打平的沒有賺太多，我們以為會一直這樣子下去，沒想到股東們就決定要結束營業，一開始我們都覺得突然但是必須接受，我媽在結束那一年見人就哭訴擔心工廠員工的生計……現在已經比較能接受了也開啟自己的生活，我們這兩年就覺得大環境景氣不好的狀況之下收起來也好，現在我媽很忙參與很多社團，平常在團練、假日去爬山，她現在覺得收起來也好是另外一個人生。（2021/04/20訪談）

第二代經營者說明結束營業後兩代家人搬回位在193線旁已停業十多年的煌昌廠區，一樣在太巴塱生活。

註釋

1 根據花蓮縣原住民族行政處說明，該處自編預算規模約一億，中央原住民族主管機關前一年函示提報下一年度有關地方執行原住民族行政事務如教育、文化、產業、道路、會所等事項計畫及預算，中央每年預算補助規模約七億。相關客家事務計畫與預算，除客家文化、產業，通常編列於通案屬性的教育、交通、觀光等計畫內。（2022年2月27日電話訪談）

2 姜禮誠：「東部地區的義民信仰，清一色都是由新竹新埔枋寮義民廟分香而來，是承續著北系義民信仰的香火。……早期引進義民爺的原因，大多數是爲了保佑開墾的客家人，不要受到其他族群的侵犯，晚近移入的義民爺，也有部分是屬於替人消災解厄的私神。」（2014）

3 黃靖嵐在其研究提出觀察：「在東部眞正知道客家『還我母語運動』的發生，曾經接觸過客家文化運動的人算是少數，而曾實際參與運動的人更是少之又少。一般人多屬於同情運動、或者位在運動影響的邊陲處，是中立的旁觀者，……當身爲玉里客屬會會長、長年研究東部的文史工作者，還有里長們都說沒聽過『客家還我母語運動』的話，顯見當客家文化運動正在西部熱烈展開影響之時，東部還未眞正參與其中，即使電視、報紙等媒體曾經相繼報導過，但對於東部的客家人來說，反而不如原住民還我土地來得那樣讓他們關心。……當然，位於花蓮市區的知識份子當中，也有少部分的客家人非常關心母語流失的問題，也存在著危機感。」（2008：89-90）

4 煌昌磚廠的創辦人謝福淸於1934年出生在宜蘭縣羅東鎮，曾經在宜蘭磚窯廠擔任燒火師父長達十八年之久，當時得知花蓮的磚窯業一片榮景，1970年代有許多人從宜蘭移居。

5 日豐窯業第三代謝建輝於2013年接棒，穩定地經營磚窯廠，由於紅磚需求量下降以及原料土缺乏，近年來只能以開工半年、休息半年方式營運，在第三代三位年輕人接手後，不想讓東部最後的煙囪就此倒下，便萌生轉型的計畫，在工研院及相關單位輔導下，朝文創路線轉型爲觀光工廠邁進。但是好景不常，日豐窯業在2020年後歇業。（日豐窯業提供）

6 太巴塱阿美族有一美女Tiyamacam每日頭頂Atomo（水甕）汲水，被海神之子愛戀的神話（參臺灣總督府《蕃族慣習調查報告書：阿美族》

2007）。

7　楊國鑫《臺灣客家》（1993）：「客家雖自中原南遷，然其重道德、重義氣、重禮義、重理智、性剛強，仍具古風，保存漢族血統，最為純粹。言語風俗習慣，猶是中原遺風，其守禮節、重道義、好學問、講倫理，均表現中原民族氣質；惟幾經離亂，披星戴月，更養成堅忍卓絕、耐勞、耐苦、獨立奮鬥之精神。」

8　其父林阿谷曾擔任鳳林鎮鎮長十多年，母親劭金鳳也擔任鳳林鎮鎮長兩任，接續又任花蓮縣議員十多年。夫妻聯手在政壇服務，傳為地方佳話。

9　工研院於2014年的企業採訪，https:///youtu.be/Y25PEVibJCY。

第三章 ┃ 1945 年之前花東縱谷秀姑巒溪流域的客家移民[1]

The Hakka Immigrants' History in the Xiuguluan River Basin of the East Rift Valley before 1945

潘繼道

一、前言

在北臺灣桃、竹、苗與南臺灣六堆地區之外，東臺灣（東部、後山）的花蓮與臺東地區是客家族群重要的分布區域，其歷經晚清、日治到戰後，逐漸成爲重要的族群。

在 1945 年之前，東部客家人可能有直接從中國大陸遷移來的，但大多數應該是本島客家二次移民，且以農民佔多數（潘繼道，2017：3-42）。[2] 其中，秀姑巒溪流域是東部重要的客家移民移墾地，甚至留下「客人城」的舊地名。

秀姑巒溪流域是花東縱谷三大流域之一，其支流包括大坡溪、錦園溪、拉古拉古溪（Laklak，樂樂溪）、鱉溪、九岸溪、阿眉溪、清水溪、大密納河（Tavila，太平溪、豐坪溪）、挖鈴拗溪（馬蘭鉤溪）等，現今地方行政區域涵蓋花蓮縣富里鄉、卓溪鄉、玉里鎮、瑞穗鄉、萬榮鄉、豐濱鄉，及臺東縣池上鄉、海端鄉，是東臺灣，甚至是全臺灣重要的米倉所在。

本研究以花東縱谷秀姑巒溪流域作爲研究範圍，亦即不探討今秀姑巒溪口豐濱鄉的港口村（大港口）與靜浦村，並以從事農業、林業活動、當「會社工」的客家移民作爲主要觀察對象，藉

由歷來文獻與研究，概略探究 1945 年之前當地的客家移民。

此外，今萬榮、卓溪、海端各鄉轄內，雖也有客家移民，但主要居民以山地原住民族群為主；而池上則比較特殊，其境內是秀姑巒溪與新武呂溪的分界點，為顧及敘述的整體性與完整性，因而將其轄內各村皆放入研究區域裡一併探討。因此，本文主要介紹的是瑞穗、玉里、富里與池上等的客家移民。

文中對於原住民的稱呼，仍依過去文獻、官方的稱呼，清治時期用「番」，日治時期用「蕃」，非有不敬之意，特此聲明。

二、晚清「開山撫番」之前秀姑巒溪流域的客家移民

客家人早在東臺灣（後山）仍屬於「化外之地」、尚未進入清帝國版圖前，即已展開移墾；經晚清、日治到戰後，成為東部重要的族群。

在今花蓮地區（花蓮縣），清康熙 32 年（1693）陳文、林侃合夥往來沿海貿易，因颱風漂到後山的奇萊地區，陳文到「生番」部落跟他們交易，住了一年略通原住民語言，並熟悉港道。此為文獻記載中，漢人到奇萊地區之始。

其後賴科擔任雞籠通事，因聽聞後山有番人（原住民），而想與之交通，乃於康熙 35 年（1696）冬天與七人結伴，晝伏夜行，歷經數十番社，並翻越崇山峻嶺後到達。這是文獻記載中漢人走陸路前來奇萊地區的第一人（潘繼道，2008a：62）。

最初，主要是少數冒險家及通事從事零星的探險或番產貿易，無法確知有無農民或客家人前來花蓮地區拓墾。

康熙 60 年（1721）發生「朱一貴事件」，平定之後為防不

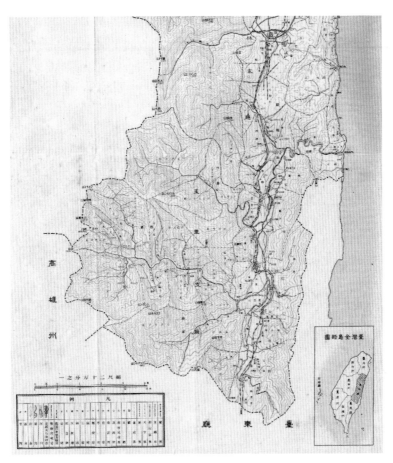

圖1：花蓮港廳秀姑巒溪流域附近莊社圖
資料來源：毛利之俊（1933）

圖2：臺東廳池上附近莊社圖
資料來源：毛利之俊（1933）

法漢人窩藏於番地，及原住民逸出爲害，同時限制漢人侵墾引發「番亂」，採劃分界線的策略。最初是在原住民「出沒」的要地立石爲界，接著也在立石處開溝，或以自然山川爲界；而無自然山川之地，則一律挑溝堆土爲界（乾隆25年，1760）。[3]

乾隆51年（1786）「林爽文事件」發生，平定後的乾隆53年（1788），福康安以平埔族隨軍清剿有功，乃建議設立「屯番」防守沿山接近生番的地界，使生番不致出擾（潘繼道，2008a：60），但也禁止漢人越界。這一連串的「山禁」政策，並無法阻止漢人進入山地或後山從事番產貿易，但使得移墾腳步趨緩。

嘉慶17年（1812）8月，來自噶瑪蘭（今宜蘭縣）的李享、莊找，以布疋折銀5,250大元向荳蘭社（Natawran）通事廚來、薄薄社（Pukpuk）通事武力、美樓社（Lidaw）通事末仔、拔便社（Pakpin）通事龜力、七腳川社（Cikasuwan）通事高鶴等購買土地開墾，其範圍是東至海，西至山，南至覓厘薯溪（荖溪），北至荳蘭溪（七腳川溪）。其相當於今花蓮縣吉安鄉全部、壽豐鄉的一部分，土名稱作「祈來」（即「奇萊」）。

李享、莊找當時領導的佃戶不過20多家，他們築水圳、興水利，並設置屏藩，且從佃戶中選出李阿闖等10戶爲佃首，領耕土地，然後再募佃墾殖。

道光4年（1824），墾民遭到撒奇萊雅族人（Sakizaya）攻擊，而放棄墾地，走避於南勢（今吉安鄉）。次年（1825），淡水人吳全偕友蔡伯玉，自噶瑪蘭招募2,800人來後山拓墾，李享、莊找分地與之，更從諸社購買北自木瓜仔（Mokui，木瓜溪），南至刺仔（Ciyakang，知亞干溪）之地，於是設公館、立

公約，並部署其下佃眾為「漳」、「泉」、「廣」（客家）三部，推吳全、李享（李合吉）、廖宗國、莊找（莊有成）、吳乃信等為頭人，分地而耕（曾一平，1953：77-80）。但這批跟隨李享、莊找最早進入奇萊的客家墾民，已無法尋覓其事蹟，且其後的去向也無法查考。

咸豐3年（1853），客家人沈私有、陳唐、羅江利等自西部翻越中央山脈到璞石閣（Posko，今玉里）開墾，為防止其他族群侵擾，乃建立土城自保，此即「客人城」（今玉里鎮源城里客城）（筒井太郎，1932：188；駱香林主修，1979：5）。當時清帝國國家力量尚未進入後山，客人城的墾眾必須憑藉自己的力量來與周遭的族群互動。這應該是客家人比較明確在秀姑巒溪移民的紀錄。直到同治13年（1874）「牡丹社事件」之後的「開山撫番」，「客人城」的地名依舊存在。

而在臺東地區（臺東縣），相較於花蓮地區，晚清「開山撫番」之前在文獻資料上見到的客家移民狀況相當模糊。

在陳英的《臺東誌》提到：咸豐年間，鄭尚隨原住民頭人進入後山，見徧地無禾（穀類的總稱）、麻、菽（豆類的總稱）、麥，即回家帶禾、麥、芝麻種子，來到埤南（卑南，即今臺東市），教原住民播種。當時就有人隨原住民頭人到後山以物易物，也有漢人住在寶藏（寶桑，今臺東市）與成廣澳（今臺東縣成功鎮）（陳英，1960：81）。

而在日治時期橋本白水的《東臺灣》、筒井太郎的《東部臺灣案內》，則提及於咸豐年間（1850年代）水底寮、枋寮地區健壯勇敢的漢人漸次移來臺東地區，吳四妹等在香蘭，陳三陽、石六順等在知本，鄭魁兒等在呂家，鄭尚、鄭登山、陳安生等則

是到卑南。其藉由與原住民勢力者通婚，或提供衣服、鐵具、食器、穀物、果樹的種苗、耕牛等，或教他們農耕、農具製作方法、冶金技術等，因而漢人逐漸移住進來，達到2,000戶左右，在卑南溪畔接近海岸處形成寶桑庄。農耕外，也從事與原住民交易（橋本白水，1922：下ノ8；简井太郎，1932：90）。

但不管是鄭尚、吳四妹等人，或其他逐漸移入臺東地區的漢人，於文獻資料上都無從判斷其是否為客家人，且不確定是否北上進入秀姑巒溪流域。直到晚清「開山撫番」後，文獻資料上記載「潮民」、「粵人」、「廣東人」等客家人的移民，[4] 才在臺東地區的開發史上被呈現出來。

三、晚清「開山撫番」下秀姑巒溪流域的客家移民

伴隨同治13年（1874）日軍出兵侵犯南臺灣的「牡丹社事件」發生，清帝國在船政大臣沈葆楨的建議下展開「開山撫番」，以兵工開鑿北、中、南番界道路，正式解除山禁、海禁（林子候，1976：45；臺灣銀行經濟研究室編輯，1963：144-147；沈葆楨，1959：1-2, 11-13），並在優渥條件的鼓勵下，客家人從廣東汕頭等處陸續移來。此外，總兵吳光亮亦曾率粵勇（廣東兵、客家兵）進入東部（林文龍，1975：152-153）。

關於光緒初年的招墾活動，胡傳的《臺東州采訪冊》提到光緒3年（1877）的春天，丁日昌派員在汕頭招募到潮民（客家人）2000餘名，以官輪船載赴臺灣，預備先以800餘名撥交吳光亮安插在大港口（今豐濱鄉港口村）、卑南（今臺東市）等處開墾。根據胡傳於後山觀察後的推斷，當時即安插前來的潮農到大

港口、大莊（今富里鄉東里村）、客人城等處（胡傳，1960a：42）。

清代東部的客家移民，不像南部六堆、西部有那麼多的宗祠，客、閩關係也大致和諧，並無械鬥。他們跟原住民有相當的互動、通婚。但也因此於光緒14年（1888）有不少客家人因官逼民反，捲入「大莊（庄）事件」。[5]

根據《臺東州采訪冊》的記載，參與的「客民」（客家人）劉添旺住在大莊，因雷福海徵收田畝清丈單費稍嚴急，又侮辱其岳母，因而與其友人杜焉、張少南、陳士貞等煽誘後山中路群番，引發大的動亂（胡傳，1960a：69-70）。

另外，胡傳的《臺灣日記與稟啓》提到動亂後水尾營房、民房均毀，至光緒18年（1892）4月20日水尾民房只有四、五家，都是粵人（客家人）（胡傳，1960b：17）。筆者推估，事件前在水尾（今瑞穗鄉瑞美村、瑞良村）一帶，應該有更多客家人居住。

而根據《臺灣通志》的〈埤南剿番案〉，參與「大莊事件」者除平埔族人之外，應該有不少客家人，因在攻擊清軍軍營及勇棚時，所有軍民人等除廣東人（客家人）不殺外，其餘都難以安身（陳文騄修，蔣師轍、薛紹元編纂，1956：891-903）。

筆者推測，「大莊事件」爆發時，臺東地區至少在今關山鎮、池上鄉轄域有客家人居住，並與今花蓮縣南區的客家人有互動，因而一起參與抗官行動。

光緒20年（1894），清、日雙方爆發「甲午戰爭」；隔年（光緒21年，明治28年，1895）簽訂〈馬關條約〉，清將臺灣、澎湖割讓給日本。6月17日首任臺灣總督樺山資紀在臺北宣

布「始政」，日本正式展開對臺灣的統治，但出了臺北城一路南下的接收過程並不順利，受到各地清軍、義軍等的抵抗，直到10月底才進入臺南城；隔年（明治29年，1896）5月25日，才在卑南附近海岸拋錨登陸，進入臺東。

在日清政權交替之際，新開園（今池上鄉錦園村）、卑南新街（今臺東市）、成廣澳等地有客家人居住。而從總督府民政局殖產部技師田代安定對通事兼墾首的朱紫貴的訪談記錄，及在新開園庄的調查人數，光緒22年（明治29年，1896）副將劉德杓率清殘兵在後山中路對西拉雅平埔族（Siraya）的攻擊行動，可能有不少客家人遭波及而逃離（潘繼道，2017：17-26）。

如參照田代安定的調查（請參閱表1），晚清秀姑巒溪流域的客家人並不多，人數最多的是璞石閣（玉里），明顯的「大莊事件」、劉德杓等對平埔族社的軍事攻擊，使得當地客家人受到嚴重衝擊。

表1：明治29年花東縱谷秀姑巒溪流域廣東籍分布與人口數量表

村落名	戶數	人口數
拔仔庄	12	64
打馬煙庄	9	46
璞石閣庄	41	170
中城庄	7	35
媽汝庄	3	不詳
新開園庄	1	7

資料來源：整理自田代安定（1900：39-40, 245-291）

說明：水尾庄6戶、19人與客人城庄16戶、人口不詳，均未特別標示有客家人居住。

四、日治時期秀姑巒溪流域的客家移民

(一)客家移民進入東臺灣的契機

日治初期,日本當局並不鼓勵粵、閩漢人前來東臺灣移墾,即使明治32年(1899)後有「賀田組」招募部分新竹、宜蘭的漢人前來採樟、種蔗(鍾淑敏,2004:92,96,99,102),但人數並不多。直到日治中、晚期後,客家移民人數才大增。

日治時期,客家移民因原鄉耕地不足、生活困頓、天災人禍……等;而東部則是地廣人稀、交通與衛生逐漸改善、移民村勞力不足、糖工場(鹽水港製糖株式會社〔以下簡稱「鹽糖會社」〕、臺東製糖株式會社〔以下簡稱「臺東製糖」〕)、農場、樟腦開採提供工作機會……等,吸引他們前來(潘繼道,2008b:2-3)。

而東部陸上與海上交通的興建與改善,是客家人進入東部的契機之一。首先,即來看陸上交通的部分。

日本當局相當重視鐵道的建築,但最初重心放在西部的縱貫線。明治41年(1908)4月,當基隆到打狗(高雄)的縱貫鐵路完成後,日人轉而重視東部鐵道的興建。

東部的鐵道系統分別有官設鐵道、私設鐵道及手押臺車軌道三種。日治初,賀田組曾在花蓮港(今花蓮市)至吳全城(今壽豐鄉平和村吳全社區)之間鋪設手押臺車線15公里。明治31年(1898),日人曾對東海岸線及東西橫貫線進行勘查;明治42年(1909),鐵道部鋪設花蓮港至卑南(今臺東市)間的輕便鐵道,並於隔年(1910)完成花蓮港至鳳林(今花蓮縣鳳林鎮)間的臺車線,但因臺車需依靠人力推行,其速度慢、運量小、營運

後客、貨的運輸量不多。

明治40年（1907），佐久間左馬太總督與鐵道部長長谷川謹介至東部視察，隨即命技師勘查路線。明治42年（1909）9月1日，鐵道部設立「花蓮港出張所」，並於隔年（1910）開始興建臺東線鐵道。

1910年完成花蓮港至鯉魚尾（大正6年，1917年改稱為「壽」，戰後改稱為「壽豐」）的路線，兩年後開通至鳳林。大正6年（1917），花蓮港至璞石閣間鐵道通車，第一期工程結束，璞石閣改稱為「玉里」。原本要再繼續鋪設往臺東的軌道，但因宜蘭線及潮州線的鋪設較為緊急，加上臺東製糖有計畫鋪設臺東至新開園的私設鐵道，因此，鐵道部工程暫時中止，將此區段鐵道鋪設的任務暫時交由私設鐵道。

大正11年（1922），鐵道部向臺東製糖獨立出來的臺東開拓會社收購臺東至里壠（關山）間路段，[6] 大正12年（1923）展開第二期工程。大正14年（1925）完成璞石閣至里壠間鐵道。然而受到關東大地震影響，日本財政緊縮，工程一度停頓。第三期工程至大正15年（1926）隨著公埔（今富里）至池上間路段完成，臺東線才宣告全線完工（蔡龍保，2004：14-28；吳翎君編纂，2006：110-111）。[7]

官設鐵道外，鹽糖會社在荳蘭（Natawran，今花蓮市主權里田浦）、北埔（今新城鄉北埔村）一帶，及馬太鞍（Fata'an，今光復鄉馬太鞍地區）、大和村（今光復鄉大富、大豐、大農、大興，及瑞穗鄉富源村、富興村部分）一帶私設鐵道（吳翎君編纂，2006：111）；臺東廳則有臺東製糖所興建的臺東至里壠間等私設鐵道。

明治43年（1910）12月間，花蓮港與鯉魚尾間的官設鐵道完成並通車；大正2年（1913），臺東拓殖製糖株式社會（1914年與鹽糖會社合併）在鯉魚尾設立500噸的製糖廠（壽工場），由於需要大批蔗農，宜蘭、新竹等地的粤、閩漢人應募者非常多（吳親恩、張振岳，1995：154；吳翎君編纂，2006：113）。

而在公路方面，大正5年（1916）4月，日人開築花蓮港至蘇澳間的道路，至大正14年（1925）完工。最初只是人行步道，無法通行汽車，因此，在昭和2年（1927）進行道路拓寬，至昭和6年（1931）5月「臨海道路」才正式通車，成為花蓮港至北臺灣之間的重要交通線。隨著公路完成，有東海自動車運輸株式會社[8]經營客貨運輸（吳翎君編纂，2006：108-109）。

日治中期，為紀念裕仁（昭和）天皇登基，日本當局曾修築「御大典記念道路」（今臺九線的前身），由花蓮港街（今花蓮市）通往臺東街（今臺東市）。道路於昭和5年（1930）開工，沿著臺東線鐵道修築，至昭和8年（1933）完工（駱香林主修，1974：14；孟祥瀚，2001：106）。[9]

接著，來看海上交通的部分。

日本統治東部後，人員、物資須仰賴海運。明治29年（1896），有釜山丸、勝山丸等擔任定期通信船隻，以基隆為起點，每月停靠花蓮港兩次。明治31年（1898），總督府以官方經費補助大阪商船株式會社，開設臺灣島沿岸的「命令航路」，以基隆為起點，有東迴、西迴兩線，每月航行6次，花蓮港的客、貨運均仰賴此航線。

大正2年（1913），日本郵船株式會社開始每月8次的基隆、花蓮港間民間航線，但到次年（1914）9月以後中止。其

後，又有私營的福清丸與泰記汽船株式會社加入。大正14年（1925）4月1日起，有宮崎丸每日往返於花蓮港與蘇澳之間，此乃爲了聯繫宜蘭線與臺東線（吳翎君編纂，2006：109）。許多客家人即是先搭乘火車到蘇澳，再換乘蘇澳到花蓮港的交通船（劉還月，1998：47-48）。[10]

日治初期，花蓮港並無現代的港口設施，總督府指定花蓮溪口至米崙溪（美崙溪）口長約4公里的弓形海岸，作爲輪舶的停泊地。但由於物資輸出、入數量漸增，且港口灘寬水淺，船隻往往須停泊於數公里外，再以小船及人力接駁。尤其多季氣候惡劣，浪高潮險，人、物皆危，因而呼籲築港的聲浪不絕。

大正11年（1922），官方先建立「江口突堤」方便漁船停泊。昭和初年，地方人士組成「花蓮港築港期成同盟會」，聯名向總督府請願建港。在經前後任花蓮港廳長江口良三郎與猪股松之助等人屢次建議，及陸上聯外交通改善，昭和5年（1930）日本第59屆帝國議會終於通過築港案，於米崙（美崙）建築人工港。大正6年（1931）正式開工，直到昭和14年（1939）10月2日完成第一期工程（張家菁，1996：120-125；吳翎君編纂，2006：109-110）。

這些交通路線相繼完成，對東部，尤其是花蓮地區的發展有莫大的貢獻，不管是人口移入，或貨物運輸都極爲便利。且交通路線的規劃、興建與改善，也影響客家移民的遷移路線。

日本官方主導的臺東線鐵道的開鑿，先由北往南，大正6年（1917）即開通至玉里，大正15年（1926）更可以從花蓮港直達臺東，使得從花蓮港海邊上陸的移民，由北往南移動更加方便，更容易進入秀姑巒溪流域。

至於楓港到臺東的公路交通完成較晚，因而來自西部、北部新竹州與臺北州的客家人來到東部，並沿著花東縱谷一路往南，其分布聚落較南臺灣高雄州的六堆客家人來得快、來得多，因此，秀姑巒溪流域以新竹州、臺北州的客家人為主，尤其是來自新竹州的客家移民。

　　當時因地緣關係及前述交通因素，前來花蓮港廳者，大部分來自新竹州、臺北州，其甚至一直南下到太麻里；南部六堆的客家人，則多落腳於臺東廳，部分則往北進入今壽豐鄉（劉還月，1998：63）。這些有很多屬於客家的二次移民，甚至是三次移民。而前來後覺得是塊希望之地，乃又招引故鄉親朋前來。

　　而官營、私營移民村的建立，也是客家人移入的重要契機。

　　因東部人口稀疏及荒地頗多的誘因下，促使總督府一直希望將這塊區域保留作為日本內地移民的生活空間，因而對本島人採取消極的東部「閉鎖主義」，限制漢人進入，以使東部成為純粹的日本農業移民村。

　　在建設健全純粹的日本農村、扶植發展日本民族的純粹國民性、增進民族的實力以備臺灣島民的民族自覺、統治臺灣島的必要、調節日本過剩的人口以救濟國內農地過小的弊病、日本民族將來在熱帶地區發展的需求、國防與同化上的需要……等理由下，日人進行企業家的私營移民、自由移民與總督府主導的官營移民（張素玢，2001：45-48；林呈蓉，2005：75-105）。[11]

　　日治初，總督府曾鼓勵賀田金三郎等私人企業進入東部，並附帶移殖日本內地農業移民，但成效不彰，因而在明治42年（1909）之後進行官營移民。而官營移民的正式展開，與日治初期的「理蕃」行動有著密切的關係。明治42年（1909）「七腳

川事件」[12] 落幕後，日本當局正式將花蓮港廳從臺東廳獨立出來，[13] 並規劃、建立臺灣第一個官營農業移民村──吉野村。

日人原打算在花蓮港廳、臺東廳同時推動官營農業移民，但因東海岸成廣澳的阿美族人（Pangcah、Ami）不堪各項力役繁重，並與日警發生衝突，引爆「成廣澳事件」，造成臺東廳內情勢緊張。為避免徵用土地激起阿美族人反抗，乃暫時將臺東廳的官營移民事業擱置，使得旭村（今臺東市豐榮、豐谷、豐里、豐源、豐年、康樂、永樂、豐樂等里）並未成為臺東廳第一個官營移民村（孟祥瀚，2001：114），而東部最初的官營農業移民，只限於花蓮港廳轄內興辦。[14]

但隨著官營移民也遭遇困難後，[15] 因欠缺勞力，乃於大正年間從西部招徠勞工。但數量有限，難於滿足漢人期待，因而私自移墾者日益增加，其中有不少是客家人。

大正6年（1917），總督府停辦花蓮港廳官營移民事業，業務轉移到地方官廳，有意將移民事業委由有力的企業家承辦，因此，在當年6月公布「移民獎助要領」，對以開墾為目的，從事移住日本內地農民的企業家，提供各項獎助與保護。臺東製糖乃把握此一機會，大量向總督府申請臺東廳內的移民預定地（孟祥瀚，2001：114-115）。

臺東製糖創立於大正2年（1913），大正8年（1919）再將原屬於鹽糖會社之大埔尾（今臺東縣鹿野鄉）與加路蘭原野（Karoroan，今臺東市富岡一帶）併入，臺東廳下縱谷平原內的大小集團地，全數被臺東製糖所佔有。

大正6年（1917）開始，臺東製糖自新潟、長野、廣島、茨城等縣招募永久移民，分別安置於鹿野（今鹿野鄉龍田村）、旭

村、鹿寮（今鹿野鄉永安村）、池上（今池上鄉福原村、新興村、大埔村）等地，其以種植甘蔗為主。當時會社提供教育、衛生等設施，並給予農耕指導、患者醫療、日用品供給廉賣、育兒補助等，但日本內地移民不適應東部風土，有不少人生病，加上地質普遍不良、欠缺灌溉設施等，有些人相繼離開。

鑒於內地人移民成績不佳，會社於大正7年（1918）也從今桃、竹、苗、高、屏等地開始招募本島人（臺灣人）入墾，分別安置於月野（今關山鎮月眉里）、大原（今鹿野鄉瑞和村）、新良（今鹿野鄉瑞隆村）、萬安（今池上鄉萬安村）、雷公火（今關山鎮電光里）、鹿寮，以及都巒山西側等地（臺灣總督府殖產局，1921a：155-157；臺灣總督府殖產局，1921b：155），[16] 客家人亦在這波移民活動中進入臺東廳。

在大正13年（1924）出版的《東臺灣研究叢書》第二編，刊載總督府殖產局長喜多孝治撰寫的〈內地人移民か本島人移民か〉，清楚提到大正12年（1923）臺東開拓會社從新竹州移來30戶的廣東部落民（客家人）到月野村（喜多孝治撰寫，1924：18），[17] 是屬於客家二次移民。

在臺東製糖、臺東開拓會社的推動下，日人在臺東地區展開私營移民，但過程並不順利，原本要建立的內地人移民村，有些轉換成本島人移民村，包括池上、月野、大原（本島人與蕃人移民）、美和（今太麻里鄉美和村）等村（筒井太郎，1932：263，265, 273）。

根據官方統計，於大正4年至昭和15年（1915-1940）間，花東地區的客家人增加3萬人以上，遠超過閩南人增加的人口數，這顯示當時客家人在原鄉生活的困境與壓力，因而有遷徙的

需求與意願（戴寶村，2006：112）。

　　其中，新竹州的客家人要比其他地區的居民更普遍移入，一來是因為生活困頓，逼使其不得不尋找新拓墾地；二來是其早年在竹、苗地區開墾旱田的經驗，使其有能力克服花東縱谷河床上石頭多過泥土的問題。畢竟這群移民不像官營移民村的日本移民，很難找到肥沃的土地，更不會有日本人配給的田、舍，面對如此惡劣的天然環境，客家人重新學習先人向河床爭地，興建一畝一畝的石頭田（劉還月，1998：48-51；戴寶村，2006：112）。

　　另外，當「會社工」也是不少日治時期客家人的經驗。許多客家人來到東部後，在花蓮港廳即成為鹽糖會社的「會社工」；[18]而在臺東廳境內，則成為臺東製糖的「會社工」。

　　日治晚期，伴隨戰爭情勢的發展，東部的礦產資源、地理位置受到總督府重視，並以官方資源主導國策產業的建立與發展。昭和11年（1936），「臺灣拓殖株式會社」（以下簡稱「臺拓」）成立，此乃因應戰時需要所成立的國策會社，資本額3000萬日圓，由總督府提供一半的資金。其設立的宗旨，為經營臺灣島內與南支（南支那，華南）、南洋地區的拓殖事業。

　　臺拓在東臺灣的事業，以開墾與熱帶栽培業為主，[19]這些都需要勞力，因而在原鄉生活困頓的客家人，也在臺拓經營東部的行動中移入。

　　除臺拓的拓殖行動外，西部漢人企業家與日本企業家也在日治中、晚期進入東部開墾或經營事業。在今瑞穗鄉的舞鶴臺地，日人曾在昭和6年（1931）1月開始，由住田物產株式會社設立住田咖啡農場（毛利之俊，1933：未編頁碼），但不是很順利，

乃重新擬定改種茶葉計畫，於是便到新竹北埔找到一名墾首，同時招佃到十幾戶茶農，但這項計畫到日本戰敗離臺前仍未成功（戴寶村，2006：121）。

日治時期，東部也出現一批客家籍的仲介者，他們多半具有官方或半官方的身分，同時又是日本會社的土地承租者，他們先向日本會社承租土地，再把土地租給西部來的客家佃農，累積不少家產。有些客家人則向仲介者承租土地，成了所謂的「承攬人」，不只生產稻米和甘蔗，有些更以農場經營的方式生產熱帶栽培業作物，這些承攬者也一樣仲介許多客家人來到東部（馮建彰，2000：221, 224, 227；戴寶村，2006：130-131）。

（二）秀姑巒溪流域的客家移民

在花蓮港廳轄內，客家人移入秀姑巒溪流域，與吉野、豐田、林田等官營移民村需要勞力的關係應該不大；但在臺東廳池上地區的客家移民，則與臺東製糖建立的私營移民村池上村有密切的關係。

瑞穗、玉里地區自由移民村的建立，應該是吸引客家人進入的重要因素。自由移民村不同於官營移民村，是配合種植獎勵經濟作物而施行，招募對象也以原居移民村的日本人為對象，主要考量乃取其耕作經驗及較佳財力，總督府則只有資助少數經費與協助土地豫約賣渡、貸渡（林聖欽，1998：260）。[20]

大正6年（1917），總督府中止花蓮港廳官營移民政策；昭和8年（1933），總督府在瑞穗、玉里推行自由移民事業，主要是配合專賣局的煙草增產計畫。由於在瑞穗試種煙草獲得良好成效，於是建立了瑞穗村（今瑞穗鄉瑞穗、瑞北、瑞祥等村），招

募原住吉野等官營移民村的日本人爲主，專門經營煙草種植。昭和10年（1935），又建立三笠村（今玉里鎮三民里），亦是以種植煙草爲主（吉武昌男，1942：564-565；林聖欽，1998：260；吳翎君編纂，2006：121-122）。由於栽種煙草需要勞力，因此，在瑞穗村、三笠村的鄰近地區（甚至包括今縣道193，秀姑巒溪東側的「河東地區」）有客家人移入。

日治初期，日本當局希望最有效的開發與利用土地，以及爲即將展開的官營農業移民村作準備，查定平地原住民族群的土地所有權，成爲重要的工作。

早在清治時期，巡撫劉銘傳在光緒12年（1886）設清賦總局於臺北、臺南兩府，以進行清賦，實行臺灣最早的土地丈量。日治時期後，總督府於明治31年（1898）設立「臨時土地調查局」，實行地籍調查、三角測量、地形測量。但土地調查只針對田園（水田和旱地）確定業主權，而不及於林野，因此，從明治43年（1910）起利用五年的時間實行林野調查，以確定官有與民有。林野調查事業的效果，是查定大部分的林野爲官有（李文良，1997：170, 190）。[21]

前述賀田組因經營成效不彰，其移民事業改由總督府進行官營移民事業；而糖業則改由鹽糖會社與臺東製糖接手。到了大正6年（1917），總督府中止官營移民事業，在馬太鞍（Fata'an，今光復鄉）以南、卑南（今臺東市）以北剩下的移民收容適地，大多由鹽糖會社與臺東製糖向總督府申請豫約貸渡或賣渡的方式，取得土地使用權來開發。

大正初年，鹽糖會社發展事業集中在縱谷北側的壽工場一帶，馬太鞍以南至花蓮港廳界（堺，今富里鄉富南村三臺地區）

以北地區，僅有改良糖廍與製腦事業，並未有其他大規模的土地開發。直到鹽糖會社計畫於馬太鞍興建大和工場後，大正7年（1918）會社先申請了原移民收容適地的大和村官有地豫約賣渡，作爲甘蔗原料的生產區，之後再取得亦是移民收容適地瑞穗村的部分土地來經營，此時鹽糖會社的土地經營才往南至瑞穗一帶。而在玉里一帶，其社有地以之前處理樟腦的事務所的建地爲主，只有在原名針塱的末廣段（今玉里鎮大禹里）擁有三筆2.2315甲的旱地而已（林聖欽，1998：250-251）。

而在玉里、富里一帶，在土地業主權查定後，原住民土地私有化，接著原住民土地紛紛轉移至原居漢人手中，造成地區內地主與佃農階層化加深，甚至地主以會社型態來管理土地的租佃關係；而不久之後進來的西部資本家或會社，也加入地主行列。

另外，在日人方面只有鹽糖會社以收購民有地作爲其事業地較爲重要，但相對鹽糖會社在瑞穗以北的事業經營，於花東縱谷中段的事業實無舉足輕重。

僅有的官有地除馬里旺（Maliwang，今富里鄉學田村）與長良原野（今玉里鎮長良里）之外，多屬河川新生地或山林地等邊際土地，主要由日人的官紳階級增加產業、自由移民定居墾殖煙草，以及日資會社發展熱帶栽培業時所開發；而原居的粵、閩本島人除零星請墾官有地以維持生計外，西部本島人資本家則是挾其資金與經驗，開發縱谷中段最後兩塊完整的土地，亦即馬里旺與長良原野（林聖欽，1998：273-274）。

由於漢人資本家與日本企業家在這個地區有較大的發揮空間，因此，進入此地的粵、閩本島人有不同於糖工場「會社工」的經驗。

從賀田組進入東部之後，樟腦即是重要產業。從明治37年（1904）以來，在秀姑巒溪鄰近地區的製腦事業地，於海岸山脈有巴林妹軟山、大狗寮山、六十石山；中央山脈有迪佳山、針塑山、卓溪山、中城庄、客人城庄、清水山、崙天山（林聖欽，1998：252）。製腦的腦長、腦丁有不少是來自桃、竹、苗的客家人，因客家人內聚力強，甚至有地緣或親緣關係，有機會即會彼此牽引。日治中、晚期在今秀姑巒溪流域鄰近山區的末廣（舊稱Sedeng，針塑）、三笠（舊稱Takay，迪佳）、白川（今瑞穗鄉富源村）、富里等地都是樟腦產地（馮建彰，2000：253-256）。

　　在昭和8年（1933）出版的《東臺灣展望》，毛利之俊即提到三笠村肥沃的耕地中設置小學校、派出所等，這個偏僻村落的小學校訴說了十年以前（1922或1923）三笠附近的黃金時代，當時這一帶樟木林中有30棟以上開採樟腦的小屋（毛利之俊，1933：未編頁碼）。而公埔（今富里）沿山地區由於生長樟樹，客家人把原鄉採樟腦技能運用於此，並逐漸成為重要族群（戴寶村，2006：122）。

　　客家人移入瑞穗南邊的舞鶴，乃始於日資會社的招募。昭和6年（1931），佳田多次郎所經營的「佳田物產株式會社」，向官方承租舞鶴臺地上410甲的官有原野地，並成立「花蓮港咖啡農場」，招募臺灣人種植咖啡樹。到昭和12年（1937）間，其已在臺地上種植了300甲。當時招募來的主要為桃、竹、苗的客家人，以及少數閩南人與在地原住民，但因樹齡尚淺，收成不佳。昭和11年（1936），日資會社又計畫在舞鶴臺地發展茶產業，乃自新竹北埔引入10戶的客家茶農到舞鶴的加納納

（Kalala）與馬立雲（Maifor，馬立文）一帶，兩地各種植約兩甲地；不過直到日人結束統治，茶業生產始終沒有推展開來（施添福總編纂，2005：261；戴寶村，2006：121）。

日治晚期，池上地區於昭和18年（1943）在大坡山已有香茅寮的出現，但因太平洋戰爭吃緊，外銷通路斷絕，導致價格慘跌。當時種植香茅亦可見到客家人的蹤影（黃學堂、黃宣衛、吳佩瑾，2018：38-39）。

而前述的國策會社臺拓，其事業地在秀姑巒溪流域及鄰近地區有鶴岡（今瑞穗鄉鶴岡村）、大里（今富里鄉東里村）、落合（今玉里鎮樂合里）、長良（今玉里鎮長良里）、萬安（今池上鄉萬安村）、新開園（今池上鄉錦園村），在總數9個事業區中就佔了6個；而苧麻事業所則設置在瑞穗。客家人移入後，一方面改善自身經濟，一方面也藉由其勞力，使得苧麻、煙草、魚藤、竹林等能順利栽種，軍需用品亦能逐漸生產。當時在池上地區，即有客家移民因應臺拓的經營活動，而移入萬安、新興、福原、福文、慶豐等村（黃學堂、黃宣衛、吳佩瑾，2018：45）。

五、結語

晚清「開山撫番」前，在秀姑巒溪流域比較明確的客家移民，就是「客人城」的建立；「開山撫番」後，清帝國正式進入東臺灣統治，在官方提供優渥的條件下，使中國大陸及臺灣西部的客家人進入移墾。但之後的「大莊事件」（1888）、劉德杓率清殘兵攻擊平埔族社（1896），使得秀姑巒溪流域的客家人受到嚴重衝擊。

進入日治時期後，包括鐵道、公路、海運等交通運輸的興建與改善，是客家移民進入東部的重要契機，其甚至配合臺東線鐵道由北往南興建與通車時間，北部，尤其是新竹州的客家人，沿著鐵路一路往南，並進入秀姑巒溪流域。

在花蓮港廳轄內，客家人移入秀姑巒溪流域，與吉野等官營移民村需要勞力的關係應該不大；但在臺東廳的池上地區，則與臺東製糖的私營移民村池上村有密切關係。

而在瑞穗、玉里的自由移民村，其菸草栽種應該是吸引客家移民進入的重要因素，在其鄰近地區也因此有客家人移入。

鹽糖會社在玉里、富里以收購民有地作為其事業地較為重要，但相對其在瑞穗以北的經營，於花東縱谷中段的事業實無舉足輕重。由於漢人資本家與日本企業家在此地區有較大的發揮空間，因而進入此地的客、閩漢人有不同於擔任糖工場「會社工」的經驗。

日治初期，秀姑巒溪流域鄰近山區的樟腦產地，因從事製腦的工作者有不少是來自桃、竹、苗的客家人，也牽引其餘客家親友於日治中、晚期加入採樟的行列。而在舞鶴，客家人的進入始於「住田物產株式會社」栽種咖啡樹的招募活動；日人亦曾自新竹北埔引進客家茶農種茶，不過直到日人結束統治，兩項產業都沒有成功推展開來。日治晚期，在池上的大坡山，則可見到客家人種植香茅的蹤影。

而臺拓在秀姑巒溪流域及鄰近地區的事業地多達6處，瑞穗則設置了苧麻事業所，在原鄉生活困頓的客家人，亦進入這些事業地墾拓與栽種。

本研究乃藉由歷來文獻與研究，概略探究1945年之前花東

縱谷秀姑巒溪流域的客家移民。秀姑巒溪流域範圍廣大，因應不同地理環境、不同企業家而有不同的發展。或許我們可以再細分研究空間，同時在文獻之外，可再蒐集口述歷史資料，相信這樣會有更多的發現。

再者，可藉由日治時期國勢調查的統計資料進行分析，以使秀姑巒溪流域的人口組成及其原鄉關係更加清楚。

此外，本研究乃以從事農業、林業，以及當「會社工」的客家移民為主，如再爬梳日治時期文獻，也許可以找到從事商業、醫師、區長、協議會員等不同身分、領域工作者的活動事蹟，如此將可使秀姑巒溪流域的客家移民圖像更加清楚。

註釋

1 本文原發表於中央研究院民族學研究所研究員黃宣衛籌辦的「發現當代臺灣農漁村的脈動：田野觀察與反思」工作坊，臺北：中央研究院民族學研究所，2019年12月15日。首先，感謝與會先進們給予的寶貴建議，以及本書出版前匿名審查委員所給予的修正意見。文中若仍有任何不妥之處，乃筆者才疏學淺所致，仍應由筆者本人負責。

2 除開農業人口之外，也有從事經商、擔任總理、總通事、通事、醫師、協議會員等不同身分、領域的工作。

3 其所築界線土堆外型如臥牛，故稱為「土牛」，而外側深溝稱為「土牛溝」。

4 從胡傳引用袁聞柝《開山日記》的敘述，及《臺東州采訪冊》於前後文的脈絡，所謂的「潮民」，即是「粵人」、「廣東人」，也就是「客家人」（胡傳，1960a：41-42）。

5 光緒14年（1888）6月，大莊一帶的西拉雅平埔族（Siraya）因委員雷福海徵收田畝清丈單費過於嚴苛，又侮辱其族婦女，在客家籍漢人劉添旺等的煽動下，加上阿美族（Pangcah、Ami）、卑南族（Puyuma、Pinuyumayan）人的附和，共同起事抗官，使後山六、七成的族社捲入。衝突中除雷福海及隨從被殺害之外，清軍的水尾營（今瑞穗鄉瑞美村）、新開園營、知本防營勇棚（今臺東市知本）等處遭攻陷、焚毀，武器亦被奪去，卑南軍營（今臺東市）更被圍困十七晝夜始解圍。此役在清軍急調前山水陸各軍、北洋水師兵輪前來征剿，及花蓮港軍營的固守下，始將戰事平定，並誅殺劉添旺等首謀者及參與的通事，且令參與的族社賠償有關損害（潘繼道，2001：171-184）。

6 大正8年（1919）臺東製糖面臨解體困境，乃將製糖與移民事業分離，移民事業由大正10年（1921）成立的臺東開拓會社負責。

7 臺東線鐵道全長173公里，歷時十七年才全線通車，屬於0.762公尺的輕便軌鐵道（西部軌距為1.067公尺）。

8 該會社創立於昭和6年（1931）5月16日，每天自蘇澳及花蓮各發一班，行車時間約6小時。

9 「御大典記念道路」路面寬幅4-7公尺，因地形複雜，所經河川達十餘

處，河床主流不定，以致架橋困難，曾分段通車；無架橋處，則須在河床上行駛。而南部楓港到臺東的道路，於昭和7年（1932）起開始拓寬，昭和14年（1939）完成砂礫路面，其後再拓寬為汽車道路，至昭和20年（1945）完工通車。

10 筆者外祖父於日治晚期從竹東前來今瑞穗鄉舞鶴村擔任咖啡農場的「會社工」時，即是先到蘇澳搭船前來花蓮港。

11 日人移民臺灣，分成契約移民、自由移民。契約移民中，由總督府主導管理者稱為官營移民，由私人經營者稱為私營移民，無契約者即為自由移民。

12 日治初期，日人在東部首先要對付的原住民是北邊的太魯閣人（Truku），日人運用「以蕃制蕃」的策略，將南勢阿美推向理蕃的最前線。明治39年（1906）7月底，因採樟警備津貼發放糾紛，使太、日關係緊張，8月1日更爆發花蓮港支廳長大山十郎等25名官民罹難的「威里（Wili）事件」。隔年（1907），日人在東臺灣設置第一條隘勇線（威里隘勇線），結果意外引爆「七腳川（Cikasuwan）事件」。由於守禦隘勇線薪資發放糾葛、原住民舊有習性，加上不服從日人指揮等因素，明治41年（1908）12月13日七腳川社與日人決裂，進入內山與木瓜群（Tgdaya）、巴都蘭群（Btulan）結合。但巴都蘭群在見識到日人優勢武力後，後悔並協助日人攻擊七腳川社、木瓜群。而南勢阿美其他各社，在日人動員下攻打七腳川社，並對其社眾、財產進行襲擊與劫掠。戰事於明治42年（1909）初結束，大部分七腳川社眾向日本當局投降，並遭遷社（潘繼道，2008a：172-210）。

13 從晚清卑南廳（光緒元年，1875）、臺東直隸州（光緒14年，1888，「大莊事件」後正式成立），到日治初期的臺東撫墾署（明治29年，1896，管理蕃人、蕃地事務）、臺東支廳（明治29年，1896）、臺東廳（明治30年，1897），花蓮與臺東都在同一個行政區域內，直到「七腳川事件」（明治41年底至42年初，1908-1909）後，臺灣總督府於明治42年（1909）10月25日公布地方官官制改革，花蓮港廳始正式脫離臺東廳獨立設治。

14 直到大正6年（1917）為止，於花蓮港廳設置吉野（1910）、豐田（1913）、林田（1914）三個官營移民村。

15 日本移民不堪生活艱苦，加上天災及風土病，不少人離開；部分未離開者，將土地租佃給漢人坐享田租。

16 另外，關於臺東廳內地人移民事業之所以失敗的原因，昭和7年（1932）臺東廳官方印行的《移民事業ノ概況》提到，包括以會社的資金要經營永續的移民事業不適當（移民事業原本就應該作爲國家事業來經營）、灌溉等其他必要的設施欠缺考慮（會社於移民展開當初即欠缺計畫）、太過偏重甘蔗栽種而無視於糧食作物的生產且忽視副業的經營、移民選定未得宜（有不少非純然農民）、欠缺金融機構、土地所有權無法快速讓與、欠缺優秀的指導員（臺東廳，1932：未編頁次）。

17 關於月野村的移民與拓墾狀況，可以參考施添福的〈日治時代月野村的移民和拓墾〉（施添福，1996）。

18 賀田金三郎於明治32年（1899）獲得總督府許可，在東部製腦、製糖及建立私營移民村等，但似乎沒有達到官方期待，且本身營運不理想。明治43年（1910）10月，賀田金三郎與荒井泰治、原脩次郎等合組「臺東拓殖合資會社」，繼承「賀田組」事業；大正3年（1914）7月，更與鹽糖會社合併。「鹽水港製糖株式會社」原爲臺南鉅商王雪農於明治37年（1904）2月籌組，明治40年（1907）由荒井泰治收購，改組爲「新鹽水港製糖會社」。此時，荒井泰治擔任臺東拓殖合資會社社長，主導東部拓殖事業。明治45年（1912），臺東拓殖合資會社改組爲「臺東拓殖株式會社」。明治43年（1910），新鹽水港製糖會社合併「高砂製糖株式會社」；大正3年（1914），又合併「臺東拓殖株式會社」；大正6年（1917），改稱爲「鹽水港製糖拓殖株式會社」，以開發花蓮港一帶爲目的，營業項目有製糖、製腦、開墾、畜牧、開礦、運輸等。大正9年（1920），開發工作告一段落，將拓殖二字去掉，改爲「鹽水港製糖株式會社」，全心經營糖業，成爲東臺灣最大的企業。大正2年（1913），於鯉魚尾成立「鯉魚尾工場」（壽工場）；大正10年（1921），又在馬太鞍成立「大和工場」。當時鹽水港製糖株式會社有自營農場6座：北埔（今新城鄉）、壽（壽豐鄉）、鳳林（鳳林鎮）、萬里橋（鳳林鎮）、大和（光復鄉南部、瑞穗鄉北部）與瑞穗（瑞穗鄉）。昭和4年（1929）以後，大和工場產量超越壽工場，成爲花蓮港廳最大製糖工場。

19 昭和13年（1938），臺拓設花蓮港事務所（於今花蓮市），兩年後改爲出張所，下轄鶴岡（今瑞穗鄉鶴岡村）、大里（今富里鄉東里村）、落合（今玉里鎮樂合里）、長良（今玉里鎮長良里）及萬里橋（今鳳林鎮長橋里）等五個事業地；在臺東地區的事業地，則有都蘭（今東河鄉都蘭村）、初鹿（今卑南鄉初鹿村）、萬安（今池上鄉萬安村）、新開園（今池上鄉錦園村）。臺拓藉由這些事業地生產國策

產物、熱帶性的有用作物，如苧麻、煙草、魚藤、竹林等。昭和16年（1941），臺拓在瑞穗設立苧麻棉工場，後改爲苧麻事業所，生產軍需品（林玉茹，2011：9, 34, 50, 53, 55）。

20 「貸渡」意爲出租，「賣渡」則是出售、賣斷。

21 當時分兩階段進行，第一階段自明治43年（1910）至大正3年（1914）止，爲「林野調查事業」；第二階段自大正4年（1915）至大正14年（1925）止，爲「官有林野整理事業」。因先前的土地調查並未在東部及澎湖進行，因此，當臺灣其他地區進入林野地帶的地籍整理時，這兩個地區仍必須自一般田園的調查做起。而對於東臺灣的林野整理事業，一般又將調查階段稱爲「土地整理」，先完成官有、民有土地的區分；而整理階段稱爲「土地臺帳未登錄地調查」，依據國家政策的需要，進行適當處分，或保留爲國有（要存置林野），或將之放領爲民有（不要存置林野）（李文良1997：170, 190）。但其間仍有所謂的「緣故關係者」存在，爲了消滅這些雖無法提出證明具有土地所有權的地券，或其他確切的證據，卻仍在使用林野的「緣故關係者」，總督府於大正4年（1915）起實行「官有林野整理事業」，至大正14年（1925）完成。其目的一方面希望官有地完整，同時使人民從不確實的緣故關係取得確定的所有權，藉以防止林野荒廢，增進土地利用，且使官營或私人企業發展時，不致引發各種糾紛。而作爲林野整理事業的附帶事業，總督府更在東部實行土地調查。由於東部爲原住民族群的居住區域，不少土地已經開墾，且原住民有認爲其佔有區域即是其自己所有的習慣，不許外人任意侵入，因此，有些地區從未有過調查，有些則是曾調查失敗。爲了進行土地調查，以利於官營移民村土地的取得與規劃，及思考將來必須動員平地原住民的勞力從事各項建設，或投入企業需求，日本當局在明治43及44年（1910及1911），先行將阿美族等平地原住民的銃器沒收。等平地原住民狀況逐漸穩定後，即進行平地的地籍調查。期間日本當局斟酌過去的慣例，凡在明治43年（1910）以前佔有且現耕的土地，則承認其所有權；如開墾時期不長，則撥給開墾者，一方面藉此安定他們的生活，一方面則希望地籍整理能夠完備。因此，對於東部的田園設定了私有財產制度，同時實施地租制度，而各蕃社（部落）的頭目向其所屬徵收土地貢租的舊有習慣予以廢止，由國家代替頭目（矢內原忠雄，1935：20-26；周憲文譯，矢內原忠雄，1987：16-20）。經由地籍調查與整理後，未有明確土地所有權證明者，則被國家編成「官有地」，提供給官營移民村進行規劃，或撥給企業家運用。且在日本人的統治下，土地必須經過官方許可才可以開墾，而無主的曠野之地不可能憑著自己的力量加以佔有，土地必須向相關當局申請、登記後，才能變

成自己的（潘繼道，2008a：249）。而在土地所有權查定後，東部平地原住民有關土地權利行使或買賣，受到日本當局保護。但到大正11年（1922）因「內地延長主義」，原有臺灣土地登記規則的舊慣法即行廢止，翌年（1923）1月改適用日本內地民法，使土地所有權可以自由移轉，不因族群的不同而有規定上的差別，此易使平地原住民土地變成債務替代品，而轉移至漢人手中（林聖欽，1998：255-256）。

第四章 ▎客家遷移東部與宗族化過程
Hakka people migrating to the east and forming ancestral lineage

姜貞吟

一、前言

　　基於政治歷史、社會人口組成、移墾情況等不同，東部客家的形成有別於西部客家，在許多面向有著東部多族群共處的獨特性，包括語言以「四海話」為常見普遍的客家話（鄧盛有，2013）、祭祀信仰常見「神農大帝」五穀爺（黃學堂、黃宣衛，2010）、「以家族為遷徙型態」（廖經庭，2007）等。「『東部客家』的文化特質已然形成」，「便有其在地主體性」，這個文化創造的新現象，需在客家研究中被指出（黃學堂、黃宣衛，2010：148）。客家族群向來重視發展家族與宗族，前述研究已注意到東部客家的移墾「以家族為遷徙型態」，然而目前客家研究依舊缺乏對東部客家家族相關的議題分析。東部客家的形成以家族為出發單位，不同於早期西部客家從中國廣福地區出發來臺的「兄弟相約」、「獨自一人」的方式。本研究關注近百年的東部客家移墾能否如同西部客家，定居後將家庭發展為家族，進而形成在地化宗族。亦即，本研究探討在東部客家家族的遷移與形成過程中，是否持續返回西部祭祖，與西部家族、宗族維持祭祀祖先的統合，或者在東部重設新祠堂或公塔。

　　2021年本研究在受訪者M19吉安干城住家院子泡茶，訪談

時他望向花東縱谷，緩緩地說道：「這裡最早叫初音，初就是剛開始。火車要過木瓜溪橋，當時木瓜溪橋是很重要的橋，人車一起走的，就會先鳴笛，從花蓮車站到這邊第一次鳴笛在這裡」、「……祖母早逝……我祖父孩子多，我爸是老大，有六兄弟、姐妹三個、領養一個，全部 10 個。……當時都過來，只有我二叔沒過來……」，M19 對家族的記憶，交織著對數個家族成員的描述，有數字、有地名、有生命的始終，以及對土地與生活的情感，揭開家族遷移東部跟在地移墾的家族敘事。這類交織著生命、生活與土地開墾的家族遷移記憶，在東部客家的田野現場頻見。客家族群遷居東部，主從西部出發，是近百年來臺灣客家的二次移民。這波移民發生在日治期間的不同時期，主由桃竹苗，次由屏東六堆遷移而至（羅肇錦，2000；黃學堂、黃宣衛，2010），抵達後定居花蓮、臺東各重要鄉鎮（劉還月，2001a, 2001b）。

目前學界對東部客家的研究各有不同著重議題，從地域與客家移墾、分布為主的研究，像以縣市為單位，例如夏黎明、馬昀甄跟蘇祥慶（2012）調查花蓮市客家族群分布、黃學堂與黃宣衛（2010）的臺東客家研究，或是以鄉鎮為主的調查，有紀駿傑、陳鴻圖、簡月真與陳進金（2008）的鳳林客家研究、蘇祥慶（2012）研究吉安客家鄉鎮的歷史淵源與當代社會特性、臺灣行動研究學會（2017）出版的《來去吉野村：日治時期島內移民生活紀事》等。部分前述研究包含客家遷移者的口述史調查，受訪者說明家族如何移居東部，移居後長期的生活發展情況等。專注於家族史發展的調查，則有許秀霞、溫文龍（2008）、許秀霞（2011）、廖經庭（2014）等。許秀霞（2011）調查臺東縣成功

鎮的東海岸第一商店「廣恆發店鋪」溫泰坤家族、「柑仔山統領」宋番古家族、一門三傑的宋安邦家族。廖經庭（2014）則研究花蓮縣鳳林地區翁林姓客家家族史，勾勒臺灣翁林姓的家族樣貌，以及在花蓮的發展脈絡，也包括與西部原鄉聯繫情況。

　　東部客家家族乃由西部家族或宗族向外的發展與繁衍，結合對東部移墾開拓而成。由家庭內的男丁在家庭暨統合且分裂的概念下，形成「樹大分枝」的現象（王崧興，1991）。西部客家宗族歷經長則約兩至三百年、短為近百年的宗族形成過程，同時也形成北部桃竹苗與南部美濃、六堆鮮明的客家宗族社會。東部客家在近百年的家族／宗族分枝過程中，是否持續與西部家族、宗族維持聯繫，返回原鄉祭祀祖先，並將東部家族成員在百年後送回西部安置，維持家族、宗族發展的統合，或是選擇在東部重新另立宗族香火，這些疑問都尚未被客家研究探討。

二、理論探討

　　早期學界對宗族起源的看法，因宗族發展具有不同的地域特性與型態，因而對形成的主張與定義也有所不同。早期西方學者著重宗族控產跟在地經濟等功能論分析，但陳奕麟（1984）提醒宗族的親屬結構，尤其是「宗、房、系」所具有的文化意義需被注意。宗族是「一個父系繼嗣群」，由世代相傳進行繼嗣（林美容，2008）。在父系世代發展下，有無興建祠堂公廳或擁有祖產，也被視為是家族能否形成宗族的定義。然而以父系繼嗣為核心的祖先祭祀，以及族譜記載世系的傳承，是一般宗族運作的主要機制，因而，陳奕麟（1984）主張「沒有祠堂與祖產也可維繫

宗族」，祖宗香火的延續跟族譜世系才是關鍵。

　　西部客家遷移與分枝到東部客家，是否就代表宗族分裂或另立宗族？莊英章、羅烈師（2007：91-92）主張除非完成分家與分香火，將「祖先牌位填出而自成一家庭祭祖單位」，否則難以判斷宗族的分家，且也可從「宗族祭祀行為」來判定是否分家，祖先祭祀對宗族的運作「具有重要的象徵意涵」。雖一般民間將分香火與把祖先牌位填出在家自成祭祖單位視為分家，但根據本研究觀察，不少家族從西部分火到東部在家祭祀，仍無法視為宗族的分家，而是西部宗族更大更遠的體系延伸。這些東部客家因距離與交通因素，不少人早期遷移時，就背著阿公婆牌到花蓮，或是近期在花蓮自立公塔、自立牌位在家祭祀，但每年依舊持續回到西部祖先的故鄉參加清明祭拜歷代祖先，克盡宗親成員的責任與義務。

　　如果單從分火、自立祭祀的行為來看，確實符合自立祭祀單位樣態，然進一步從「關係」來看，他們並未與西部宗族切斷關係，維持增殖分裂擴張後，不中斷參與原宗族祭拜活動，肯認為同一宗族成員。分家跟分火的概念，並不等同於同宗分裂，前者代表家產、丁戶家庭與宗族公產、事務之間運作的區分，有助於宗族組織制度化；分火若持續在同一共同體之下，則象徵房系樹大枝大的延展與開拓。不論就桃竹苗客家宗族或金門閩南宗族，房系規模較大者，多有自立小公祠、小族譜，客家規模較大的宗族各房系也會自立各房小祖塔，成員可選擇要入大祖塔或小祖塔。

　　關於分火、分靈是否代表宗族分裂？Francis L. K. Hsu（2002a：80-81）指出「在不同祠堂祭拜共同的祖先，不能看做

是整個宗族的瓦解」，「與其說是『分裂』，不如說是宗族具有統一的特點」。Maurice Freedman等西方學者未能理解宗族房系分家、分裂與分火間的多種關係，也是Hsu認爲Freedman過度誇大宗族分裂現象與擴大解釋的部分。成員與祖先進行分火和分靈，多出一個祭拜單位，Hsu指出分火的牌位上寫著「歷代祖先」，仍是一統全部之靈供奉於神龕上。分火與分靈的儀式如同以克隆技術（cloning technique）「複製祖先靈」「克隆祖先靈」，讓複製的祖先靈體入住新牌位，成功讓祖宗香火向外擴展的更遠更廣。「從祖宗分靈、分火到宗族世界觀的分與合，實爲一體的、共同體的，並非從截然二元與對立來理解其關係」（姜貞吟，2021：774），本研究多位受訪者的分火經驗亦是如此。

綜括臺灣目前宗族較活躍的桃竹苗和金門地區，運作要素包括族譜（世系）、祭祀、公廳祠堂、祖塔（不論規模）、祖產（公產），這五個元素中最核心的第一爲族譜（世系）與祭祀，足以象徵同一祖先之香火延續，第二層才是公廳祠堂、祖塔跟祖產。宗族透過祠堂與族譜等的物質性資產，以及親屬成員、在地網絡等關係式資產，持續實踐尊崇祖先，尤其是在族譜中看到自己和手足以昭穆名逐筆登錄在父執輩與先祖的後系，「確認自己與祖先擁有的神聖關係，族譜中自我述說與集體記憶的書寫，父系文化的創造過程與意義都成爲客觀事實，深植入個體生命的課題中。」（姜貞吟，2021：755-756）

本研究認爲與祖先牌位分火、刈香火、割火等，是祖宗靈力的分靈，不能視爲自立宗族，依舊統籌在同一個祖先的世系之下，除非有具體的世系、祭祀、族譜與祠堂四要素的切割。因而，東部客家家族源自西部家族／宗族之外移，隨著遷移後的分

火、將三代直系血親遷回花蓮自立小公塔、在地祭拜等，究竟是
「香火擴展」？或「另立宗族」？或是「形成宗族」？本研究將
從田野資料來細緻區分。

三、研究方法

為回答這些提問，本研究採用兩個研究法：首先田野調查與
觀察法，研究地區選定以花蓮市、吉安、壽豐、鳳林為田野場
域，主因這四鄉鎮有相對高比例的客家族群聚居，形成家族化、
宗族化現象較具體清晰，易於實地田野調查與客家聚落的走訪。
本研究除訪談之外，田野走訪包括花蓮客家文化會館、好客文化
會館、鳳林客家文物館、校長夢工廠、豐田客家生活館、吉安鄉
客家事務處、各鄉鎮菸樓、公墓區，以及在四鄉鎮社區巷弄間的
漫步行走與在地人的隨興閒聊等；第二則以訪談法訪談在地者
老、在地家族成員等，以收集具體的家族遷移敘事。再輔以文獻
收集，以田野調查中收集到的族譜、宗親會會刊，以及各種與花
東客家有關的書籍與著作等，作為本研究分析的參考資料。

研究期間從 2020 年 1 月至 2021 年 7 月，共訪談 22 人（18 男 4
女），17 個不同姓氏，受訪者來源為可約訪到的重要家族，同
時以滾雪球方式找尋適合本研究議題者為主。受訪者曾從事過的
工作行業，包括教育、運輸、醫療、公務、農業、社會服務等，
目前居住在花蓮市、吉安與鳳林，每次訪談約為 1-2 小時（詳見
附錄）。訪談皆圍繞「家族如何遷移到東部」、「家族發展規模
與現況」、「與原鄉聯繫與祭祀關係」等提問，提問以父親的親
屬家庭為主。[1] 文中提及受訪者年齡、祖先年齡等，都以訪談時

計之。另因本研究議題含括日治前後期，內文撰述採四位數字為西曆年，而本研究受訪者口述大都以民國記憶，故凡兩位數字皆為民國計年。另訪談過程常詢問年齡、年代，受訪者會以虛歲來記憶，偶有數字差距1-2年或歲者，為方便訪談進行便未再請受訪者提供準確數字。

四、客家遷移東部的特性

本研究受訪者的家族從西部遷移到東部，若早於1932年蘇花公路的修築完成，就多從新竹、基隆、宜蘭等坐船到花蓮，若晚於則走蘇花或從臺東北上都是他們常提的抵達途徑，「坐船到花蓮那個美崙溪的那個出海口那邊上岸」（M09）、「從新竹那邊坐船到花蓮溪，當時可直接通到鳳林那個六階鼻，就是現在山興，船可以到這邊」（M13）、「從西部來，蘇花公路幾乎是沒有路。玉里有八通關，但也很不好過來」（M19）。根據受訪者陳述，祖先啟程時，最常見的兩種家庭情境狀態為耕地不足與逃難、男性直系親屬過世（父親、祖父等）後，形成「當家男性缺席」為主的家族遷移模式。

（一）移墾出發的情境
1. 耕地不足與逃難
受訪者提及早期家庭東遷花蓮與耕地不足、土地貧瘠，以及躲避可能的禍事有關。67歲在鳳林出生的M12，原生宗族在新竹新豐，他的姓氏是新竹縣內第二大雙姓人口。根據家裡族譜記載兩位來臺祖，約在二百餘年前「別故居粵東……汗營寶島」

後，宗族成員主要居住在新竹縣湖口鄉與新豐鄉，人口的飽和下「所有耕作農地已經不夠不敷使用了，大家都要有地啊，沒有地就養活不了老婆孩子啊，就分支出去了」（M12），就由祖父與其兄弟們來到花蓮，「據他們說是大包小包背著過來這樣找地」。父親老家在蘇澳永樂火車站旁的M15也表示老家附近土地的不足：「我們家在蘇澳永樂（車站）那個地方，山很高，種稻收成沒幾顆稻米」。M15描述「一出門就是山」，對當時仰賴從土地與耕種獲得生計養家的作農人來說，啓程尋找更廣闊與肥沃的土地是值得挑戰遠行的目標。

除了不同情境下的農作地不足促使遷移之外，戰事相關的避難也是受訪者會提到的起因。M19跟M09的家族遷移花蓮都因祖父躲避戰亂禍事有關。M19的宗族二百多年前從饒平來臺灣，住過彰化，後來祖父這房系再遷至苗栗銅鑼定居。M19祖父曾在日本殖民政府擔任過翻譯官，戰爭結束後擔心引來國民政府的殺機，就逃到東部去，他說：「我祖父當過日本軍官的翻譯官，後來國民政府來，我祖父就不敢上班了，那要被砍頭的，我祖父就跑了，也沒地方跑，只能跑到後山來」。另外M09的祖父與叔公則是參加新竹的抗日活動，失敗後擔心遭殺害，就躲到花蓮，他說：「祖父兩兄弟15、6歲時，在新竹參加抗日活動，失敗後躲到花蓮」。

根據本研究田野資料，受訪者遷移東部可分爲日治殖民前期與二戰前後兩個主要遷移時段。第一階段的出發多因西部耕地不足，希冀經由抵達東部的移墾，開創新天地，然而當時東部土地尚未開發，貧窮、貧脊、開墾的辛苦，幾乎都是共同的敘事語彙，「剛來這邊時真的是很苦」。受訪者提過家裡所種過的植物

包括稻米、芋頭、玉米、木瓜、梧桐樹、香茅、檳榔、各種樹苗等，養過的動物有魚、豬、雞、鹿。第二階段遷移潮的描述則與戰後辛苦的生活有關，以M18提及的「戰爭苦、小時候苦、要長大很苦」為代表。81歲的M18說：

> 空襲時我爸媽跟我大姐、二姐把小孩子帶到山上去，他們摘野菜，那時物資很少，野菜煮一大鍋。我們米是藏在哪裡？藏在大水溝下面。還有些人放哪裡？墳墓！風水打開來他（日本人）就不會來查。
>
> 飛機沒有來，我們幹什麼？到河裡面去撈魚，還有撿那個雁的蛋，野鴨那種，牠飛下來吃東西，我們就在池塘旁邊撿蛋。

戰爭時期的生活動盪與物資缺乏，各種勞動和工作都需盡可能試。即使日後考上公務員有正職工作後的M18還是「我什麼都做」，下了班養雞、養豬，數量達兩千隻之多，同時「會閹雞、也會閹豬」。以田地耕種或畜養牲畜有關維持或填補生活的文化行為，從移墾期至今，作些雜務工作或在田地上種些什麼，還在許多受訪者家族生活中持續著。[2]

2.「當家男性缺席」的家族遷移模式

與西部客家從中國廣福地區的隻身來臺，或數兄弟、伯姪一起來臺相比，東部客家呈現出較為清楚的「家族遷移模式」，且往往是發生在家中重要男主人過世後。遷移多由一個或數個有親屬關係的男性先過來打探消息，等情況稍微穩定後，再回西部把母親、妻小或手足一起帶過來，且幾乎都是整個家庭規模的「家

族遷移模式」。[3] 在家族發展過程中，家庭成員與東部原住民、外省、閩南通婚的情況也常被提及。東部客家「家族遷移模式」中，有一個獨特的情境為「家庭男性直系親屬過世後」，也就是「當家男性缺席」下才開始遷移花蓮。受訪者講述當時祖父或父親要到東部移墾時，大多是在（曾）祖父或父親過世後，（曾）祖母跟著年輕世代的兒子們出發而來（M01、M02、M06、F08等）。

88歲的M01講述的家族史是常見的東部客家遷移敘事。M01出生於苗栗三灣，大約在他5、6歲時（民國27年），28歲的父親找到花蓮瑞穗富源杉原株式會社工作，就把祖母（1874年生）跟全家帶到花蓮來「我祖父有大房二房，共有三個孩子，二房有一個孩子，就是我叔叔。……我祖父經營事業蠻成功的，可是很早就往生，就留下我祖母、我伯父和我爸爸三個，可是我伯父到處亂跑經營戲班啊，沒辦法依靠，祖母就跟著我爸」。M01的父親出生於民國前2年，生後七天就被祖母收養，以當時醫療環境養活子女相當不易，「我祖母生了十幾胎，結果只活了一胎而已，只養活了一個女兒，收養了兩個男孩，我伯父和我父親都是收養的」、「我媽媽也是養女，我爸爸是養子」。

M02的父親也在祖父過世後，才來到花蓮發展。92歲的M02，西部原生宗族在新竹關西，父母親同為首批移墾世代。在M02的父親來花蓮之前，姑姑跟姑丈已先到花蓮從事代書工作。後來民國前7年出生的父親16歲時（約1920）不願在老家做農，就隨著姑姑跟姑丈的腳步來到花蓮，在日本人開的腳踏車店當學徒，等穩定後，再回去跟全家商量是否要移居到花蓮，他說：「都過來，那時我祖父已經去世，祖母跟九個小孩一起過

來」、「我父親兄弟姐妹很多，他排第六，兄弟姐妹（8男2女）全部過來，有一個是送給人家的，留在關西，送給姓謝的，沒有過來以外統統過來……」。

66歲F08西部原生宗族在新竹湖口，她說自己的家族遷移是「1945年時阿公從新竹湖口來，來種香茅還有樟腦油。後來在鳳林那邊就定居下去，然後再回去帶我爸爸（15歲）媽媽（童養媳），還有二個姑姑三個叔叔，還有那個女阿太」，「男阿太很小（早）的時候就過世，那時候是說去當什麼日本兵，被人家出草那種」。F08的先生姓陳，湖口客家人，當年出發情境也是阿公過世，阿婆跟著四個兒子到花蓮來，她說：「我公公從沒見過我阿公」。

M06跟M07同屬新竹湖口知名E姓宗族，兩人是同一個曾祖父六等親的再從兄弟。訪談開始沒多久，為讓我了解他們的親屬關係，M07對著M06說：「你的祖父跟我的祖父是親兄弟」，呈現宗族親屬結構暨龐大且親密。E姓宗族共有十大房，其中18世時二房往花蓮遷移，至今已22世。E姓家族東遷是由M07家族先開始的，當時M07的祖父早已過世，祖母跟著她弟弟來到花蓮。M07說：「我祖父很早過世……我父親6歲時，我祖父就過世了」、「1922年時我祖母跟著她弟弟，就是張七郎，帶著我爸爸（19歲）、姑姑一起過來。……，對，還有一個過房的繼子（叔叔）、童養媳（後來是我媽）」。根據M07進一步詳細的描述，舅公張七郎原在淡水開業當醫生，有意到花蓮開拓，送別當日張七郎的兄弟姐妹全都到基隆送船。當時正值日本大事建造花東鼓勵移民[4]，當大家在港口送別「難分難捨」之際，有人提議如有船票就一起到花蓮看看即可安心。M07

說：

> 來了以後，我的祖母來到這裡，看到這裡這麼好，「我不回
> 去了！」。我的祖母就落腳了，然後才寫信回去，叫我的父
> 親把一家子……，對，全部一起來，那些舅舅、姨婆一起一
> 大票過來。過來了以後有的有回去，那我的祖母就不回去。
> 對，我的祖母來了以後就沒有再回去過就是了。統統都過
> 來，連大姨婆、二姨婆統統都過來。

　　M07的再從兄長M06的家庭遷移，則稍晚至民國41年，
「我堂伯父（M07父親）親自過去，把我們全家帶過來。帶過
來這邊，我爸爸就做一點小生意，吃的住的都依靠伯父……我爸
爸英年早逝，48年就過世了」（M06）。雖說湖口E姓宗族二房
遷移花蓮跟姻親張七郎關係密切，但家庭中「祖父過世，祖母決
策」至為關鍵，也進一步促成M06家搬至鳳林。

　　在傳統的父系家庭結構中，家庭當家青壯男性去世往往使家
庭經濟受到衝擊，若年輕兒子已具謀生技能，當家女性就較無再
婚或重組家庭的壓力。男性直系親屬的過世與缺席，可能完全改
變家庭親屬結構，M13的父親啓程到花蓮就是一個具體案例。
如果單看M13家族的遷移，是M13的父親隻身到花蓮打拼奮鬥
的過程，但父親為什麼會離開新竹湖口原鄉，一人到鳳林後入贅
范家，這跟祖父早逝祖母再嫁有關[5]，他說：

> 我祖父是新竹湖口人，很早，年輕的時候就過世了，祖父在
> 爸爸十幾歲的時候就過世了，我祖母又外嫁，所以剩下我爸

爸一個人。我爸爸一個人沒辦法生活，就跟著一些宗親過來這邊，日本株式會社有糖廠這些。……對！然後我的外祖父祖母只有一個女兒，就是我媽媽，就把我爸爸招贅了。

　　客家遷移東部雖史料常見貧窮、土地貧脊而遠離的敘事，但在本研究田野調查中，很快覺察到受訪者講述出發情境時，少了一位當家青壯男性，再持續追問才了解「祖父過世」與「祖母隱身」的性別結構脈絡，部分家族「祖母決定」又相當重要，進而理出遷移東部的整體家庭親屬結構。「男性直系親屬過世」的家庭結構因素隱身在貧窮背後，西部客家遷移東部並非單一地與耕地不足、貧窮等經濟因素有關，也跟家庭的性別結構巨變都有關聯。受訪者遷移花蓮過程，明顯少了一位當家男性的直系長輩，由母親與2、30歲年輕兒子們一起出發的家族遷移史，這不能完全解讀為單由男丁出發的客家家族遷移史，也可能是「客家母親帶（或跟）著兒子們」到東部的新開創。[6、7]

（二）多面向交錯的家庭遷移經驗

　　東部客家族群的分布，並非在特定時點的穩定成長所致，「而係受一連串事件影響所逐漸成形」（蘇祥慶，2012：110）。蘇祥慶（2012）以日治後期日軍擇定南埔機場供神風特攻隊使用，使得原居此處（現為知卡宣公園）居民遷移到花蓮市有明庄為例（如M22家族），說明早期客家遷移東部常受特定事件與風災影響，導致縱谷內部的移民潮變化。從日治之前到戰後，在長達五十多年的客家遷移東部過程，遇到鄉鎮規劃、農林業擴充、交通水利基礎設施等發展，而常有各種變動。根據本研

究結果，東部客家家庭遷移具有許多特性，包括多定點式的地理駐居、雙姓的結盟與創造，以及族群通婚的經驗，涉及地理駐居、親屬結構跟多元族群互動三面向的交織，這些特性都可在受訪者的口述記憶中找到。

1. 多定點式的地理駐居

遷移的過程不一定是單一個點對點的移轉。多數受訪者的遷移目的地雖是花蓮，但本研究發現「目的地花蓮」的意思常是「多定點式的地理駐居」，最後才落腳現居地，如同早期客家人抵達臺灣西部後尋找耕地的過程。多定點式的地理駐居有兩種情況，一種是抵達花蓮之前，曾在西部其他鄉鎮探試；另一種是抵達花蓮後，在不同地區的移居，進而產生的家庭相關記憶。受訪者家族再度變動定居點的因素多與生計有關，耕地收成不好、任職工作變動，或日治時期的強制遷移等。當家族發展鑲嵌於在地的移墾或開發時，家族記憶也充滿對地理空間的情感。

受訪者家族在定居花蓮之前，祖父或父親也曾嘗試到西部其他客家鄉鎮發展，屏東、新竹、苗栗等客家族群聚居區都是常提到的地方。M01的父親28歲到花蓮瑞穗富源農場之前，也曾到處嘗試工作機會力圖創業。他在苗栗三灣的小學畢業之後，就到宜蘭讀農校，畢業後回到三灣鄉公所工作，沒多久對音樂感到興趣，就到屏東潮州經營樂器生意，但生意經營得很糟糕，很快又回到新竹關西教書。此時，父親一位宜蘭農校的學長，早已在花蓮玉里的農場工作，「介紹父親到富源日本農場種香茅、種魚藤、種苧麻」（M01），之後又辭掉這個工作轉做林業，最後才搬到鳳林來。

另一位M11家族的移動軌跡是從桃園中壢崙坪、鳳林老金

田、光復大農、鳳林南平一路展開。M11老家在中壢崙坪，家族遷移在民國24、25年間，當時祖父輩都是佃農，連年收成不好，「稻稍微要結穗的時候，九降風就來」（M11），於是祖父跟叔公兩家4個大人共20個小孩，「全部的家當剩下兩百錢、一隻鵝、一個鍋子。然後走路到基隆，搭火車到蘇澳，然後坐日本船九州丸，從花蓮筑港這邊上岸，跑到鳳林來」（M11）。兩家到鳳林依靠一位已在鳳林落腳的遠房叔公，就在老金田開墾河川地，種植甘薯，僅得溫飽，之後再從老金田搬到光復大農村開墾甘蔗田。直到國民黨政府來了之後，糖廠要恢復運轉，M11祖父跟叔公兩家都屬違規的開墾戶，糖廠就用優惠方案收回土地。民國36、37年時，台糖開出四個方案：屏東潮州台糖地任選、板橋四甲地、志學火車站西邊台糖地、南平土地。最後「因為客家人習性一定要有山，才有木材可以燒嘛，有山有水有木材可以燒，就選了現在住的南平」（M11）。

多定點的遷移經歷也伴隨著居住地點所發生的家庭事件的深刻記憶。當我跟M07聊在臺北工作多年與在花蓮出生成長的關係，他說：「人家問我你哪裡人，我說我花蓮人」，接著M06說：「在哪裡出生，那個腦袋裡面永遠是……，我昨天做夢，我爬光豐路，爬的，用爬的，爬到最高點說，『豐濱，我好愛你，我回來了』，怎麼會做那個夢呢？那是民國46年的事情」。東部客家訪談的邀約攪動了受訪者到花蓮後的經歷，混合著對家庭、對親人，以及對土地的情感，厚實地寫在家族記憶中。民國46年，M06的父親帶著家人到豐濱鄉山裡面開墾，「我老爸跑到那個豐濱鄉山裡面開墾，開墾我們全家過去，留下我一個人在這裡」（M06）。此時M06在鳳林的吃住、學費都由再從弟

M07的父親協助，「我（堂）伯父那邊倉庫給我住，沒米吃，我伯父會拿給我，初中三年級那一年沒有學費時，伯父供養我」（M06）。

全家移墾往漢人鮮少前往的豐濱山域，M06則因就學繼續住在鳳林，但這一年的移墾卻是全家的噩夢，隨後迎來父親病逝，「那是一年的噩夢，父親跑去裡面開墾，一年的噩夢，全家人過去。……那一年以後我爸爸病逝了，父親去世，我伯父派一批人到山裡面把我媽媽、弟弟妹妹一些家產扛出來」（M06）。日治時期連通光復跟豐濱的光豐公路尚未修築，只能翻山越嶺走路，「從光豐走到豐濱5個鐘頭，翻山越嶺，走山林，走河谷」（M06）。遷住花東的家庭發展史鑲嵌到地域的開發，當家族停駐每個不同的地點，對地理空間產生混雜情感，深刻的描述常見在本研究訪談中。M06說著家族移墾史，站在高林上吶喊著「豐濱我來了」的場景，是他急著要去山裡見家人的心情寫照，深刻地刻在他的生命記憶中。聽著再從兄M06講著豐濱這段歷史，M07頗有同感地說：「有時候午夜夢迴，這些東西都會跑出來」。

2. 雙姓結盟與創造

近百年客家遷移東部的家庭發展，跟臺灣童養媳、承嗣收養兒子、招贅婚盛行的時間重疊，因而「男養子」「女童養媳」「招贅婚」這三種親屬結構也常見在東部客家家庭中。早期民間盛行童養媳婚姻文化，60歲以上的北臺灣農村婦女或多或少都直接或間接經歷過（曾秋美，1998），不僅如此，為維繫家系傳承，若沒生男丁就收養繼子或招贅婚，不意外地在訪談中頻頻收集到，幾乎是每位受訪者共同的家庭經驗：「我爸是養子，我媽

也是養女」（M01）、「我跟我爸都是養子」（M10）、「我外公被招贅，我是養子」（M16）、「我叔叔是過房來的」（M07）、「我媽是養女（童養媳）」（M01、M06、M07、F08、M11、F14）、「我婆婆、阿婆跟大伯母都是養女」（F08）、「我父親被招贅」（M13）、「我先生被我招贅」（F21）。[8]

家系斷裂是早期父系繼嗣家庭認定的困境，當無男丁傳承時，收養跟招贅是以往民間常見的解法。65歲的M16熱心於社區事務，協助社區老人共食用餐，也辦理各種課程交流活動。M16生父母為鳳林陳家，出生後三個月出養到L家。M16的阿嬤是新竹關西人，招贅L阿公，生下M16養母，M16養母沒有結婚，「她領我來養，我給她做兒子，給我媽媽做兒子，我媽媽姓L，她沒有嫁人，我的小孩子全部都姓L」（M16）。多養子、童養媳與招贅婚情況為當時漢人家庭常見的親屬結構，以維持家系的傳承，在東部、西部民間社會都很常見。

此外，東部客家家庭除了維持家系傳承而有的收養繼子、招贅，或童養媳現象之外，另外則是雙姓結盟與創造的現象，在本研究訪談的22人中，就有三個家庭姓氏為雙姓。三個雙姓分別為早期J姓與S姓兩位祖先移墾時形成的JS姓、N姓維持蘇家家系傳承形成N蘇姓，以及R姓感謝H家養育之恩形成HR姓。

首先，是早期J姓與S姓兩位祖先移墾時形成的JS雙姓：受訪者M12對於家族姓氏為什麼是JS雙姓？根據JS族譜記載約在二百餘年前由J姓跟S姓兩人一同渡海來臺，M12傳承到的口述記憶相當模糊，他說：「聽說一個姓J一個姓S，他們兩個有承諾到福建工作還是怎樣到哪裡工作，如果說我娶老婆，我們要相

等待，我娶老婆我有生孩子，就可以幫忙頂你的那個香火」。模糊的記憶指雙姓是因為兩男子間的承嗣。這個說法與廖經庭（2014：14-15）研究中收集到J姓（男）被S姓（女）「招贅」的家族記憶不同，也跟《JS氏族譜》與春福公派下祠堂的「阿公婆牌」紀錄文本都不一樣。廖經庭交叉比對族譜文本跟口述記憶的歧異點，提出可能的解釋：J姓與S姓兩位移墾男子的夫人中，有一夫人在先生過世後，改嫁另一位男性，下一代為了感念兩位父親，便將兩姓結合。JS雙姓形成可能跟父系家族中「某位女性的空白」有關，廖經庭（2014：16-17）認為「漢人社會以父系為主要運作機制，在此種父系至上思維中，女性再婚的情況會被刻意的淡化與失憶」。

縱有前述宗族記憶中女性空白的可能，但形成JS雙姓的原因更可能是因移墾時期的異姓結盟。廖經庭（2014：17）回溯清代臺灣民間結社組織研究與《臺灣縣志輿地志》等文獻，指出當時異姓結盟，不僅有助於「患難相助，有無相通」，更是「透過彼此的擬血緣關係，塑造成實際的親屬關係，也顯示當時的漢人亟欲找尋身分認同的過程」。

除了早期移墾時的異姓結盟可能之外，招贅以完成父系繼嗣傳承則可能是較近期的原因。再來，N姓家人為了替外婆與母親維持家系傳承所形成的N蘇姓：根據田野資料發現另外一個雙姓的創造，跟源自於父系家庭中女性再婚、未婚領養想要完成的家系傳承有關。M18（姓N）的母親原生家庭共有8個姊妹，M18母親分給蘇家收養，其他姊妹都被賣掉。「我媽媽給蘇家外婆當養女，當長女，我們叫蘇家外婆『蘇氏姑娘』，她沒有嫁。那時候我曾外婆還在，後來我曾外婆因為蘇家都死光了，就

又改嫁到N家」（M18）。母親因而繼承蘇家爲數不多的財產，原本該由M18承接蘇姓，但因當時日本政府不准，「應該從我開始就姓N蘇，那個牌位我在供養，姓蘇的骨灰12個統統我去撿的」。後經家族協議由M18的兒子採雙姓方式繼承，「我現在有立祖宗牌，姓蘇的姓N的，我兒子要接，所以我兒子雙姓啊複姓啊，N蘇這樣子」。對M18家族來說，蘇家外婆未婚領養母親，母親繼承蘇家家系的傳承，即使跳過一個世代，N姓家依舊信守承諾，形成新的N蘇雙姓。

最後一種則是基於感念養育之恩，由R姓爲感謝H家養育恩情所形成HR姓：M10原爲鳳林水車寮陳姓家出生的小孩，3歲被HR家收養（養父家已生兩女）。M10的養父本姓R，苗栗三灣人，5歲時「生母去世，生父到處流浪」（M10）。M10的祖父因喪妻到處流轉，M10的養父因而無人照顧，一位住在頭份的H姓叔叔，就把M10的養父帶回家扶養長大。養父17、18歲時，得知他生父去了高雄六龜採樟腦，也娶了繼母，因此也跟著到六龜工作了五、六年，並在此認識M10的養母。兩人婚後就隨著移民熱潮，約民國20幾年左右，到鳳林一位日本森田先生家當長工。日本戰敗後，森田先生將「那一塊地、草房、牛，一些家具都留給我父親，所以後來每年春節年初一，他一定會帶著那個香去幫森田拜他祖先的墓」（M10）。基於感念照顧之恩，M10的養父在國民政府來臺後登記戶籍時，「相當感念H家叔公對他的撫養與照顧，就把H姓冠在R姓之前，這就是HR姓的來源」（M10）。HR姓氏的形成，跟M10的養父感念兩個父親在生育與養育間的付出有關，同時也是生爲R姓人與身爲H姓人之間身分認同的決定。

本研究的三種雙姓，JS姓、N蘇姓、HR姓，其中JS姓推估為二百多年前臺灣西部移墾時期的異姓結盟，N蘇姓跟HR姓則是近期才成形的新雙姓，原因不再與移墾功能或異姓結盟有關，轉為是招贅婚家系的傳承，以及感念養父撫養恩情，進而創造新姓氏改變身分認同。考察這些雙姓的形成，都跟父系家系傳承、養育之恩或移墾有關，父系家庭的姓氏文化總是隱蔽了「母親」。除了招贅婚或未婚收養而冠母姓之外，田野現場尚未發現為感念母親生養育之恩而從母姓，或將母親姓氏與從父姓結構結合的新姓氏創新。[9]

3. 族群通婚的經驗

客家移居東部後，與在地原住民接觸機會與經驗增加，時有原客通婚或共同生養下一代現象，讓家庭發展過程充滿多元族群互動的元素。M19（66歲）的母親家族就有花蓮玉里原住民淵源。M19母親端的祖父是新竹竹東人，姓邱，九十多年前到花蓮時原在碾米廠工作，後來跟原住民阿嬤結婚，於是開始有了土地可耕種。「他來到玉里去，那個地方我外婆土地很多，原住民母系社會，她繼承土地」（M19）。M19說起小時候，每年初二跟著母親一起回到祖父祖母家的記憶，場景是坐著火車喝著一杯熱茶就回到玉里樂合見到親人，「坐火車daslio那個小車子，就一直坐到玉里去，daslio中間有可以喝茶的，只要一杯茶就可以坐到玉里去這樣」（M19）。父系家庭平時大多跟父系親屬居住與生活為主，暑假時才有較多空檔返回母親原生家庭多住幾天。每年的暑假，M19也一定待在玉里陪祖父在田裡看牛，「幫我外祖母看田，或者是幫她送飯到田裡面給外祖父，跟我外祖父一起看牛，我外祖母有很多的田，就是玉里對面那個樂合」

（M19）。[10]

　　另外兩位受訪者M09跟F05的祖母也都是原住民。F05的祖母是住在玉里的阿美族人，與戰後來自中國四川的祖父結婚。由於生活中沒有來自中國親屬的網絡，F05的祖父與祖母家庭因而跟原住民文化和生活較親近，直到父親與客家母親結婚，形成多元族群的家庭。M09的祖母也是原住民，日治時M09的祖父因在西部抗日行動失敗擔心惹禍躲到花蓮，後來大阿婆過世，祖父再娶第二任妻子，「我有兩個阿婆，大的不在又娶一個，再娶一個小阿婆。我的阿婆不知道哪裡來，她就是這邊，不是平埔族就是阿美族，……她會抽菸吃檳榔……」（M09）。

　　事實上，客家遷移東部後的族群通婚，包含原客、閩客，以及跟外省等多個型態。本研究受訪的這三個原漢通婚家庭，最初開始都由漢人祖父（客家、外省）與原住民祖母的結婚所構成，到了第二代才出現客家女性跟原住民男性通婚的情況，第四代開始有跨國婚姻的家庭型態，特別是臺灣男性跟東南亞女性。大約有三分之一的受訪者表示他們的兒女因工作現住國外（美國、荷蘭等），要不就是孫輩前往歐美留學，顯示多元族群互動與通婚情況越來越普遍。簡而言之，就東部客家家庭遷移過程來說，本研究初步發現多定點式的地理駐居、雙姓的結盟與創造，與族群通婚經驗三個特性。

五、與西部家族／宗族的維繫

　　宗族能世代不斷地運作，與其家戶成員在延伸與擴展的過程中是否和宗族保持聯繫，持續參與宗族的運作有關。因而東部客

家與宗族之間的觀察在於，是否持續回西部原宗族參加祖先祭祀，並將在東部過世的親人送回原宗安置，進行新生兒名字登錄族譜，或是刈香火、將祖先牌位填出在東部另立祭祀單位等等。宗族從原發跡地向外擴展的「衍分」（fission）過程，也就是Cohen（1976）主張判斷宗族能否形成的首要元素，進而成立祭祀公業或蒸嘗等組織來進行各種紀念祖先的「凝結（fusion）」過程。「衍分」與「凝結」就是宗族能否形成的判斷。能否另立宗族或與原宗族維持互動關係，是相當漫長的過程，需歷經數個世代才能完成。依據本研究發現，客家遷移東部大都從祖父輩開始（當時的青壯年），偶有曾祖父祖母（阿太們）一起同行，或是直接背曾祖父祖母的牌位過來，至今孫子世代共為五代（含阿太為六代）。與西部家族或宗族聯繫約可歸為三個類型：

（一）西部有宗族，全部送回西部安置

本研究的22位受訪者中，有7位受訪家族與西部宗族關係相當緊密，不僅將新生世代的名字回報登錄於族譜，也維持著將祖父母世代、父母親世代長輩送回祖塔安置（M06、M07、F08、M12、M13、F14、M19）。受訪者世代多數將過世親人逐一送回，包括也預留受訪者本人跟配偶在祖塔內位置（M06、M07、M12、M13）。父母親世代尚安置花蓮者（M19）則正等待西部祖塔的新建。西部宗族的運作越是完整周延者，受訪者家族越會持續與之聯繫互動，維繫宗族統合男丁戶衍分過程的規範。

「都回去了」（M07）、「都送回去」（M06）。18世由祖母帶著兒子們移往花蓮居住的M07，與M06同為湖口E宗族20世再從兄弟，至今持續將過世後的東部親人送回湖口祖塔安置，

「來到這邊的人，我們的家族骨灰都回到湖口的族塔」（M07）、「我爸爸媽媽，我嫂嫂都是這樣……我們跟西部沒有斷」（M06）。「清明節一定會看到我伯父（回去），我還沒有過來那一年（約5、6歲），他不知道捧著誰骨灰過去，我還記得」（M06）、「是大媽」（M07）。將親人送回西部祖塔並非臨時起意，宗族男性成員出生後即是當然成員，必然會被族譜登錄，以及過世後與配偶可將牌位安置在公祠與入祖塔的權益。早期通常作法都先安葬在花蓮三、五年不等，待撿骨後再帶回原鄉，於開塔日進塔才算完成入塔。

全家族都送回原宗族祖塔安置的還有F08跟F14姊妹的原生家庭。F08跟F14的阿公是新竹湖口人，男阿太很早就過世，由「阿公帶著女阿太跟全家」移居花蓮。[11] 老家祖墳原在桃園富岡集義祠後方，後因容量不夠，民國89年改到觀音興建祖塔。「阿公72年往生，五年後撿骨，由我叔叔送回去觀音，阿婆也是叔叔送過去」（F08），「女阿太是我阿公親自送回去的，民國57年」（F14）。後來，父親往生後，「我弟弟就把爸爸的骨灰帶過去」（F08）。「出嫁女兒」回原宗族祖塔祭拜會受限於宗族性別規範。她們的父親過世後，F08跟F14跟著弟弟回到原生宗族祖塔祭拜，卻遇到性別阻礙，「大家一起拜，然後有一個我們叫叔婆的，屘叔屘嬸，他就比較古板，就跟我們說『不要拿香』，然後我們用手拜拜哦，因為裡面有我們的爸爸，還有阿婆阿公、阿太」（F14）。

也有即使被招贅，也堅持回新竹老湖口原姓氏祖塔的情況。祖父早逝、祖母改嫁，父親被招贅入母親范家的M13家族，出身老湖口I氏宗族，來臺祖九世祖學藏公約在1733年（亦有載

1739，韋煙灶，2010）時渡臺。M13共有六兄弟與三姐姐，其中一個姐姐、一個哥哥和一個弟弟跟著母親家族姓范，M13與其他手足姓I。父親雖被招贅，但心繫著要回到湖口I氏祖塔祖先們所在的地方，「我父親69歲，民國64年1月22號過世的，他心心念念要回去」（M13），子女完成其心願，後來母親過世後，兩人合葬於老湖口祖塔，「我母親97年過世，對，她有交代，她說她要跟爸爸在一起」（M13）。M13兄弟姊妹分姓母親范與父親I姓，每年范家3月初掃墓，I氏清明節掃墓，多以姓氏區分祭拜責任範圍為主。男丁持續與固定繳交丁費，提供宗族運作主要經費來源，特別是興建祖塔公廳都需要龐大經費，「每個人2萬塊，我兩個兒子，全部6萬，也有人樂捐，有30萬有50萬，好像募了幾千萬的樣子，就蓋起來」（M13），也因此M13在西部祖塔也有了自己、配偶跟兩個兒子的預留位置。

　　M19的祖先從饒平抵達臺灣後，先到彰化，祖父這支後來再移至苗栗銅鑼。M19不少遠親宗親居住在彰化丈八斗，每到清明節掃墓就需苗栗跟彰化兩地跑，「有時候我們苗栗很早，掃墓完到彰化，我們從花蓮過去到苗栗這邊來，還要到祖父母、來臺祖那邊去，我就跑來跑去的」（M19）。後來，來臺祖11世移骨遷至苗栗，苗栗成為祖宗墳塔處。M19在苗栗的堂弟因要選舉，看好一塊「風水」預計興建祖塔，讓全宗族一起團聚。M19的祖父在花蓮過世後，家人擲筊問他希望安置何處，「一問就說『新雞隆』，他想要回去那邊，他在那邊出生。……我們就從蘇花公路，不是蘇花公路，我請我的祖父坐後面，安全帶把他綁著，開那個賓士車，我爸爸坐前面，我們兩個就開車回去這樣」（M19）。因而M19的祖父沒跟來臺祖墳塔放在一起，M19

的父母親過世後現也暫置花蓮，等待西部新祖塔的修建。然而M19母親的遺願想要安置在她宗教信仰位於南投的總壇，為解決此一困擾，M19採取分靈方式，分別於自家三樓佛堂、信仰總壇與未來苗栗祖塔都安置了母親牌位，滿足個別需要。[12]

對是否把東部親屬送回西部祖塔安置的提問，雙姓JS的M12肯定地表示「一個也沒有葬在這裡」。M12宗族的J姓與S姓祖先來臺二百餘年，移墾花東者為第七世春福公派下子孫，現花蓮宗族共25戶。近百年來，在花蓮移墾的20多位祖父母輩在過世撿骨後，全都送回到新竹新豐祖塔安置，「每一個都送回去」、「祖父、祖母都放回去，現在已經快要飽和了，我父親已經進去了，去年進去的，我們三兄弟一起送過去」（M12）、「新豐瑞興村那裡是JS氏祖塔，我們發跡祖春福公派下祠堂在湖口鄉德盛村這邊，開車宗祠先到」（M12）。

M12的JS宗族不同於前述受訪者，在於移居花蓮派下多年前跟西部祠堂刈香火，在鳳林北林也擁有一個公祠堂，祭拜「阿公婆牌」、「就暫時，一個代表性，沒有做神主牌位」（M12）。這座祠堂並非集資修建而成的公廳，乃由一位宗長住屋提供給大家使用。JS公祠堂座落在北林社區中的一般住宅，中間神明廳同時作為花東區公廳之用，牆壁上張貼著七個敬神敬祖時間表。[13]清明時回新豐跟湖口祭拜，平時就在北林祭拜，「基本25戶每戶一定會到，至少一個代表」（M12），嚴守祭拜宗族祖先規範。

總的來說，早期因戰亂、日治時期跟交通不便等因素，不少東部客家與西部宗族的聯繫中斷。在政經逐漸穩定與交通改善後，東部成員與西部宗族恢復保持聯繫，將過世親人送回安置，

並在祭祖時點回到原鄉祭拜祖先。先前交通不易，不論是坐船、走蘇花公路、走中橫，或搭乘花東鐵路，都需不少時間，受訪者每談回到桃竹苗祭祖，就搖頭說：「以前回去很痛苦，現在不會」（M07）。整體交通直到2020年「蘇花改」全線通車後改善不少。M13回憶每年回湖口祭祖，因班次跟座位有限，能買到車票就非常幸運，他說：

> 每年去，那時候去的時候非常辛苦。交通不方便，都要坐火車的，12點05分的火車。……上車就已經擠到整個車子擠滿，幾乎都擠滿了，……清明節，到松山站更糟糕了，我們座位前面也都是站的人，旁邊都有，這個椅子的扶手都是人家坐著，走道都是人，到臺北站，那板橋站更不用講了，都一直擠，擠到新竹去。……然後到楊梅就慢慢的下慢慢的下，要到臺中過了以後才不會擠到這樣子。

若無法買到夜班車，提早一天返鄉後住宿小旅館也是方法之一。M12自1972年開始，每年跟著祖父、父親回到新豐跟湖口祭拜，「我祖父、我爸爸還有我，每一年都有回去那邊拜拜，幾乎每一年啦，近幾年每一年都有去，因為交通比較方便了」（M12）。他分享說，等經濟稍微富裕後，東部親戚才開車共乘，但有座位數限制，無法讓全部家庭成員一起，但至少一名代表回鄉。為能確保準時祭祖，就會「到湖口住宿一晚上，第二天早上才坐計程車進去這樣子，我們有時候是這樣子，……就坐到湖口住旅館一晚上，第二天早上東西買一買坐那邊的計程車進去這樣子」（M12）。

雖交通已改善，但時間過長、地理距離過遠等因素，逐漸成為留在東部安葬的推動力。原則上，M06與M07、F08與F14，以及M12、M13、M19的家族都將祖父母、父母輩，以及同世代的手足送回西部公廳與祖塔，跟祖先們同聚。這些家族雖將親屬送回祠堂公廳與祖塔，但同時也會在東部家中安置祖先牌位。牌位的來源，一部分來自早期祖父母輩已背著祖先牌位東遷，家中已有歷代祖先牌位；若無背牌位過來者，也會跟西部祠堂公廳刈香火回東部。各家有各自分香火的牌位進行祭拜，象徵宗族樹大分枝分火，並非意味著宗族的分裂或分離。受訪者都有很高意願表示將落葉歸根，「我絕對不會說放在這邊的哪一個塔裡面，我不會，一定會回去」（M06）、「我跟我太太的位置都留著，都預留了」（M13）。然而值得關注的是，此一類型依舊跟西部宗族維繫緊密的關係，維持宗族發展的整體性之際，在受訪者此一世代也有逐漸透露「捨不得那麼遠」的情感，而改將親人安葬在東部的鬆動跡象。[14] 移塋的子孫代因工作就業移動更大，他們能否持續與西部祖塔保持密切關係，依舊有待觀察。

（二）西部有宗族，將直系祖先遷至花蓮

　　東部客家家族在西部有宗族者，也有另一種維繫方式：曾將親人送回安置，但後陸續將直系祖先等親人骨骸遷回花東。依本研究受訪人數來看，這個類型家族最多，共有M02、M11、M18、M22、M03、M10、M16、M17等八個家族。這種型態早期曾將親人送回西部祖塔安置，但近年都已將三代（四代）直系血親「請過來」或直接安葬在花蓮，原因包括交通不便、風水、招贅婚等。有的依舊維持（有代表）每年清明回到西部祖塔祭拜

（M02、M11、M18、M22），也有與西部家族／宗族聯繫逐漸減少（M01[15]、M03、M10、M16、M17）。

M02的祖父在全家遷移花蓮前，即已過世安葬在新竹關西。家中姑姑跟姑丈先到，隨後M02父親、祖母與其他七個手足也陸續搬到花蓮（僅一位男性手足送養留在關西）。曾曾祖父、曾祖父、祖父三代單傳，到祖父祖母才生了十個小孩，在關西者爲五代之前的遠親。[16] 後來祖母在花蓮過世後，家族商量如何作墳墓，就決定把祖父遷過來，並在花蓮作一個家墳，「我們把祖先都遷過來，有曾祖父、祖父、祖母，還有我爸爸幾個兄弟都在一起，在吉安山邊的墳」。因三代單傳，M02家族不只把祖父帶過來，「我的曾祖父也遷回來了。……我們只找到他的墳，沒有找到他的骨頭，挖出來只有一個泥土，一把泥土。……聽說當時好像是那個打日本戰死的，只有把在那邊的泥土搬過來，就是紀念性質」。

根據M02族譜記載，約1742年國化公跟其子可永公（饒平客）來臺定居桃園龜山塔寮坑，第三代生了兩個男孫，哥哥傳良公遷往桃園中壢，弟弟傳喜公遷往新竹關西。M02家族爲弟弟傳喜公派下後代。來臺祖國化公與可永公安葬在八里。依據M02口述，宗族始於可永公來臺後，再返回潮州將過世的父親國化公骨骸遷到臺灣，後世將先祖安葬在八里，傳喜公與派下則葬於關西。因此，M02家族每年需到三處祭拜祖先：八里來臺祖、新竹關西傳喜公派下祖先、吉安祖墳。「三個日期不一樣，東部全部子孫每年在吉安這邊拜，關西跟八里那邊，我們就輪流去」（M02）。

將先祖遷到花蓮或直接葬在花蓮的還有M11、M18與M22

的家族，情況都類似。民國24、25年，M11的家族由祖父跟叔公兩家，共4個大人近20個小孩，從中壢遷到花蓮移墾。祖父母、叔公叔母過世後，都送回楊梅祖墳安葬，每年清明也前往祭祖掃墓，十多年前決定將曾祖父以下的先祖全部移到鳳林。他說：「叔公叔母在老金田開墾好幾年，過世後先土葬，後來撿骨，撿骨再拿回祖墳楊梅埔心那邊去。……我們大概民國100年左右商議，從曾祖父以下的通通請過來，在鳳林的公塔，……曾祖父的骨骸也請過來，……小叔公叔母也過來」。為什麼進行遷葬？「畢竟在東部落腳已經七十年了[17]，因為每年掃墓，我們都還回去掃，那交通很不方便」。花東掃墓時點約在2月底前後，全數成員「統統集合」在鳳林祭拜。至於楊梅歷代先祖墳塔，則由花東曾祖父派下三大房輪流回去祭拜，兼顧與楊梅宗族的關聯，「在花蓮的各房，我們輪流回去那邊，根還不能斷。……那是不能，割不斷的」（M11）。

M18宗族是從18世的祖父（長子）、二叔公跟五叔公這一代，在民國20年時從新竹芎林遷移到花蓮，[18]祖父這代之後的長輩都安置在花蓮，西部留有曾祖父與其他叔公支親屬。M18家族東部遷移過程，是很典型的貧脊、貧窮、很苦、什麼都做，且交織著日治殖民與戰爭的移墾敘事。M18小時候常跟著家人躲避空襲轟炸逃到山上，摘野菜吃，到河裡打魚，把米藏在大水溝裡，撿野雁野鴨蛋來吃。祖父栽培男丁孫讀書，讓孫女天未亮就起身煮飯，「就是四點多就把我大姐捅起來，趕快燒飯弄飯，給我們帶飯」。身為男孫雖能讀書上學，但苦工也沒少作過，換工、插秧、割稻、養雞豬等各式各樣的雜工都作。M18家族在花蓮子孫眾多，累積達百多人，西部宗族人丁相對少，M18就

跟哥哥設計與挑石，修建起家族祖塔，「從我祖父這支18世以後都在三軍公墓，就在南華跟福興村中間楓林步道那邊。我們就葬在那邊，我每天挑一個大理石，一塊一塊挑去，我哥哥設計，我就用大理石貼起來。……從我祖父、祖母這一代開始他們都在這邊」。M18已把東部家族聚合在一起，每年清明掃墓時，移居外縣市的子孫們都會回到花蓮家族團圓聚會與祭拜先祖。

M22宗族自開基祖至今已29世，14世來到臺灣，落腳苗栗。民國10年時，由16歲已婚祖父帶著弟弟到花蓮移墾，落腳知卡宣[19]後，再把祖母帶過來。祖父定居花蓮後生了6男6女，最後也將曾祖父牌位帶過來供奉。清明時，M22家族共有三處需祭拜：苗栗歷代祖先祖塔，祖父和叔公家塔、祖父派下子孫家塔。後面兩個家塔位在吉安自己的土地上，「我們後來就沒有再送回去西部的祖塔裡面了」（M22）。M22的家族規定凡過世後都需先到祖父與叔公的墳塔停留一年，之後才能移到祖父派下子孫家塔，象徵花蓮兩支家族的聯合。同時也與苗栗的祭祀公業保持每年回去祭拜1-2次的關係，「對，就是這樣，每年要拜三個地方，祭祖的時候就三個地方」（M22）。

前述案例每年都還有代表回到西部祭拜，另外一種方式則是除了直系親屬不再送回之外，也不再回西部祠堂祖塔祭拜，與西部家族與宗族聯繫漸少。M03來臺祖瑞伍公（13世）自臺南登陸後，最後落腳桃園觀音保生村，開墾約3,000甲。到了M03的曾祖父（16世）因耕地不足，往外移到新屋石牌嶺，育有6個兒子。M03祖父排行老六，因石牌嶺耕地也日漸飽和，年輕時曾往苗栗南庄發展，因當地發生械鬥，深感生存危機過高，又回到石牌嶺繼續耕地。但有一天突然，「我聽我父親講，就我祖父在

田裡面耕作耕作，一下一股氣來了，就連牛，那個牛就丟在田裡，回家就簡單的，包袱包一包就跑了」，約1900年左右走路到花蓮。後來，祖父的大哥、二哥、五哥也陸續搬到花蓮，在森坂工作，三房、四房就留在新屋石牌嶺。

M03的祖父母過世後，東部家族在鳳林蓋了公塔，目前有M03的祖父母、五伯公、父親、母親、二伯父、二伯母、堂哥，共8人。「新屋石牌嶺有留我們的位置，但實在太遠了」，「我聽老一輩人講，反正要各房就各自奉祀各房的，就沒有想過要……，還有想說每年過清明要掃墓，要每年要跑，可能嫌太麻煩了」。在M03記憶中，整個家族雖知道西部祠堂所在，但近六十多年都未再回新屋參加宗族祭祖。新屋宗族在民國70年出版的瑞伍公派下族譜，至今未增修，花東子孫則自行添寫，編列東部宗親的系統表和通訊錄。

另一位，M10父親因感念H家叔公收養之恩，將H姓加在原姓R前，成為HR姓氏，因而家中同時有這兩個姓氏的神主牌位。鳳林墳塔收的是R家的祖先，「我記得我爸去三灣還是哪裡，把阿公阿婆的骨骸背過來，我小時候我爸跟我媽媽兩個去。對，很大甕這樣背回來，那時候很不簡單呢，他背的是原姓R家的父親」（M10）。日後，M10家族也不再回三灣R姓宗祠祭拜。

除了前述自願不再與西部保持聯繫之外，M16的曾祖父則因「破骨」說被新竹關西祖塔拒絕，此後M16家族就在花蓮作自家祖墳，收了祖父與祖母、媽媽。[20] M16說當初父母親將曾祖父送回去關西時，祖塔以破骨為由不讓進風水，因而安放在青草湖靈隱寺。後來花蓮自家祖墳做好後，原要將曾祖父遷過來，但

問過風水後，「結果説不行」。「我自己做了一個風水啊，是自己做，自己家族做的，我把阿公阿嬤他們全部請進去，關西那個祖塔，我們就已經不去了，因爲意見很多啊，什麼祭祖我都沒有回去」（M16）。雖然花蓮的家墳是新作的，但神主牌卻是曾祖父到花蓮時，就已經「背在身上就背著來」的。

概括來說，交通不便是東部客家普遍不再將親人送回的原因，而落腳花東近百年，東西兩邊的世代互動親疏較不易維繫也是主因。從前一類型堅持將親屬送回西部祖塔，到這一類型三至四代親屬安葬在花東，但維持派代表清明回西部祭祖，或不再前往祭祖。在這條光譜的不同落點，呈現出宗族向外衍分後，再度凝結的過程。M02、M11、M18、M22等家族，雖在東部有公塔也有神主牌位，但每年仍返回西部宗族祭祖；M01、M03、M10、M16、M17等家族則不再回去，呈現互動關係逐漸停滯。

（三）西部無宗族，東部家族六代自立公塔

第三類型是西部原無宗族或幾乎找不到宗親，遂在東部自立公塔，將移墾花東後多個世代親屬都納入其中。這些家族在花東的發展至今約有五代至六代世系，公塔中安置祖父母、父母、父母世代親屬，以及跟受訪者同世代的手足或親屬，最早的世代也包括曾祖父母輩。M20、F21、M09的家族屬於這類型，他們在花東自立公塔前通常有幾個情況，包括與西部親屬聯繫較少，遷移多始自祖父母世代，與西部的親屬關係停留在祖父母世代及其子代，當共同認識的親屬過世後（多爲父母輩世代），互動與聯繫就逐漸變少。此外，早期跟西部交通不便，也不利兩邊往來，加上西部原有家族並非龐大宗族，更難召喚與支撐維繫。其中，

較爲特別的是 M20 與 F21[21] 所屬的 P 氏家族，在近百年移墾中，遷來東部的家庭成員越來越多，隨著西部親屬人口的減少，最後將西部來臺先祖遷移到東部，並自立公塔祭拜，全家族的清明掃墓和團聚都以東部爲主。該家族自兩百多年前來臺後定居西部，近百年家族成員多遷至花蓮移墾定居，至今繁衍上千人，近百年家族發展都以花東爲核心。

　　P 氏家族由 16 世來臺祖集章公與其子士賢公，1787 年自蕉嶺出發登陸滬尾後，定居三芝，後遷至頭份、內灣，於 1906 年 19 世五房子孫陸續遷移到花東定居，百年來形成東部家族成員多過於西部成員的情況。P 氏家族來臺祖 16 至 18 世三代金斗甕長年安置於淡水三芝與苗栗頭份，1988 年全數遷至花蓮光復富田，新建祖墳安置（鍾道明，2015）。兩位受訪者的祖父於 1869 年出生苗栗頭份細坪，祖母出生峨眉，祖父於 1913 年搬到花蓮定居，在此之前，祖父不同房的伯叔、堂兄弟在早 1900 年左右皆已搬至富源（拔仔庄）、瑞穗。現居鳳林的 M20 說：

> 曾祖父那輩有五個兄弟，只有我曾祖父在西部很早就死掉，58 歲就死掉了，其他四兄弟都過來，……那我祖父有六個兄弟，然後有一個留在西部，其他全部也都過來了。
> 祖父的弟弟那支在西部。他有過來，因爲骨頭有骨折，在這裡做農不方便，又回去那邊。……嗯，他回去了。死掉以後跟我曾祖父合葬在一起。

　　P 氏家族早年持續清明到淡水祭拜來臺祖集章公婆、士賢公婆祖墳，以及再到頭份祭拜來臺第三世祖元秀公婆，後因家族遷

移花東近百年，族人多定居於此，加上花蓮、臺北和頭份三地奔波辛苦，最後決定全數搬到花蓮新建一個集合三代先祖的小公塔，每年清明祭拜。M20說：

> 在那個淡水山裡面，他死在山裡面就埋在那邊啊。那個道路開來開去，大家都不認得路，還有一個是在三灣山裡面的。……都埋在山上，這三代掃墓很不方便啊，大家就全部說把它搬過來，反正那邊的人很少了嘛。……我父親幾個堂兄弟建議把它搬過來，那邊沒有人，掃墓很不方便啊，跑到深山裡面去掃墓。……大概是我畢業61年62年的時候去過一次，跟我父親去，路都看不到，那個地標都改掉，根本看不到。

P氏家族自16世抵臺後，19世移墾花蓮，至今已發展到24世。不論在花蓮或苗栗頭份，P氏家族並未建置一個集體式的公廳或祠堂。M20的祖父在光復自建穎川堂，作為自己派下子孫祭祀緬懷先祖之用。每年清明祭拜時，家族成員會到富田來臺祖公塔祭拜，也會有近百位代表參加清明家族餐聚。西部目前僅剩M20叔公派下子孫，由他們祭拜共同先祖曾祖父祖墳，東部成員鮮少再前往西部祭拜。

另外一個情況，則是自日治時期移墾東部之後，就再也沒找到西部親人，而在東部自立五代家塔。M09的家族自祖父跟伯公兩兄弟因抗日行動失敗後離開苗栗大湖，到花蓮壽豐、中心埔移墾定居之後，西部就沒有祖父與父執輩以上的親人。M09家族在花蓮因而有祖父跟伯公兩房，伯公家族後來斷嗣。伯公唯一

男孫曾被日本徵召擔任南洋突擊隊隊長，回臺後受贈勳章，後因拒絕再被徵召參戰，自縊於山林；被分養的孫女因婚嫁被歸類為夫家人，失去家族傳承的代表性，伯公家族香火因而中斷。M09曾嘗試從戶政系統再找西部親屬，發現祖父家中人丁原就單薄，僅有來花蓮的這兩兄弟，他說：「我後來去大湖那邊找戶政司，我才知道我的祖父兩兄弟這樣搬過來，……西部的已經找不到，找不到，因為我們那個阿伯那些也不在了」。

　　M09對應著族譜記載的19世曾祖父、祖父名字，到大湖尋親，但已問不到族譜中記載的其他親屬後代，因而在長橋自己土地上蓋一個屬於祖父派下子孫的「風水」[22]，把安置在不同地方的先祖們都全部納入其中。他說：「看風水，聽說那邊好就跑去那邊找，這邊還說那個太巴塱那邊山頭很好，我們後面也都換去太巴塱那邊。……後來兩個祖母的墳墓在拔仔庄，每次掃墓我開車帶著老婆，很麻煩，就把全部歸回來」。M09最後把祖父祖母、父母親、伯公伯婆、伯父伯母等全部親屬都納入長橋風水，也特地把風水做寬做大一點，「全部拿回來放在一起，應該我現在才放了五段，才放一半，可以放到十一段，還可以再放」。

　　為什麼公廳祠堂與祖塔祭拜對宗族運作如此重要且神聖？莊英章、羅烈師表示（2007：96）這是一個神聖的空間，讓宗族男丁們在此一再地跟祖先們團聚。男丁在過世後，名字會被刻入位於宗祠主神位的牌位中，成為本宗祖先之神。名字牽引著靈魂回到祠堂，「一如在世般活在廳堂」，靈骸回到祖塔，「跟祖先團聚」。總結來說，跟西部家族／宗族的三個維繫方式分別為：（1）西部有宗族，全部送回西部安置；（2）西部有宗族，將直系祖先遷至花蓮，派代表輪流回西部祭拜；（3）西部無宗族，

在東部自立公塔，前述可分別稱之為「緊密型」、「疏離停滯型」、「斷裂型」三種型態。在受訪者中，至今維持送回西部祖塔者佔三分之一比例，在花蓮自立祖塔者佔三分之二，後者明顯較多。

持續回到西部祖塔者，無不展示對與生命起源祖先們團聚的堅定，也同時呈現西部宗族在成員遷移外地近百年期間，持續維持祖先靈力的運作，外移成員願意維持密切關係。在西部原就無家族／宗族或發展不旺盛者，也在花蓮自立祭拜單位，有著從家族化到宗族化發展的趨勢。然而現今家族與宗族的運作與維繫受到相當挑戰，隨著社會變遷，祖先崇拜與宗親連結的召喚越來越不易。不論是哪個類型受訪者都不約而同提到，未來世代能否駐居花蓮有著相當變數，子孫代因工作就學等已不在花蓮，甚至移居外國的現象頻見。在此情況下，家族成員最後能否再回到西部原宗族或是東部新建的公塔內，以及家族會如何發展等等，討論跟決定之間有許多游移與猶豫的空間。

六、結論與討論

本研究關注客家遷移東部後，跟西部原生家族、宗族之間的關係，觀察是否持續回到祠堂公廳、與祖塔祭祀先祖，抑或是完成分家分宗的情況。依據受訪者所述，東部與西部家族／宗族維繫的關係分為三種類型，分別為「緊密型」、「疏離停滯型」與「斷裂型」。就目前研究結果顯示，約有三分之一受訪者家族，持續將移墾東部近百年來的親屬在過世撿骨後，送回西部宗族與祖先團聚，這些西部的宗族往往也是目前運作情況較為良好者。

凡是西部有宗族運作者，雖近三代以自立公塔方式安置在花蓮，但家族依舊有房系代表回西部宗族參與祭拜先祖活動，維持原宗族運作的一統性。那受訪者所屬的家族是否宗族化已經成形？如何成形？以下將從族譜、祠堂（公產）、祭祀進行討論，以及指出東部客家宗族化過程中的部分現象。

（一）在地宗族漸趨向制度建制

綜論本研究受訪者，第一類與西部宗族關係緊密型，至今維持將親人送回公廳祠堂，且定期回去祭祀祖先，尚無在東部另立宗族傾向。第二類與西部關係呈現疏離停滯型以及第三類斷裂型，這兩類家族已深根東部，並將過世的數個世代親人安置在花蓮，能否認定為「已成宗族」或「正在宗族化」？讓我們逐一檢視。

M02、M11、M18、M22、M03、M10、M16、M17八個家族近年已將三至四代直系血親安葬在花蓮，在東部有公塔、祖先牌位。其中M02、M11、M18、M22家族每年清明持續回西部祖塔祭拜，可視為是西部宗族發展中的向外延伸。與西部聯繫漸少的M03、M10、M16、M17家族，後三個家族在花蓮雖有家族公塔，從落腳到孫子輩已五至六代，但家族成員數少，未見房系也無撰寫族譜，沒有發展為宗族的現象。另外M09雖有曾祖父遺留的19世「簡單族譜」，但回苗栗大湖仍找不到宗親，已在花蓮自立家塔。祖父跟伯公兩兄弟到花蓮躲避戰事，伯公那房後因故斷嗣。M09共有五個姊妹，自己是唯一男丁，有兩個女兒（一在龜山，一在中國），一個兒子在鳳林。兩房四個世代的子孫少，新建的風水（家塔）可容納不少人，但無其他宗族房系發

展的跡象。

而M03家族，祖父從新屋到花蓮移墾，到目前共五代（兩個女兒在西部縣市工作，兒子26歲在家準備公職考試中），近六十年皆未再回西部參加宗族祭祀。祖父生六子共六房，但並未發展與收攏為宗族。花蓮的公塔雖收了八位家族親人，但長輩世代先前已表明各房各自祭祀與安置，公塔並未收齊在地家人，不少下一代已到其他城市工作。M03家族在東部無公廳，也無統籌六房的集體祭拜。西部宗族的族譜自民國70年出版後並未再增修，東部家族則自行填寫系統表，但未編撰新族譜。以M03家族目前現況來說，前述情況皆未達到在東部完成自立宗族的趨向。

M12（JS氏）與M20、F21（P氏）這兩個家族在花蓮有較為具體的宗族祭祀活動。M12的JS氏在東部目前共25家戶，為新竹湖口發跡祖春福公派下成員，東部成員名字登錄於族譜內，成員過世後皆送回新豐祖塔，也遵守派下代表每年清明回新竹祭拜。值得關注的是，JS氏東部子孫眾多，已跟湖口祠堂分火到鳳林，每年七次由25戶代表進行祭拜。JS氏的分火不能看成是東部家族另立宗族，主因除了前述維持跟湖口與新豐的關係之外，東部暫時使用的公祠堂並非公產，堂中主位祭祀觀世音菩薩，分火回來的「阿公婆牌」收於一旁，待祭祀時才立於案桌。不論從東部成員的族譜登錄、大小公祠與祖塔、祭拜的關係來看，東部的宗族活動仍統籌在西部來臺祖與發跡祖之下，視為各房系內的祭祀活動，尚未另立宗族。

唯一在花東從家族化有邁向宗族化趨勢發展者為P氏家族（M20、F21）。P氏房系近百多年來大都陸續搬到花東，西部

宗親不多，遂將三芝的來臺祖、頭份的發跡祖三代先祖遷移到東部並自立公塔。在族譜世系部分，P氏族人1990年出版《穎川堂P姓歷代族譜》登錄此前祖先世系，2015年進一步調查家族發展史，整理家族事蹟出版《祖蔭遺蹤》，記載來臺祖1787年登陸臺灣後從三芝、頭份、內灣，到花蓮的遷徙過程與路徑。P氏來臺祖為16世，至今25世（共9個世代），三代祖發跡後歷代子孫繁衍千人，書中收錄世系表至20世，21世後的世系表因個資法未再揭露子孫姓名跟出生年月日等個資。[23]

在公祠與祭拜部分，P氏家族並未建置宗族之公祠，目前有個九十年歷史的穎川堂公廳，為M20祖父派下子孫之用。P氏家族子孫每年清明維持到光復富田祖墳前團聚與祭拜，並在祭祖後餐敘。宗族成員自我規範於清明「合族共祀」，一來維持世系完整，也形成崇敬的祖先崇拜（劉紹豐、曾純純，2013：16）。宗親成員的清明祭祖，可視為與祖先團聚的時刻（莊英章、羅烈師，2007），祭祖後的餐敘，也是與祖先團聚的延伸（姜貞吟，2021：765）。如以最嚴格的定義來檢視，興建祠堂公廳或共同祖產、族譜等是宗族形成核心要素，在此定義下，P氏家族尚缺少統籌整個世系的祠堂，然陳奕麟（1984）提醒宗房系在文化中的意義，公廳祠堂或祖產並非是宗族運作的必要要素。宗族的形成歷時漫長，也需建制制度和歷代成員的持續參與，西部許多公廳祠堂或祖塔，也並非在發展前期就完成興建。

可說P氏的家族團聚與祭祀活動，正從情感聯誼慢慢走向制度建制，已然有宗族衍分與擬結的過程，形成宗族的運作，如此也可把P氏家族視為是東部客家宗族化的代表。至於其他家族在東部有祭祀活動，尚未與西部宗族完成宗族分割者（M12、

M02、M11、M18、M22），可視爲是西部宗族更大更遠的體系延伸的一環；另外，部分在東部自立公塔進行祭祀的家族，目前世系尚未少，族譜雖尚未編撰印製（M03、M10、M16、M17），但有內部系統表，依最寬鬆「香火延續」與「世系族譜」的定義，這些家族可說是尚未達制度化宗族運作，但已正啓動宗族化的開端，後續發展有待觀察。

（二）對家記憶象徵父系家系傳承

在田野過程中，最令人印象深刻的是受訪者對家族發展中許多細節，包括人物、年代、事件、地理位置等，多能清楚記憶，如數家珍鉅細靡遺地描述。M03從1900年排行老六的祖父從新屋石嶺田裡丟下牛跟鋤頭跑到花蓮，到介紹民國40年他父親有機會進入農會工作，他說：「我聽我爸說，民國34年我爸去念農校，……然後40年的7月10號畢業典禮，他7月27號就到農會報到。……然後8月1號正式職員，他說那個4天臨時工……那時候很不容易有這個機會就進去這樣」。數個與父親有關的日子鑲嵌到M03的生命中，就像自己曾經歷過的事件，歷歷在目，況且此時受訪者根本尚未出生。受訪者的家庭敘事多圍繞著對父親或祖父事蹟的記憶，承接住他們的一生，刻印在對家的記憶與情感之中，象徵父系家系文化的傳承。

以父系爲主的家系文化與家戶制度（男爲戶長）是漢人社會常見的異性戀家庭體制。一般所指的「尋根」常以父系淵源爲核心，認同自己在此一父系淵源內的指定位置。在此一家系中的所有男性，彼此都有血親關係，也在這個綿延不斷的家系與父系網絡中有專屬的位置（Hsu, 2002a: 67-68）。M09對家族移墾東部

的敘事，緊跟祖父與父親曾停駐過的地理空間、年代的再現。他提到阿公南濱上岸後，在壽豐移墾一段時間後，又到中心埔住五年做2甲土地，然後在長橋社區又一年，父親就在那邊出生了，後來他5歲時，民國36年父親才又被派到鳳林當主任……。敘事時點的清晰，讓我不禁追問道，怎麼會知道這些過程。他說：「我特別有一次就拿身分證去，我說我祖父叫什麼名字。……都有，然後他電腦一查，有這個，就列印兩份，後來一看住過壽豐，我叫兒子又再找鳳林的，原來他以前有到中心埔社區，又到長橋社區，我就追蹤。……我花了大概五、六年的時間」。

　　家系起源的探尋，最遠不是只到西部宗族，而是回到來臺祖在中國出發的村子去走訪。M07提到他父親前往蕉嶺三溝鎮找E家系的起心動念，他父親1922年帶著童養媳跟手足從基隆搭船要來花蓮時，曾遇到叔公帶著孫子要前往中國去尋親。他推估這對祖孫是他們宗族來臺祖在1788年（24歲）來臺之後回去的第一人，至少會是戰後的第一人。父親銘記在心，特別在退休後從其他國家去了一趟蕉嶺，M07說：「他退休第一件事情就去了，59年開刀，58年退休，退休第二年就去了」。他接著說：「幾年前換我去了」。「我也去了。我自己去，背著背包去的。……我自己去蕉嶺，我帶著我的女兒，帶著我的外孫，應該等於是我22世……」，為什麼也想去？「就是因為聽到我爸爸回去，我想說你回去，我也要回去」。不論是M02拿著族譜找親戚、M03以祖父名字探尋移動軌跡、M07追尋父親溯源蹤跡，串起的是家系傳承跟男人之間的優勢結構關係以及內涵。

　　父系家系的傳承依靠著親族體系中的關係結構實踐，也就是許烺光所指的「父子同一」（identification）這組優勢關係結

構，此一優勢結構在父系家系中具有主導且支配的位置，同時也影響非優勢關係的結構，以及他們隨之互動的內容（Hsu, 2001: 205; 2002b: 269）。父子之間有著家系傳承共同維繫彼此生命內涵，在這條家系傳承上，女性成員擔任輔助角色，常被忽略或隱藏男性身後。本研究訪談中，許多次我追問「祖母一起來嗎？」「媽媽呢？」後，才找出家族中女性的足跡。即使追問出了母親、祖母也在家族遷移花東的行列中，但跟她們有關的敘事，依舊單薄。這不見得是彼此情感的缺乏或情感不夠深刻，而是宗法父系文化下的家庭架構與敘事就是圍繞男性傳承為主的走法。遷移相關的人物雖能追問出來，但當時情境或是優勢結構與非優勢結構間的關係，與客家遷移花東的關聯究竟為何，相對難以還原。

亦即，在曾祖父過世、祖父過世的情況下，「曾祖母跟兒子」、「祖母跟兒子」一起來花蓮的情況，在當時，究竟是「夫死從子」或是「母親當家」後的家庭決策？從M06跟M07的案例，清楚指出是祖母做出的決定，但其他案例就難以追問。通常獲得的回覆為「就一起來」，顯示當時家庭成員對情境的記憶、擷取與再敘，缺乏關注女性在其中的能動。「曾祖母跟兒子」「祖母跟兒子」的「跟」，是「與」（with）的意思？或「跟著」（following）？或者，其實是「帶著」（carrying）？那會是「誰」帶著「誰」？這些未知的答案，呈現東部客家家族遷移史內的「女性空白」（female void）。

（三）婚喪喜慶到我們這代就好，但祖塔還是要去

客家族群二次移民到花蓮，開創出近百年的客家家族遷移

史，至今跨越五到六個世代。受訪者多為移墾的第三代或第二代，大都已生育子孫世代，換言之，他們就是承接前後三代的中介世代。受訪世代現在多為家中主負責掃墓祭祀的世代，因而，他們這代既要守住父執輩對家系傳承、祖先香火綿延不斷的家系傳承信仰，又能理解子孫代因工作與婚姻等多重因素不再居住花東，對家系傳承與發展形成的威脅。不少受訪者的伯叔長輩與手足散居在臺北、桃園、臺中、高雄等不同地區，也有子孫世代現居美國、荷蘭與英國等地。再度移出花東的比例不算少，讓家系的聯繫與維繫增添變數。隨著熟識世代的消逝拉開的差距，加上不在同一日常生活互動網絡中，家族與宗親成員平時的聯繫往來，難再像以往那般熱絡。

受訪者 M12 表示，他連西部湖口叔叔的兒子們都不認識。以往宗族內某親屬往生了、結婚了，都是彼此聯繫與再聚的時機，隨著長輩世代的凋零，聯繫也日漸不順。M12 說：「我叔叔說婚喪喜慶到我們這代就好，但是祖塔還是要去」。宗親生活圈重視宗親日常生活的互動聯繫，形構成一個宗親社交網絡，而東西部之間的宗親社交網絡功能日漸減少，大多以維持最核心的祭拜祖先為主。M12 維持相當高從花蓮回湖口祭拜祖先的決心，他要求兒子再忙也要在清明前後，安排三天回湖口看祖先，看阿太和阿公，因為那也是 M12 最後會去的地方。除了 M12 堅決表示會回到湖口與祖先團聚之外，另一位老家也在湖口的受訪者 M06 則是幽默地說，「一定回去，我每年冬天要享受湖口的九降風」。

總結來說，東部客家宗族化的形成，至今已發展有五、六代，不論是已啟動宗族化開端的家族或是已宗族化者，都歷時多

個世代才有今日規模，但數位時代社會變遷快速，此一宗族化的形成與運作面臨艱鉅的挑戰，未來能否維持運作，尚需持續關注數個世代。此外，「祖父過世後，祖母與兒子們出發」是本研究依據訪談結果發現常見的東部客家家族遷移模式，顯示「客家阿婆」在東部客家家族遷移與發展過程中可能具有某種關鍵位置，這段「女性空白」的敘事有待其他研究的深入。最後，本研究發現，客家雙姓的結盟與創造，持續豐富父系姓氏文化，但依舊缺少對母親姓氏的回饋。另外，東部客家受訪者對移墾土地的情感濃厚，在家族遷移的敘事中，不只對地理空間深刻描述，也伴隨著家人於斯辛苦開拓的情感，兩者連動。這是我在訪談桃竹苗客家宗族時，鮮少感受到的。受訪者祖父與父親在移墾時（也包含自己）對土地的苦作，加深對東部風土的情感深刻，使得東部客家家庭發展鑲嵌在對土地的感情中。

附錄一：受訪者資料表

編碼	姓氏碼	性別	年齡	曾從事行業	現家族所在地；西部原鄉 遷移路線	訪談日期
M01	A	男	88	教育業	鳳林；苗栗三灣 三灣→屏東潮州→新竹關西→花蓮富源→鳳林	2020.2.13 2020.8.13
M02	B	男	92	教育業	鳳林；新竹關西 關西→鳳林	2020.2.13 2020.8.20
M03	C	男	64	教育業	鳳林；桃園觀音 新屋石牌嶺→山興→加禮洞→鳳林	2020.2.13 2020.8.20
M04	B	男	約65	教育業	鳳林；新竹關西 關西→鳳林	2020.2.13
F05	D	女	17	教育業	鳳林；四川 四川→苗栗→玉里→富里→鳳林	2020.8.13
M06	E	男	75	教育業	鳳林；新竹湖口 湖口→鳳林→豐濱→鳳林	2020.8.14
M07	E	男	約65	教育業	鳳林；新竹湖口 湖口→鳳林	2020.8.14
F08	F	女	66	其他服務業	鳳林；新竹湖口 湖口→鳳林 農會志工、河川志工	2020.8.14 2020.8.18
M09	G	男	78	教育業	鳳林；苗栗大湖 大湖→壽豐→中心埔→長橋→鳳林	2020.8.15
M10	HR	男	75	教育業	鳳林； H 家阿公苗栗頭份 R 家阿公苗栗三灣 苗栗→鳳林	2020.8.15

M11	I	男	64	教育業	鳳林；桃園中壢崙坪 中壢→鳳林老金田→ 光復大農→鳳林	2020.8.15
M12	JS	男	67	運輸業	鳳林；新竹湖口 湖口→鳳林	2020.8.17
M13	I	男	71	公務員	鳳林；新竹湖口 湖口→鳳林	2020.8.17
F14	F	女	68	其他服 務業	鳳林；新竹湖口 湖口→鳳林	2020.8.18
M15	K	男	90	農業	吉安南華；宜蘭蘇澳 永樂 蘇澳→苗栗大湖→宜 蘭三星→鳳林→吉安	2021.1.18
M16	L	男	65	公務員	吉安南華；新竹關西 關西→吉安	2021.1.19
M17	M	男	64	公共行 政	吉安草分；苗栗市嘉 盛里 苗栗→吉安	2021.1.19
M18	N	男	81	公務人 員	吉安；新竹芎林 新竹→吉安	2021.1.19
M19	O	男	66	營建工 程	吉安；苗栗銅鑼 苗栗→吉安	2021.1.20
M20	P	男	74	醫療保 健	鳳林；苗栗峨眉 苗栗→富源→光復大 豐→鳳林	2021.1.21
F21	P	女	77	農業	鳳林；苗栗峨眉 苗栗→富源→光復大 豐	2021.1.21
M22	Q	男	64	其他服 務業	花蓮市；苗栗 苗栗→花蓮航空學校 →花蓮市有明庄	2021.1.22

說明：每個英文字母代表一個姓氏，HR 與 JS 為雙姓。

註釋

1 考量有些東部家族正在形成宗族中，故訪談中常以宗族與家族交替提問，行文亦是。

2 許多受訪者同時有農地耕種跟職場就業等多種工作。M11從教育界高階主管退休多年，初次見面第一句話，皮膚曬得黝黑光亮的他說：「我從田裡來，全身髒髒的」，一旁的志工也笑著補說「他是專業種田的」。

3 東部客家的「家庭遷移模式」跟許多西部宗族族譜記載中來臺祖「隻身來臺」、或「數兄弟」，或跟「叔伯」一起渡海來臺有所不同。雖推估此一不同在航海技術、交通運輸對照下尚為合理，但也不排除因早期資料記載不周與史實紀錄缺乏所致。

4 當時日本在花東開墾甘蔗、菸草、製樟製糖事業皆已開始，吉野（1912）、豐田（1913）、林田（1941）三個移民村陸續完成命名與鼓勵移居，1918年林田山林業開始伐木，1912-1933年間建造吉野、豐田、林田、花蓮、佐久間、拔子與壽共7個神社（廖高仁，2014：78-98）。

5 早期社會對女性再婚不友善與污名，女性甚少將前段婚姻的小孩帶到繼親家庭一起生活，但男性則無這個現象，顯現家庭性別權力的差異。

6 正直青壯期先生的過世，常會引發父系家庭內兄弟權力的競逐與削弱，在大家庭同住或維繫下，易產生與家族成員間相處壓力等問題。決定離開原鄉，啟程到花蓮從頭開始，推估就是當時這些喪夫祖母的最佳決定。

7 本研究結果也顯示出女性在家族記憶中的空白，包括訪談中，當我問到男性受訪者在家中孩子的排行，有些回答「我是長子」或「我是老大」的，再細部追問後，常會再出現沒被算進去排行的「隱形的姊妹」。

8 田野期間，一家我常去的麵店男老闆，約65歲，也是養子。

9 「姓氏象徵認同」是我們的文化結構，過去民間常有招贅冠母姓或是感恩生養父組成雙姓，這些都不同於單一的從父姓繼嗣結構。除了雙

姓的創造之外，客家聚居美濃鄉鎮有32座兩姓堂，偏遠區還有1座三姓堂。屏東佳冬有一間跟兩姊妹有關的雙姓堂，相傳第四代祖先中有兩姊妹感情濃厚，姊姊夫家姓曾，堂號「三省堂」，妹妹夫家姓涂，堂號「五桂堂」，於是兩家合蓋祖堂，合稱「三五堂」的雙姓堂號。另外，至今從母姓者依舊不多，2007年《民法》第1059條新修正為雙親可協商子女姓氏，但根據2022年內政部統計，由雙親共同協商約定出生嬰兒從父姓的比例為97.03%，從母姓為2.97%。

10 樂合共有三個原住民部落：安通（Angcoh）部落、哈拉灣（Harawan）部落、拿彌散（Namisan）部落。根據林修澈（2018：521-522）的資料顯示，安通部落原住民148人、非原住民6人，原住民人口中阿美族佔95%、布農族佔1%；哈拉灣部落原住民501人、非原住民18人，原住民人口中阿美族佔88%，其他8%；拿彌散部落原住民87人、非原住民100人，原住民人口中阿美族佔46%、排灣族1%。

11 受訪者早期家族遷移時，常以男性「帶著」女性長輩的說法來陳述，像是祖父帶著女阿太、爸爸帶著阿婆等，而非「女阿太帶著阿公，跟全家」，顯示早期女性喪偶後「夫死從子」之性別規範。

12 當受訪者提到過世母親的三個分靈處：苗栗祖塔、信仰中心總壇、自家佛堂，分別滿足與祖先團聚的宗族規範、滿足母親遺願，以及家人們的期待，在這三者之間取得協調。如前述理論所述，分火分靈在民間信仰的慣習中，被視為是複製、再製、克隆，是同一香火的延伸，而非分裂並立。幾位依舊跟西部維持宗族關係的受訪者也指出家裡就有分火的祖宗牌，承載同一脈祖先共同體，如M18家中同時有母親蘇家與父親N姓家歷代祖宗牌，持續參與N姓家族在西部的祭祖。但同樣家中也有H姓跟R性歷代祖宗牌的M10，卻已跟三灣R姓宗族分道揚鑣。分火是單一行為，需深入理解彼此關係樣態，才能了解分火的意義。

13 分別是春節年初二、元宵節、清明節（在湖口）、端午節、中元節、八月初一、除夕。

14 F08的祖父母、父親，以及多年前往生的堂弟都安置回觀音祖塔。十年前F08的弟弟過世後，因弟妹認為送回觀音太遠了，主張改安葬在東部，她說：「後來我弟弟不在了，好像心肌梗塞，突然間就不見了，54歲就走了，……十年了，十年了。他老婆捨不得把他拿回去那邊，就放在花蓮。就說在這邊，他們要去拜拜比較方便」。

15 M01家族曾把祖母送回苗栗三灣和遷移前早已過世的祖父一起安置，

但M01過世雙親已安置在花蓮。M01東部和西部家族成員人數單薄，並未發展爲宗族。

16 M02曾拿著父親昭穆名回去關西尋根，成功找到家族中自小就分養未曾見過面的叔叔。

17 受訪者以民國24年的遷移時點和民國100年鳳林作公塔的時間來計算。如距本次訪談，約爲86年。

18 M18提到祖父和叔公們出發時，曾祖父早已過世（約60歲左右）。

19 後日本政府徵收爲南埔機場，現爲知卡宣公園。

20 M16祖父被祖母招贅，母親沒有結婚，領養M16，詳見前文。

21 F21以招贅方式留在家中，繼承種植父親在光復大豐村的田地。

22 田野中的幾位受訪者講述自家墳塔、公塔時，都直接使用「風水」此一語詞，如M16也說：「我家風水在壽豐」，同時強調客家重視風水的文化。客家人重視風水，視風生水起可以興旺家族發展，公廳與祖塔在其中具有重要地位。前述M19苗栗的堂弟因要參選預定重建祖塔；M06、M07的祖塔因容量日漸不足，正討論擴建收攏意見，然有宗親認爲目前風水正旺到他的事業而持反對意見；M02維持每年清明祭拜八里來臺祖、新竹關西祖塔與吉安家墳等三處，不搬遷在一起，這些都和風水有關。

23 M20表示個資法使得世系子孫個資不易收集，同時影響系統表跟通訊錄的建立。

第五章 ▌流動於族群邊界的花蓮客家：
文化、語言與認同

Flowing through Ethnic Borders:
Language, Culture, and Identity of Hualien's Hakka

王俐容

一、前言

具有「客家文化帶」特色的花東臺九線，對臺灣客家社會的重要性不言可喻。東部花蓮、臺東的客家族群人口總數分別爲10.8萬人與4.4萬人，雖然總數不高，但佔總人口比例高於全國平均的19.3%，花蓮的客家比例更高達32.4%，僅次於新竹縣、苗栗縣、桃園市、新竹市，位居第五。花蓮可稱之爲客家大縣。但相較於桃、竹、苗，花蓮客家的族群關係更爲特殊。在花蓮縣原住民佔四分之一，包括相對於桃竹苗的客家族群，原漢互動、閩客互動都有更不同的經驗，族群邊界與日常文化實踐更爲複雜與交疊，花蓮客家的族群互動與認同的形成、維繫、發展與傳承是如何的樣貌？與「後山」客家社會形成的關係爲何？

本研究經由文獻探討與深度訪談方式，從客家社會的形成、族群關係、客語的多樣性、文化的混雜與特殊性等等，探索「東部客家」認同的發展過程。

二、「後山」客家社會的形成與族群關係

花蓮客家的重要性是非常明顯的，如受訪者A指出：

> 花蓮從臺九線上所有一整排全部都是客家人。有八個：除了山腳下海邊不算。它有八個。就八個，新城其實也是客庄。其實花蓮的客家人口總數是臺灣前五名，它其實是算多的，就是除了就是桃竹這些大的之外，其實花蓮的人其實是多的（受訪者A）。

而遵循著客委會的定義，花蓮有八個客家重點發展鄉鎮：花蓮市、吉安、壽豐、鳳林、光復、瑞穗、玉里、富里，數量算多。根據受訪者B研究與訪談指出：

> 清代嘉慶年間（1812）泉、漳、粵籍人群從山路過來花蓮，後被太魯閣人攻擊、散掉。1851年黃阿鳳從劍潭來，建立十六股。1853年咸豐年間：玉里已有相當多客人，而被稱為客人城（現在改為客城），客家族群在花蓮已經定居下來生活。
>
> 直到1888年光緒年間的大庄事件中，客家與西拉雅聯合對抗清人，反抗劉銘傳丈量政策，顯示客家與原住民的信任關係已經建立，在當地社會有其重要性。日本時代，客家族群移居到花蓮的人口持續增加，主要是從桃竹苗移到花東縱谷區，以菸草與樟腦的種植與提煉為主。同時，日本也在吉野、豐田、林田建立移民村（鼓勵日本移民居住），這些區

域為原住民原有獵場，在日本人離開後，客家人進入居住，逐漸形成客家聚集地（受訪者B2）。

由於客家來到東部算是來到原住民的家鄉，所以比較不會凸顯自己的族群文化特色，受訪者A認為：

> 花蓮客家的特色是，來這個地方我就要接地氣，要圓滑取得認同。花蓮地區客家文化並不是顯著文化，反而原住民在這個地方他們有好幾千年的歷史，這個地方是原來居住在這裡的人。他的生活、文化、習俗，已經定型了。那政府再透過這幾年來政府長期的保護政策，花蓮就是原鄉。充滿了原住民的風采。政府要對國際宣傳的時候，這個地方就是原住民的故鄉，用原住民的文化來推廣。可是為什麼客家人不會去爭？因為客家人就務實，要取得花蓮其他族群的認同，在任何環境就融入進去。花蓮客家比較強調融入；如果提升客家認同、也會形成族群緊張。我們應強調融入花蓮文化而非凸顯差異。

以花蓮市為例，花蓮市算是都市生活，以服務業與農業為主，之前的研究調查顯示，花蓮市的族群分布，福佬族群約佔40%，外省族群將近30%，客家族群32,545人，約佔30%，原住民族群則低於10%（夏黎明、馬昀甄、蘇祥慶，2012）。如同受訪者A就強調：

> 花蓮市的服務業多，所以它人情味就多。再加上他必須做生

意，每一個人都在做生意，所以這個地方不容易有族群的糾紛。

整體而言，花蓮市的族群關係強調閩客平衡（因為原住民人數相對少）：

花蓮市的政情從以前到現在是閩客的一個平衡默契。因為平衡的關係，大家取得協調，即使客家人主政的時候也不會很強烈去推動客家文化（受訪者A）。

往南的鄉鎮是吉安，吉安鄉總人口數約8萬人，傳統上為阿美族的聚居地，1872年發生琉球島民因船隻毀壞，漂流到臺灣而遭殺害事件後，清廷開始以優惠條件召墾漢人進來奇萊平原，並招撫原住民。目前吉安鄉客家人口約31.2%；閩南人口約44%；原住民佔17.6%；外省約7%。永興村與稻香村都是典型的客家聚落（呂嵩雁，40）。根據黃永達的著作，永興村建有褒忠義民堂，在民國36年到義民本廟進香後，造義民爺金身建廟祭祀。南昌村則是彭清芬於民國72年到新埔本廟迎令旗集神位安奉（黃永達，2008：98）

吉安鄉西南部於1908年發生七腳川事件，原本被日本雇用的阿美族人，來抵制太魯閣族，但居住於七腳川社的阿美族常與日本人有所糾紛，導致日本警察本署長決定壓制七腳川社，最後導致這個區域土地被徵收，改建為日本移民村吉野村。當時客家人與阿美族合作，在歷史上有隱隱約約的身影，協助平息七腳川事件（受訪者D）。事件後許多日本人移民過來種植菸草（綠色

黃金）與會社甘蔗，形成製糖會社。

目前吉安鄉有30%的客家人，聚集在稻香、永興、南華、北昌、吉安、仁里、慶豐、東昌等各村（黃俞蒨，2016）；吉安的客家庄的主要根據地是永興村，人口數不多，但客家族群的比例高於八成五，是一個農村型態的聚落。永興村的客家族群多是從苗栗遷徙過來，原因有二：一是因為有錢來置產，二是因為關刀山大地震而遷移衍伸過來，聽說後山還有很多荒地，就過來開墾。戰後這些產業逐漸沒落，人口也開始外移。但目前永興村的稻香仍被視為重要客家文化景觀，透過客庄環境營造規劃，推動傳統竹茅屋、舊菸樓等。目前吉安鄉人口增至8萬人，客家約有30%，但總人口數約24,000多客家人口；相較之下，鳳林鎮雖有接近60%的客家人，但近年來鳳林鎮人口日漸減少，約11,000人，雖客家比例高，但客家總人口數不及吉安鄉多。

壽豐鄉的客家族群主要在大正與昭和時期移民過來，聚集在豐山、豐裡、豐坪、壽豐等村；根據壽豐鄉志，主要的開拓者為清代的吳全，以及日治時代的賀田金三郎（壽豐鄉志，2002：121）。後來日本在當地設立豐田移民村，以官方政策吸引來自日本與西部的移民。目前客家人口約24%，閩南人32%，原住民37%，外省人7%。客家人集中於豐山村、豐裡村與豐坪村（呂嵩雁，45）。壽豐鄉客家分布零散，呈現出閩南與阿美族文化略為強勢的局面。壽豐鄉的客家氣氛較為低迷，身為客家餐廳營業者的受訪者E指出：

來店裡用餐的多是閩南或是原住民，反而客家人少，阿美族居多；壽豐三分之一是客家人，三分之一是阿美族，三分

之一是閩南人，外省都走得（死亡）差不多了。參加的客家
聚會只有教會舉辦。花蓮的客家教會是鳳林教會（從壽豐到
鳳林參加），每個月一次聚會讀聖經，也是唯一可以講客語
的地方（用四縣腔），否則幾乎沒有時間講客語……有時候
會看客家電視臺的村民大會或是客語新聞。如果主播講太快
就會聽不懂。自己反而更喜歡看、更常看原民臺（受訪者
E）。

被視為客家大鎮的鳳林鎮，成為壽豐客家人接觸客家語言與
文化的地方。它原為泰雅與阿美勢力範圍，清末開始有漢人來開
墾，大多來自新竹與苗栗，仍維持四縣客語的使用，被認為是花
東縱谷最「純」的客家庄，並保留住許多的客家先民文化。鳳林
擁有許多重要的客家社區與文化資產。廣為人知的有「校長夢工
廠」、「讚炭工房」、林北社區等等，對於家族與在地的文化歷
史頗有研究與著作，許多退休的校長們致力於建構鳳林的歷史與
論述。受訪者F指出：

日本時代花東有5萬多人，其中有5萬人是阿美族，那個大
概是有5,000人的漢人，4、5,000人的漢人，在1896年的時
候調查的這樣。那鳳林這個地方最先有一個派出所，在
1905年設了一個派出所，在山興設了一個派出所。那1908
年的時候，鳳林真的有人來開發，這個人叫饒永昌。他帶了
腦丁來鳳林開始開採樟腦，這個大概是鳳林最先有客家人。

鳳林的客家人比例很高，但還是會很關注其他族群（阿美族

與泰雅族）的感受：

> 如果太強調客家了，會讓鳳林鎮的其它族群不舒服……鳳林
> 也有原住民，在政治上用選票去考量的時候，要兼顧到原住
> 民的感受，在文化推動上會以客家加上原住民一起（受訪者
> H）。

簡而言之，花蓮客家社會形成的過程，開始大約是來自苗栗
或新竹的客家族群，來到花蓮原本屬於太魯閣、泰雅、阿美、布
農族、卑南族與排灣族的土地，與當地原住民合作，找到開墾土
地或其他方式生存下來，當中多半是務農。在清朝與日治時代，
遇到原住民與執政者的對抗時，也多半與原民合作，居中協調讓
局勢平穩下來，繼續發展在地客家社會。因此，幾個大戰役中，
客家的身影雖然隱隱約約，但其重要性卻不容忽略（受訪者
D）。花蓮的客家必須與原住民合作這件事，形塑了當地客家認
同的主要框架；與閩南族群相遇，也大致以「圓融、互助」的態
度共存；如西部劇烈的閩客械鬥歷史，沒有在東部發生。

成長於花蓮的年輕受訪者G，描述他自己的族群經驗：

> 在花蓮閩南與原住民比我們多，我們班國小到國中客家人可
> 能就一個兩個，就不想跟別人說自己是客家人，也怕閩南人
> 會歧視我們。

進一步來看，族群之間的和諧程度如何呢？受訪者認為，花
蓮原住民對於客家人比對閩南人友善，外省族群許多居住在山

區，角色又較爲多重性，在東部不容易被當成外來殖民者，反而在日常生活，原住民較會受到閩南人剝奪資源，另外，閩客之間也有緊張關係：

> 現在在族群上沒有什麼問題了，但過去有客家人不要嫁給閩南人，但閩南人可以娶客家女性的說法，哈（受訪者H）。

在當地，原客關係向來良好，在許多重要歷史事件上，客家都選擇與原住民合作；在當代原客兩者通婚多，通婚後有些就會認同改變，例如一位阿美族的客家媳婦，在自己的繪畫課程中，呈現自己的客家認同：

> 我教她們畫畫，就讓她們從生命史跟生活史裡面去找題材；她是阿美族的，可是她畫她自己的時候她是畫成這樣（客家女性），因爲嫁給客家人。她的認同就變成客家，客家媳婦（受訪者C）。

謝若蘭與彭尉榕的論文〈族群通婚的身份認定與認同問題之研究：以花蓮地區原客通婚爲例〉分析嫁給客家人的原住民女性指出，原住民女性雖然在夫家都說客家話，其中嫁入聚居型客家庄婦女，與嫁入原客混居型部落的婦女有所不同。嫁入客家庄使用原住民語交談的機會自然減少，出現：「有時候講一講阿美語，客家話就跑出來。」但阿美族身分對她來說還是更親切的。這篇研究並指出：

族群界線的鬆動出現在原客雙族裔身上。因為這些雙族裔在初級關係的基礎上，有更多機會接觸到原住民族群，較可能對原住民族群產生認同。原客雙族裔族群身分的變更會連帶地影響認同的「有意識」轉變，尤其是更改為原住民身分者，會較積極地尋回原住民認同，以使自己更符合受惠的族群角色（謝若蘭、彭尉榕，2007）。

在吉安鄉中的客家社區營造，也不會只強調客家文化，更重視多族群文化分享與交流，例如初音山社區：

社區內族群是共好的，我們曾用文字記錄噶瑪蘭族的香蕉絲編織文化，也會辦阿美族的豐年祭，預計未來繼續寫撒奇萊雅族的故事。此外吉安當地還有阿美族，噶瑪蘭族。例如這邊有姓「偕」，從蘭陽邊移過來的。阿美族的生活圈更融入在地，92-98年我們的客家文化藝術再生計畫在南華保存了一個阿美族的鹽寮（受訪者I）。

出生於瑞穗鄉富源村的受訪者C，父親來自福建龍岩，隨著國民黨來臺，算是花蓮的「外省客」，從小就很習慣多元的族群生活：

富源村這一代是客家人多的，那富興村是閩南人多的，富民村就是阿美族多。馬遠村，馬遠村又是布農族為主的。小時候我爸爸在這邊（富源村）教書教了一陣子以後，爸爸就去那個馬遠教書了。他的學生都是布農族。……所以後來我們

聽到人家要分族群分什麼的時候，聽了之後就覺得，這幹嘛呢？（受訪者C）

就如同受訪者H所說：

花蓮客家的特色就是，跟原住民太接近了！（受訪者H）

因此，花蓮客家社會的形成特色就是族群多元、重視彼此關係和諧，對於客家特色的強調跟西部客家比起來較不凸顯，也更有文化多樣性。

三、花蓮客家的語言多樣性

花蓮客家族群的分布、來源與語系相較西部而言，複雜得多。花蓮的北部與中部，以來自桃園、新竹、苗栗的四縣、海陸腔為主。花蓮南區則包括：桃竹苗的海陸與四縣外，還有少數來自六堆南四縣腔的客家人。因此，花蓮客家族群另一個特殊之處在於，其客家組成具有高度多樣性，而且以不同方式不同時期移民過來這裡。根據呂嵩雁（2014）研究指出，花蓮客語種類繁多，除了海陸腔、四縣腔與南四縣腔外，還有：

來自雲林縣崙背鄉、二崙鄉的詔安客家人、新竹的饒平客家人、中壢市的長樂客家人，他們零星分布在吉安、壽豐、鳳林、富里。廣東揭西縣的唐山客也有些分布於吉安、鳳林。

呂嵩雁進一步指出，來自客家原鄉的客籍外省人，如廣東梅縣、福建長汀縣、以及廣東揭西縣的「唐山客」，被視為外省人，且多聚集於眷村或榮民社區，例如花蓮市的榮民之家、壽豐鄉的農場眷村，讓花蓮的客家文化與語言現象更為複雜。張振岳1994年所出版的《後山風土誌》中，一系列探討客家風土誌，描述東部客家的信仰、移墾路線、及當時的歷史背景。提出客家語言到東部後的腔調變化，例如四縣與海陸所形成的四海腔，已經發展出東部客家獨特的文化樣貌（張振岳，1994）。

　　花蓮市目前的客家人群多經由臺北、宜蘭，從蘇花公路來到花蓮。客語腔調以四海腔為主，少部分為新竹的海陸腔與苗栗的四縣腔。呂嵩雁指出，花蓮市的客家人口比例有三個不同說法。2005年謝深山所出版的《續修花蓮縣志‧族群篇》，指出花蓮市的客家人口約10%；2008年客委會以廣義的認定，客家比例為41.6%；2013年花蓮縣政府客家事務處的調查則為34.5%。呂嵩雁以會說客語的家戶調查來計算，估計約有22.8%客語人口。（呂嵩雁，2014）。

　　此外，花蓮縣內各族群人口比例接近，各種族群語言都會接觸到，例如花蓮市以北閩南、客家會遇到太魯閣族與噶瑪蘭族；花蓮市南邊與吉安鄉會有阿美族或西拉雅族；壽豐鄉主要是阿美族；但到了瑞穗或是玉里，布農族人口也不少，往南則會遇到排灣或卑南族等等。語言上客家與閩南人都會說「馬拉桑」（喝醉），就是受阿美族語的影響（受訪者B）。通婚的族群通常彼此都會對方的一些族語，大致上原客通婚較多，像是客家與阿美族通婚後語言之間的交互影響，發展出的語言現象受到學者的關注。廖致苙2009年的碩士論文指出：

在花蓮縣客家、阿美族混居的花蓮市、鳳林鎮、光復鄉和瑞穗鄉發現幾位能說客語的阿美族，和能說阿美語的客家人，他們因為各種原因必須使用對方的語言，且帶有母語的口音，產生新的阿美族客語以及客家阿美語（廖致苾，2009）。

移民過來的客語腔調不一，講閩南語成了主要的選項。受訪者指出，花蓮多數地區閩南人多，即使在鳳林以客家人比例高，遇到閩南人也是自動全部轉成閩語而不說客語。整體而言，花蓮居民語言幾乎都深受閩南語影響（受訪者B）。

花蓮就像我剛剛講服務業比較多，你要說這個地方全部講客家話不容易。只能到村子程度，可能就整個村都是客家，可是如果再大一點可能就沒有辦法，鄉鎮是不太可能。村就是它的生活比較單純就是說以農村為主，它的服務業容量沒那麼多。以務農的為主，像是玉里、鳳林的長橋。如果去瑞穗富源村的話，只有廟旁邊是客家人比較多，其他是布農族跟阿美族的地方。吉安這裡，你會發現說它就是一個混雜的那個商業區，所以客家人也是用國語在交談，回到家以後他才是用講客家話（受訪者C）。

在臺灣西部的客家庄，有可能就是一個鄉鎮都是客家人。客語的普及化相對較強，而在花蓮，只可能在村里層級整個是客家人，說客語，再大到鄉里層級就很困難（受訪者C）。

花蓮市屬於都會生活，較難觀察到客家群聚或是集體生活的

樣貌，當地也以「隱形化」來稱客家族群。鳳林鎮的客家語言現象比較容易觀察，鳳林估計客家族群約佔61%，閩南佔22.7%，原住民佔13.4%，外省有2.7%。鳳林北部大部分講四縣，鳳林南部大部分講海陸。根據當地校長們（受訪者F）所提出的解釋爲：

> 最早來到鳳林的客家人爲饒永昌，他有一個總管叫鄧秀，鄧秀有一年回去頭份，他看到他的姐姐和妹妹，他的姐姐被他的姐夫遺棄，跟著一個男孩徐秀春，生活很辛苦。他就把他的姐姐跟他那個外甥接到這邊來，他是徐家。鄧秀還有一個妹妹，嫁給一個陳家叫陳德望，嫁給陳家的人，他因爲陳家分家的時候，他分到很少的土地，很差的土地，所以生活很苦也來鳳林。一個姓陳，一個姓徐，他們就在我們鳳義里這個地方，開始住下來，他們住下來兩隔壁這樣，後來徐家的親友一起來，陳家的親友一起來，所以他們分得很清楚，南邊就是姓徐的人家居住的地方，北方是姓陳的住的，這是鳳林的兩個家族。兩個客家家族移民到鳳林的開始這樣（受訪者F）。

但鳳林除了有「小頭份」的背景外，黃永達的《北迴線上：來去東客庄》也指出，鳳林壽天宮重建頭人彭錦紹爲新竹北埔的彭家，經營油鹽米、南北貨等民生物資名震東臺灣。另一個在歷史留名的張七郎醫師（後死於二二八事件），則來自新竹湖口與桃園楊梅一帶的「上張屋」家族（黃永達，2008：97）。黃永達本身也是鳳林人，家族來自於楊梅的黃屋。這樣的族群遷移歷史

背景，使得鳳林以北大部分講四縣、鳳林以南大部分講海陸。但更細緻去看，每個村莊可能都講不一樣的腔調。當地客家族群逐漸習慣「你講海陸，我回四縣」的語言使用，形成海陸與四縣腔混雜交融、客語使用者遊走於兩種腔調的邊界。我問受訪者A：這樣可以溝通嗎？

> 可以溝通，講到兩個人聊到天南地北，就是互相，互相用自己的腔調這樣。但一餐講完了以後搞不清楚你到底是講海陸還是四縣，腔調都變調了。現在有四海話出現了。就是混雜在裡面。這個地方就是語言標準化很難做到，標準很難（受訪者A）。

語言學者的研究也指出：

> 自桃竹苗及南部六堆一帶的各式腔調，齊聚花蓮，不分彼此的在新土地上生活，經過半個世紀後，花蓮的客家話出現了新的局面。目前沒有數據顯示花蓮客家話中海陸和四縣腔各有多少，據本研究觀察，花蓮的客家人幾乎都能使用兩種腔調，互相影響之下，產生了有別於西部客家話的「四海話」（廖致苾，2009）。

相較之下，人數更少的腔調就面臨逐漸消失的危機：

> 我們是饒平的，但是我們不會講，因為這邊沒有那個環境。我也很想去學啦，但是一兩句聽得懂，但是不會講，最後變

成這樣了，平日講四縣、河洛（閩南），就是這樣（受訪者
K）。

除了語言邊界模糊混融外，在日常生活中多語情境更是非常
普遍：

像這個富源村很多阿嬤很有趣（客家），她說她跟媳婦講臺
語，跟孫子講國語，跟先生講日語。那時候的人真是多語言
（受訪者C）。

對於花蓮的客家腔調問題，的確會令自西部的研究者感到疑
惑。曾經跟一位在瑞穗經營小吃店的老闆聊天，他說自己家裡是
講海陸的，但在聊天過程中卻聽到其實是四縣腔比較多，無法確
認是他的腔調改變了，還是他弄不清楚腔調的名稱，還是那就是
「四海話」。後來試過幾次，發現常民的花蓮客家族群不一定可
以正確確認自己使用的腔調，也不一定確認自己的腔調是什麼，
或者腔調的分類在日常生活中不是很重要，可以溝通就好。

但客語的教育與傳承卻因此有許多難度，例如客家人口最多
的吉安鄉，客家族群約25%，全鄉人口總數約81,000人，所以有
2萬多客家人，超過鳳林鎮（人口總數為11,000人）的客家人
（約6,000多人），是目前在花蓮縣客家事務最蓬勃的區域。分
析吉安鄉客家事務所推動的項目，大致接軌客委會的補助與政
策，包括：兒童客語生活與研習營、幼兒客語闖通關、現代山歌
演唱與比賽、客家桐花祭活動、公事客語無障礙環境、協助客語
認證研習班、客家藝文團體補助與人才培育、呈現客家文化欣欣

向榮之貌。但在客語推動上還是有困難：

> 各族在吉安鄉的比例大概都是1/4，所以在語言使用上多是
> 通用的，在客家認同上仍是強調在語言上面，但如果說是客
> 家話，在其他族群的區域上還是可能會產生矮化差異以及衝
> 突（受訪者J）。

　　壽豐鄉客家更分布零散、呈現出閩南與阿美族文化略為強勢
的局面，因此，壽豐鄉的客語使用情形更為低迷，許多客家聚會
都是經由教會來舉辦。受訪者指出，他參加的客家教會是鳳林教
會，每個月一次聚會讀聖經，也是唯一可以講客語的地方，否則
幾乎沒有時間講客語（受訪者E）。以上諸種原因，像是客語腔
調複雜、族群關係考量等等，花蓮縣客語的教學與推廣困難重
重，同時民眾的多語能力強。花蓮縣客家事務局進一步指出，客
語教學在教育行政體系裡的種種困境，像是經費與師資都不足：

> 現實的問題在於洽詢公共部門資源的同時，資源上分配就會
> 有所差異，例如教育這一塊，師資難聘，經費資源不足，常
> 態師資就要自己培養，但想提升水準還是要聘請外部的師資
> 進來（受訪者I）。
> 推行客語要讓語言成為通行語言，整個學校都應該是用客語
> 教學，但問題是師資在哪裡，現在都是其他的領域老師兼職
> 到別的領域，教學環境不穩定，就很難延續（受訪者I）。

　　花蓮縣客家事務局提到110年度好不容易跟客委會去爭取到

一個語言推廣的經費。那語言推廣的經費裡面就加上了一個約雇人員，就是專案的客語的承辦人。規定標準是客語中高級的認證要過，而且還要負責整個花蓮縣的訪鄉。非常辛苦，因此很難找人。另外許多學校都找不到客語薪傳師：

> 花蓮名義上薪傳師有70幾位，實際上還在開課的，大概10幾位而已。很辛苦，也賺不到什麼錢。另外在西部人口密集是沒有問題，那花蓮鄉鎮散得跟什麼一樣，對不對？非常散。那你要來上客語課，家長還要載你，或者是老師還要去載你？（受訪者A）
>
> 原住民語教師經過認證，比較容易通過教師認證以後，進到學校，等同於正式老師的身分。但客語教師目前還是客語薪傳師，在學校是臨時身分。很難找到師資，結果花蓮縣只有一個67歲的客語薪傳師。另外在沉浸式教學的設計裡，以教學為主體，薪傳師是不能上講臺，不能編教程。因為薪傳師你不是師培法出來的老師，所以你不可以寫教程。那你也不可以做其他的那個教學指導，那他做什麼呢？他在，薪傳師在這個沉浸式教學裡面他的地位叫做陪伴員（受訪者A）。

因此，到了3、40歲多的世代時，客語能力的維持就已經很困難了，受訪者G指出：

> 我的家族來自新竹縣橫山鄉，上一代遷移到鳳林定居，我的客家朋友們如果是隔代教養（祖父母帶），可能都還會聽客

語，但如果是父母親自己帶（5、60歲），就可能完全聽不懂客語。

面臨族群混居、腔調複雜、需要與其他族群和諧相處種種原因，使得花蓮的客語教育即使要推動都很困難，更別說去評估教學的成效。在客語依然被視爲認同核心因素的狀況下，花蓮客家的認同會有什麼問題呢？

四、花蓮客家文化的混雜性與特殊性

族群交錯使得花蓮有著豐富混雜的文化生活。以飲食而言，大致上花蓮的客家飲食以日常菜色爲主：例如福菜肉片、炒大腸等，跟西部沒有很大差距；但受原住民影響深，包含西部客家不會入菜的蝸牛（阿美族影響），東部客家會使用。同時，客家飲食也會影響原住民飲食：

> 我們就是大家混居在一起了。像有個姐姐說她的婆婆（阿美族），因爲好朋友是客家人，所以她的醃菜做得比客家人還好，就是因爲是好朋友，然後手把手教，手帕交每天就混在一起，所以她的客家的那個醃菜、嫩薑啊，可以做的比客家人還道地（受訪者H）。
>
> 另外由於花蓮曾有許多日本移民村，食物也受到日本飲食的影響，而有許多日本料理的餐廳（受訪者J）。
>
> 花蓮是日式料理很明顯的地方，影響力也進入客家家戶裡，在家戶裡用同樣的方法（日式）烹飪（受訪者H）。

信仰生活亦呈現出族群相互混雜的現象，以客家族群而言，主要信仰除了從西部帶來的義民爺信仰、三官大帝、神農大帝、五穀宮，但部分客家與西拉雅族居住後，也受到影響祭拜公廨（祖靈）。阿美族除了在語言上受客家影響外，也會跟著客家祭拜關聖帝君（受訪者B）。另外受訪者指出，由於客家與閩南混居的事實，居民會透過信仰圈（土地公、義民）的祭祀活動來凝聚認同感。所以三個族群（外省、閩南、客家）的祭祀圈高度重疊，像是在尚志路的三山國王廟（受訪者H）。根據黃愈蒨（2016）的調查，花蓮市已經沒有明顯的客家信仰圈；吉安鄉可以從各地不同的土地神祭祀點、祭拜時間與重大節日、廟宇形式等等看出吉安客家與其他族群混居與同化的狀況（黃愈蒨，2016：62）。

當地文史者觀察，可能因為當年移民的人普遍年輕，沒有帶太多的傳統、價值、文化、儀式到東部來，來到東部之後容易與在地的文化融合（受訪者H）；剛開始由於遷移的差異經驗而有所不同，例如西部客家有伙房，有公廳、宗祠，在東部的客家，因為遷移過程來的可能是單獨一人，就只是在家祭祀，不會像西部有那麼完整的伙房。也因此，東部客家認同的形成過程比較是慢慢要尋回、重新再探索、甚至是創新與改良的過程。

> 我家族是三代單傳，最近才在花蓮吉安那個地方做了一個墓地，家人過世後開始葬在那個地方，以前的祖先通通在關西。因為我父親16歲的時候就離開，他也不知道輩分是什麼，所以我們沒有輩分，父親當時只16歲，這些家族史在當時對他來說沒有很重要，後來我慢慢自己去問、去找（受

訪者K）。

有些受訪者認為對於家族歷史或遷移過程，過去老一輩或中年一代沒有意識，導致中間斷層的問題。但這也可能是因為，剛來時的生活很艱苦，只能先存活下來，沒有餘力去傳承家族或族群文化。像是：

> 從山前（桃竹苗）移居到東部，生活穩定之後才會成立一個有歸屬感、有共識的客家組織，成立於1985年的花蓮客屬會，組織涵蓋了整個花蓮縣，籌組時期將近2,000人，分會則有：花蓮市、吉安鄉、壽豐鄉、鳳林鎮、瑞穗鄉、玉里鎮以及富里鎮（受訪者I）。

根據林士凱的論文（2020）指出，花蓮客屬會除了推展客家文化外，也積極推動兩岸客家鄉親社團交流、教育、觀光旅遊、原住民文化、工商貿易、農產促銷、中小學的藝術比賽等等。1988年到1990年間的第二任理事長劉貞銘寫了一首「𠊎愛花蓮」：

> 幾十年前𠊎有個祖先，翻山過海來到花蓮
> 有人開山，有人耕田，百項頭路無嫌無怨
> 不管落雨，也係好天，刻苦耐勞打拼賺錢
> 衣食住行，日日改善，發展教育千年萬年
> 落地生根，大家有緣，相互勉勵，和氣相勸
> 善事多做，壞事莫插，鄉親之間，真心相連

從以上資料顯示，花蓮客家對於族群和諧與原住民文化的重視，縣政府在推動客家文化政策時，除了客家文化外，也會強調：「兼容多元文化，推動原民文化傳承花蓮縣之多元社會是以四大族群、多元文化爲基礎，尊重多樣性、均衡發展、並進行多元族群特色營造，有效分配資源。」（林士凱，2020）

事實上，早期的客家推廣主要來自於社區總體營造與客庄環境營造規劃，引導鄉鎮首長來申請，強化環境中的客家文化與習俗：

> 前吉安鄉鄉長在永興村稻香透過客庄環境營造規劃，推動客家文化景觀保存，像是南華村的傳統竹茅屋、舊菸樓等，還有過去菸葉是非常重要的產業，結合了這樣的歷史脈絡，修護也靠在地蓋菸樓的師父。調查了在地歷史，推動了幾個比較重要的活動，例如天神良福祭（謝平安），結合在地重要的信仰中心「五穀宮」，重組繼續推展客家文化習俗（受訪者I）。

社區再造成爲花蓮客家推動的重要方式。陳涵秀（2018）研究也指出，鳳林鎮以菸樓文化與產業，將隱性的客家文化重新脈絡化，以地方空間再造的行動，爬梳歷史塑造鳳林爲「客家城鎮」（陳涵秀，2018）。

> 一個客家村很難脫離客家文化，透過活動的舉辦，將飲食文化置入其中，讓社區民眾願意參與，用最靠近客家生活的形

式，讓參與者體認客家文化的樣態（受訪者H）。

的確，花蓮客家社造至今有些豐碩的成果，像是在客家十二大節慶中，花蓮客家的「鼓王爭霸戰」也是從社造推動中發展出來，主事者為藝術家也是受訪者C，整理地方史料時，發現瑞穗鄉富源村，在清朝「開山撫番」時，總兵吳光亮在此整軍、築城並建了保安宮，供奉城隍爺；當時居民在城隍爺出巡時，便會擊鼓競技。以富源村（拔仔庄）的客家歷史記憶與傳統廟會，連結當代表演藝術，讓本來只是傳統廟會的鼓陣，經由社區發展協會的規劃推動，從社區型的傳統鼓陣拚鬥，演變成國內頂尖鼓藝團體的展技表演項目之一；並保存了花蓮客家的歷史與認同。

花蓮客家認同除了混雜之外，另外的重點在於：凸顯出與西部不同的歷史經驗，逐漸形成另一種屬於東部客家的視野。以客家的藍衫為例，清朝客家婦女穿藍衫，但東部客家人較困苦，沒有藍衫的記憶，後來進入日本時代就更沒有。

很多人說客家女性穿藍衫，但這裡老人講說，花蓮太窮了，誰有藍衫穿（受訪者H）。

有些受訪者提到，曾經有遊客參訪客家文化時，說要看桐花，承辦人只好把假桐花綁到樹上。但其實花蓮人沒有桐花經驗。另外明顯有東西差異的，在於對義民節的態度。義民信仰被視為北客海陸客語認同凝聚的核心因素，但對於來自西部北中南區域的客家人而言，雖然花蓮還是有義民祭典，但當地居民相對陌生與疏離。例如訪談者指出：

（問：義民祭不太是你們的信仰嗎？）答：對，它不是。大部分花蓮客家都沒有那個歷史過程與經驗（受訪者I）。

因此，受訪者A認爲，西部與東部客家歷史經驗的差異應該被重視：

富源那個保安宮，那是吳光亮帶來的，吳光亮已經是清朝晚期了？可是對我們來講。就很久很久了。但對西部客家來說，這還年輕、歷史並不久遠啊。但是對當地的居民來講它的意義是很重要（受訪者A）。

整體而言，差異的歷史經驗與記憶、族群文化的交錯與混雜，都使得一種有別於西部客家認同的方式，慢慢在成長與茁壯，試圖發展出自己的視野來回應西部客家的論述。

五、「東部客家」的認同形成與發展

具高度混雜性、與西部有著不同經驗的「東部客家」，其認同的形成與發展有著哪些特色呢？東部客家族群意識的發展是如何開始的？學術界普遍認爲，1988年的還我母語客家運動，爲當代臺灣客家意識的起源，但花蓮處於東部，客家成員不一定具有參與客家運動的經驗，與西部客家共同意識與認同的形成不見得有同步的效果。因此，多位受訪者或相關研究者指出，2001年客委會成立後，透過客家政策的推動慢慢發展出來「東部客家」的想像。

客家運動當時也沒有影響到東部，東部客家是較為保守的，
相較於西部的社會運動距離比較遠。……東部的客家認同是
在客委會成立之後才有的（受訪者I）。

黃靖嵐（2008）研究發現，東部客家族群，隨著客委會、客
家電視的相繼出現，全國在中央制度產生變革之後，直接受到來
自由上而下的運動影響，雖然東部未受客家運動洗禮，卻在當代
直接和全國的客家人一同接受動員。例如本研究受訪者指出：

從小就認為自己是客家人，但是並沒有特別關注客家族群與
文化這一區塊，因此對自身文化的認知，經由在學校教學帶
領學生參與客語比賽（客委會成立後的主要政策活動），及
進修的過程中開始對在地客家文化進一步接觸與瞭解（受訪
者L）。

年輕一代（30歲）的受訪者G說：

我聽得懂客語，但不會說，以前會排斥自己的客家身分，因
為花蓮原住民跟閩南都比客家人多，後來等客委會成立之
後，才慢慢敢說自己是，可是還是不會說客語。

區域內亦有差異性。例如鳳林鎮客家人口比例高，維繫客家
認同較容易，同時鳳林鎮早期以公務人員與教師（以國中小校長
比例甚高著稱）為主，整體而言，鳳林的客家人口比例仍讓當地
客家文化有同化其他族群的能力。在地客家社區工作者指出：

鳳林這些比較傳統的耆老們他們就發動很多力氣跟資源去尋找客家淵源，我覺得我們老一輩的他們大概比較有共識的，大概是那個語言跟文字，畢竟是文人，所以他們就是對於這一種講客家話，使用客家文字，然後了解自己的一些文化歷史，他們是很注重，在努力的去傳承。70歲以上那輩會在乎能不能尋回來了，但中間斷了一代（5、60歲），然後年輕人（40歲以下）是因為後來教改開始重視本土教學，他們開始會去想我是什麼人，我想知道我的祖先是幹嘛的。年輕人試圖在做不同的擴展客家界限，跟傳統的長輩不大一樣（受訪者C）。

如同受訪者C所言，花蓮客家的民間組織會，參與人口老化，主事者做法不同，導致相關客屬組織流於社交或是低度運作的狀態。持續參與的主事者為農委會退休研究員，擔任理事長多年，認真推動客家文化歷史的保存與節慶的再現。卸任後無法繼續相關路線，但仍以一己的力量募款與運作相關舞蹈、音樂與歌謠活動，並於2020年出版多本花蓮客家研究書籍。客家認同的斷層為嚴重的問題：

我不知道自己的家族在哪裡，回到西部找，後來終於找到，才知道我家族是三代單傳，現在我們這個單傳是，通通把它搬到花蓮來，在花蓮吉安那個地方做了一個墓地，現在我們家族就只有花蓮這裡了（受訪者K）。

雖然祖先來自西部，但兩三代後，慢慢花蓮在地認同逐漸也

發展出來：

> 常常就聽到有人說，或是有一種感受就是，還好呢，我的祖
> 先有搬來花蓮。如果沒有來花蓮，很可能在那（西部）還是
> 窮鄉僻壤，就在那個山窩裡面……所以算蠻幸運的，移到花
> 蓮這個地方，新天地（受訪者M）。

黃靖嵐的研究指出，之前東部客家的認同不是很強，在客委
會成立後，出現東部客家從客家電視臺或是客家節慶「學習」客
家認同，修改家族歷史記憶的情況（黃靖嵐，2008：122-
123）。因此，外來東部客家認同會在政策下趨近西部的認同內
涵，還是凸顯自己的東部經驗，值得關注。

東部客家認同的另一個特色在於世代差異很大。受訪者H
指出：

> 第一代是8、90歲這代，剛來花蓮，會說我們是客家人，我
> 們要團結互助，有一種就是要團結才有辦法活下去，那種互
> 助的很重要。因為他們當年來打拼，我們同樣是客家人，我
> 們不團結，就很難生存（受訪者H）。

但這群人慢慢凋零後，應該要成為主力的5、60歲的第二
代，卻不一定有很強的客家認同，受訪者H說：

> 第二代剛好是國民政府教育出來的那一批，就是對於所謂的
> 自己的本土文化是覺得是低下的那一群人，不見得會那麼認

同客家，他們可能打從心裡就根深蒂固，就是不能講母語，不能講方言。那他也不會教他的小孩講客語這樣，都不會。

再來就是3、40歲的第三代，他們要在外面工作養小孩，所以不可能要那一群3、40歲的人回來。反而是更年輕的四代，例如20多歲，成長於臺灣本土化之後，受過母語教育的就還好。他們對於客家會一點感覺。因為他沒歧視啊，就是他起碼可以平等地去對待自己的語言，說我就是客家人啊，就是要講客語（受訪者H）。

為了推動客家認同與文化傳承，官方部分設有花蓮縣客家事務局、花蓮市公所客家事務所、吉安鄉客家事務局。花蓮市客家事務所的承辦人接受訪談時，說明工作有：經營好客藝術村與會館；跟隨中央舉辦花蓮縣客家桐花季活動包括：客家祭天儀式、藝文表演、藝趣「桐」樂、桐花主題藝文、客庄特色活動；執行文化創意產業培力及發展計畫，表演藝術人才培育暨吸引機制計畫；舉辦花蓮縣義民祭文化活動計畫；執行各年度促進地方客語整體發展計畫執行成效獎勵，在花蓮市客家事務所的受訪者N說明：

我們的工作像是：協助成立民間社團，來申請客委會的活動，每年跟客委會爭取活化館舍的經費，配合政府地方創生計畫，舉辦青創論壇，透過外地經驗連結在地資源，鼓勵民間成立吉安青年聯絡網。鼓勵民間積極參與客家活動競賽（受訪者N）。

她同時指出，花蓮市客家屬於隱性，比起吉安鄉更難推動客家事務，有推不起來的無奈感。有時透過退休的公務人員、校長（地方客家菁英）成立地方「客屬會」組織，政商關係良好，花蓮市政府就會將活動委辦給客屬會執行，類似透過地方政府扶植來推動客家文化。

訪談得知吉安鄉客家事務所應是最積極有信心的，連結前鄉長田智宣（已過世）任內對客家事務的扎根，與在地頗有規模的組織初音山文化協會的合作，現任吉安鄉客家事務所所長J努力與學校、社區合作的客家活動。她認為現在的客家意識較強，加上客委會與客事所的努力，吉安鄉客家前景頗為看好。其施政主要結合教育，由於各國中小有評鑑需求，會以語言為主軸，發展不同的客家表演藝術，外出比賽都有不錯的成績。但出了學校實際客語的使用也很少。

還有一個隱憂在於，吉安的客家庄主要根據地是永興村，類似鳳林，人口數不多，但客家族群的比例高於八成五，是一個農村型態的聚落。吉安的客家族群過去以農為經濟根源，現在社會型態的改變，年輕人要回來就很辛苦，沒辦法維持生活。受訪者G（30多歲）指出：

> 花蓮的年輕人都出外工作，只有返鄉投票都會被叫回來，我的同學幾乎都離開了，留下來的都是接家裡的事業或是有技術。

客家年輕人口流失外加客語無法傳承，的確讓花蓮客家認同的發展難以樂觀，如何讓客家年輕人先在花蓮安居樂業，就更顯

得重要：

> 希望客委會能在這邊成立一個青年創客基地，透過返鄉與補
> 助，有計畫的培育年輕人，認識自己家鄉的人文地產，或是
> 透過移居計畫吸引更多年輕人移住到花蓮，花蓮需要各種領
> 域的人才（受訪者I）。

　　隨著東部社會的變遷，花蓮客家認同的道路，感覺上似乎隱
隱看到一些曙光，但黑暗依然尚未過去。

六、結論

　　本文研究認為，客家先民來到花蓮原住民的家鄉，經過三四
代的耕耘後，逐漸形成其特殊認同。第一代客家需要相互團結合
作，對客家的認同明確，但由於來東部時間可能年紀較小，對於
西部客家祭典儀式與信仰並沒有太熟悉，也可能因為經濟生活壓
力龐大，不一定可以與西部宗親有密切連結，客家家族歷史慢慢
淡化，難以將客家文化傳承下去。第二代客家生活改善，但在國
民教育與華語政策影響下，客語能力與族群認同開始變弱。即使
1988年客家運動的出現，對當時東部客家族群沒有產生太大影
響；直到2000年客家委員會的成立，推動各種客語教學、客語
認證、舉辦客庄節慶、成立客家電視臺等等，客家文化受到政府
制度與政策支持，有利其認同的發展。然而在客委會成立之前，
文建會的社區總體營造還是對於花蓮客家有正面的影響，例如富
源村、永興村、稻香村等傳統的廟會儀式、菸樓地景或是空間在

社區政策被保存與復振。

　　客委會成立後，花蓮客家社團與相關制度開始設置，除了追隨西部的客家政策，同時摸索自己的路徑：語言、文化、生活與認同都有多族群邊界流動、交錯與混雜的情形；受到其他族群的影響很大，幾乎在多族群的脈絡情境下成長。因此，圓融、低調、和諧、包容性大為其文化與認同的特色。花蓮客家的歷史記憶也有別於西部客家，一方面希望透過東部的視野來回應西部客家論述，但也在西部客家的強大影響力下，可能出現歷史記憶的修改與調整。但同時年輕一代的客家後生，在本土化的教育下，以更平等與自由的方式發展自己的客家認同，卻面臨語言已經流失、就業不易的挑戰，離開花蓮到都市生活，難以傳承花蓮客家認同。

訪談資料

受訪者編號	受訪時身分	族群	訪談時間	地點
A	花蓮客家事務局局長	客	2021.7.21	花蓮縣客家文化館
B	東華大學臺灣文化學系教授	父閩（與西拉雅）母客	2021.7.22	線上討論
C	社造工作者、藝術家	客	2021.7.20	瑞穗鄉藝術家工作室
D	東華大學原住民學院院長	原住民	2020.2.13	東華大學
E	壽豐鄉客家餐廳老闆	客	2020.8.26	老闆的客家餐廳
F	鳳林鎮退休校長	客	2020.2.13	鳳林鎮讚炭工坊
G	花蓮市公務人員	客	2020.8.25	花蓮市王記人文茶坊
H	鳳林鎮社造文史工作者	閩	2020.2.14 2021.7.21	林北社造工作室 林北社造工作室
I	吉安鄉社造文史工作者	客	2020.8.25 2021.7.20	吉安鄉客事局 初音山社區工作室
J	吉安鄉客事所所長	客	2020.8.25	吉安鄉客事局
K	鳳林鎮退休校長	客	2020.2.13	鳳林鎮讚炭工坊
L	花蓮縣客家事務局承辦人員	客	2021.7.21	花蓮縣客家文化館
M	鳳林鎮讚炭工坊負責人	客	2020.2.13	鳳林鎮讚炭工坊
N	花蓮市客事所承辦人員	閩	2020.8.25	花蓮市王記人文茶坊

第六章 | 客家孤島與周邊族群：
以臺九線大南澳濱海客家為例

Hakka Ethnic Enclaves and Neighbouring Groups: The Example of Marine Hakka in Danan'ao along Provincial Highway 9

王保鍵

一、前言

　　為加強客家語言、文化與文化產業之傳承及發揚，政府得依《客家基本法》第4條第1項及《客家文化重點發展區鄉（鎮、市、區）公告作業要點》第2點規定，公告客家人口達三分之一以上之鄉（鎮、市、區）為「客家文化重點發展區」。客家委員會依上開規定，所公告的70個「客家文化重點發展區」，多為傳統客家聚落，約略形成「三大客家帶」，包含：（1）桃園市、新竹縣（市）、苗栗縣、臺中市之客家文化重點發展區所形成的「北部客家帶」；（2）高雄市、屏東縣之客家文化重點發展區所形成的「南部客家帶」（六堆）；（3）花蓮縣、臺東縣之客家文化重點發展區所形成的「東部客家帶」。基本上，「客家文化重點發展區」已然成為政府推動客家政策之核心場域；如客家委員會成立「客庄369專案辦公室」，推動「北部浪漫臺三線」、「南部靚靚六堆」、「東部幸福臺九線」等計畫。

　　然而，在上開傳統客家帶外，在臺灣客家族群發展及遷徙變遷中，於「非」客家文化重點發展區，存有孤立於其他族群人口

群聚區域，以散村形式存在之客家聚落，而形成「客家孤島」（孤島型客家聚落），如宜蘭「大南澳地區」[1] 之南強里與朝陽里。事實上，位於宜蘭縣最南端的蘇澳鎮，擁有三處漁港，由北而南分別為南方澳漁港、粉鳥林漁港（東澳里）、南澳漁港。[2] 南澳漁港位於朝陽里，當地人亦稱「朝陽漁港」，因有許多客家人聚居，讓南澳漁港具有客家漁港的特徵，使得南強里與朝陽里非僅有「客家孤島」元素，尚擁有「海洋客家」的特色。按臺灣的客家漁港有二，一為桃園新屋永安漁港，位於北部客家帶，周邊族群多為客家人；另一為南澳漁港，周邊族群為閩南人及原住民，成為「客家孤島」，搭配「海洋客家」元素，使得南強里與朝陽里此一「濱海客家孤島」，深具獨特性。又「大南澳地區」，包含宜蘭縣蘇澳鎮的南強里、朝陽里，[3] 及南澳鄉（山地鄉）的南澳村、碧候村，兩鄉（鎮）間以「臺九線」（蘇花公路）為分界，呈現過往漢番界線的歷史遺緒。[4]

當前客家研究及客家政策，多關注於傳統三大客家帶研究，較少觸及「非客家文化重點發展區」之「客家孤島」，「客家孤島」實為客家政策及客家研究鑲隙（research gap）。本文屬先導型研究（pilot study），以文獻分析法，運用涵化理論（acculturation theory），檢視國外語言少數群體孤島政策實作，就大南澳濱海客家孤島為研究場域，探討：（1）濱海客家孤島如何形成與發展？（2）濱海客家孤島之客語保存情況為何？及其與周邊族群關係為何？另本文曾以〈客家孤島語言傳承與周邊族群：以宜蘭大南澳濱海客家為例〉為題，發表於《文官制度》第14卷第2期（王保鍵，2022a），現由本專書收錄，配合專書主題，調整本文篇名，並改寫部分內容。

二、理論分析

　　按族群（ethnic）和區域／地方（place）兩者間有密切關聯，且兩者間可彼此相互定義；芝加哥社會學派（Chicago School of Sociology）早在1920年代就已注意到族群存續（persistence of ethnicity）及族群孤島現象（phenomenon of ethnic enclaves）而進行探討（Zucchi, 2007）。以下僅就族群孤島（ethnic enclaves／ethnic islands）[5]的概念、Berry的涵化理論、族群孤島的政策實作等，加以討論。

（一）族群孤島的概念

　　族群孤島的概念，可謂承襲Kenneth Wilson與Alejandro Portes關於古巴人在邁阿密的移民聚落（immigrant enclave）研究（Wilson & Portes, 1980）。許多懷抱美國夢的移民，在美國發展的歷程中，數個世代集居於一地，形成多元的族群孤島，如威斯康辛州（Wisconsin）具有自治體地位的Westby（挪威裔聚落）。[6]

　　族群孤島，係指在特定地理區域（geographical area），某一族群在空間上聚居（spatially clustered），且在社會、經濟上與周邊多數族群不同；通常族群孤島本身爲高族群密度（high ethnic density），周邊區域則爲低族群密集（lower ethnic concentrations）（Lim, Yi, De La Cruz, & Trinh-Shevrin, 2017; Qadeer, Agrawal, & Lovell, 2010）。意即，族群孤島，可描述爲某一族群聚居於某一區域，周邊環繞其他族群，在族群識別、語言使用、宗教信仰、文化軌跡等，與周邊族群相異。例如，臺灣的外省族

群聚居之「眷村」，其語言、文化、飲食，甚至可能政治取向等，[7] 與周邊族群相異，而為「外省族群孤島」。

如進一步將「族群原鄉」（ethnic homeland）納入討論，族群孤島則可指涉一個國家內的少數族群在其主要聚居地區（族群原鄉）以外，存有散村式的族群聚落，散村周邊居住著不同族群。例如，英國格拉斯哥（Glasgow）的蓋爾語（Gaelic）使用者，或加拿大安大略（Ontario）的法語使用者（Franco-phone）。在臺灣，原住民、客家人、外省人為少數族群，就「族群原鄉／族群孤島」以觀，山地鄉為原住民原鄉，都會區原住民族部落（如新北市三鶯部落、桃園市崁津部落等）為原住民族孤島；三大客家帶（客家文化重點發展區）為客家人原鄉，非客家文化重點發展區的客家村或客家里（如新北市三峽區五寮里、宜蘭縣蘇澳鎮南強里與朝陽里）為客家孤島；至於外省族群，則為散村的族群孤島，並無大範圍聚居的原鄉。

此外，國家法律或政策對族群孤島的形成與發展，可能扮演相當的功能：如美國移民及國籍法（Immigration and Natu-ralization Act of 1965，或稱 McCarran-Walter Act）所帶來湧入美國的移民，並集居於特定區域，形成族群孤島。又如臺灣由政府興建分配之眷村，[8] 亦可說是政府政策所形塑的「外省族群孤島」。

（二）族群孤島與周邊族群的互動策略

關於不同族群之間的互動，學界已發展出諸多的理論，諸如，族群接觸理論（ethnic contact theory）、族群競爭理論（ethnic competition theory）、涵化理論等（Allport, 1979; Berry,

1997; Tolsma, Lubbers, & Coenders, 2008）。基於客家孤島與周邊族群的人口數上的差異，本文以涵化理論作為後續討論基礎。

　　基本上，解釋兩種文化長期接觸的互動過程，常運用涵化（acculturation）與同化（assimilation）兩個概念。在人類學研究，同化與涵化雖常交替使用，惟若使用同化概念，旨在解釋少數群體併入大社會的關係；而使用涵化概念，則在說明少數群體的文化特徵，及其對周邊文化因反應所生的變遷（芮逸夫編，1989：122）。Teske 與 Nelson（1974）認為涵化與同化兩者是獨立、不同的過程，涵化是雙向（two-way / both directions），同化為單向（unidirectional）；若族群孤島本身有意與周邊大群體（host group）同化，即為朝向大群體的單向同化。涵化則說明兩個不同族群透過持續性的接觸、交流，並在雙向的直接影響下，互相修正雙方特質並達成某種平衡狀態的調適過程（蔡振州、吳毓瑩，2011）。

　　涵化理論的研究以 John Berry 為代表。Berry 指出，涵化研究關心人們如何涵化（how do people acculturate）、人們的適應能力（how well do people adapt）、涵化與適應能力關係（what is the relationship between how they acculturate and how well they adapt）等三個基本議題（Berry, 2010）。Berry 的涵化理論指出，族群文化群體（ethnocultural groups）成員於處理自身文化與周邊群體的更大社會（larger society）時，在保有傳統文化與認同（maintenance of heritage culture and identity）、與其他群體關係（relationships sought among groups）兩個構面交錯下，出現整合（integration）、同化（assimilation）、分離（separation）、邊緣（marginalization）等四種策略；[9] 至於周邊群體的更大社會則可

採多元文化主義（multiculturalism）、大熔爐（melting-pot）、隔離（segregation）、排除（exclusion）等四種策略（Berry, 2010; Berry, Poortinga, Segall, & Dasen, 1992: 278）。

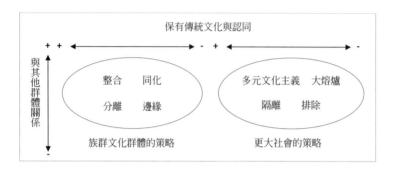

圖1：族群與周邊群體更大社會之跨文化策略
資料來源：Berry（2010: 98）

　　關於Berry涵化理論的兩個構面，進一步說明：（1）「保有傳統文化與認同」構面，重視文化維持（cultural maintenance），關注於文化認同和特徵在多大程度上被認為是重要的，並努力維護它們；（2）「與其他群體關係」構面，重視接觸及參與（contact and participation），關注於他們應該在多大程度上參與其他文化群體，或留在自己的群體（Berry, 1997）。至於對於涵化理論的疑慮，則為「文化維持與文化接觸關係目前仍未臻明確」，或「涵化理論策略屬於變項為中心（variable-centered）的概念，在效度方面可能存有問題」等議題（隋龍、Botelho，2022）。

（三）族群孤島的政策實作

公民與政治權利國際公約（International Covenant on Civil and Political Rights）第27條將少數群體分爲族群、宗教、語言三類，在民族或族群、宗教和語言上屬於少數群體者權利宣言（Declaration on the Rights of Persons Belonging to National or Ethnic, Religious and Linguistic Minorities）則增加民族少數群體（national minorities），將少數群體劃分爲四類。本文謹就加拿大、英國之語言少數群體，探討政府如何維護族群孤島的語言，並檢視臺灣原住民族的政策實作，藉以作爲客家孤島之參照。[10]

1. 加拿大法語孤島

從較大尺度來看，北美洲的主要人口爲英語言使用者（Aanglophone），但在加拿大魁北克（Quebec）、美國路易斯安納州（Louisiana），聚居有許多法語使用者，形成「法語孤島」。魁北克、路易斯安納州，不但居民多使用法語，而且實施「雙元法律體系」（bijuralism）。[11] 加拿大聯邦政府以1982年憲法（Constitution Act 1982）第16條至第22條（定英語及法語爲雙語官方語言，並賦予相關語言權利）及第23條（少數群體語言教育權）爲基礎，推動「雙語語言政策」（bilingualism），定英語、法語爲官方語言。

英語及法語雖皆爲加拿大之官方語言，但全國使用英語爲官方語言比例（75.4%），遠高於使用法語爲官方語言（22.8%）者（Office of the Commissioner of Official Languages [OCOL], 2020）。按法語使用人口最多者爲魁北克，其次爲安大略；魁北克爲推動法語爲該省的官方語言，於1977年制定法語憲章（Charter of the French Language）。法語憲章第1條明定法語爲

魁北克官方語言，確立法語特殊地位，施行有別於聯邦政府之語言政策。為建構法語之語言景觀，法語憲章規定公共標示、標語、商業廣告必須使用法語（第58條第1項），而在法語顯著標示情況下，可並列其他語言（第58條第2項）。[12] 1999年，蒙特利爾（Montreal）的某商店招牌因英文與法文字體大小一樣，法語未有顯著標示而招致裁罰；案經司法救濟，高等法院（Superior Court Of Québec）認為魁北克屬被英語包圍的法語孤島（Quebec's unique geographical situation as an enclave of French speakers on an English-speaking continent）（Edwards, 2004: 73）。

相對於魁北克多數居民為法語使用者，相鄰的安大略則以英語使用者為多數、法語使用者為少數。為保障法語使用者的語言權利，安大略於1986年制定法語服務法（French Language Services Act）。法語服務法定有法語指定（designation）機制，於族群孤島（ethnic enclaves）或雙語區（bilingual district）提供法語服務，以鼓勵法語使用者積極參與省級公共事務，並傳承法語（Boberg, 2010: 4; Mackey, 2010: 68）。法語服務法之法語指定機制，包含「法語指定區」（designated area）[13] 及「法語指定機構」（designated agency）兩個部分：法語指定區明列於法語服務法之附表，法語指定機構則規範於法語服務法第8條至第10條。

關於安大略法語指定機制之實作，可舉一司法判決來說明。蒙特福特醫院（Hôpital Montfort）為安大略東部的教學醫院，位於Ottawa-Carleton region之法語指定區，亦為法語指定機構，以法語提供醫療服務及專業訓練。安大略衛生重組委員會（Ontario Health Services Restructuring Committee）於1997年建議關閉蒙特福特醫院，經過居民抗爭，衛生重組委員會修正決定，改將蒙

特福特醫院轉型爲門診醫療機構，醫院提起司法救濟，案經安大略上訴法院（Court of Appeal for Ontario）於2001年12月7日作出判決（Lalonde v. Ontario [Commission de restructuration des services de santé], No. C33807）指出，蒙特福特醫院爲法語指定區內之法語指定機構，亦是安大略省唯一以法語提供醫療及訓練的醫院，具有增強安大略法語少數群體之語言文化、教育的憲法功能，並駁回關閉醫院的決定（王保鍵，2022b：180-181）。上開司法判決，矯正行政部門的作爲，對於法語孤島之語言保存，具有重要功能。

2. 英國蓋爾語孤島

依英國2011年人口普查資料顯示，蘇格蘭（Scotland）總人口數爲5,295,000人，英語使用者爲93%、蘇格蘭語使用者約佔28%（150萬人），蓋爾語使用者僅爲1%（59,000人）；如就家庭語言使用情況，英語爲93%、蘇格蘭語爲1%、波蘭語（Polish）爲1%、蘇格蘭蓋爾語爲0.5%（National Records of Scotland, 2012a; National Records of Scotland, 2012b）。而在蘇格蘭語、蓋爾語兩種少數群體語言中，蘇格蘭議會（Scottish Parliament）優先選擇蓋爾語，進行立法保障，於2005年制定蓋爾語（蘇格蘭）法（Gaelic Language [Scotland] Act 2005）。[14]

目前蓋爾語使用者比例（蓋爾語使用者佔該地人口比例）較高者，依序爲西島（Eilean Siar）的52%、高地（Highlands）的5%、阿蓋爾－比特（Argyll & Bute）的4%（National Records of Scotland, 2012b），其中西島是英國唯一以蓋爾語命名的地方自治團體。[15]

蓋爾語使用者主要居住在高地及離島（Islands）地區，但隨

著許多蓋爾語使用者遷居都會區，使得格拉斯哥（Glasgow）及愛丁堡（Edinburgh）出現蓋爾語孤島（Dunbar, 2005; Scottish Government, 2017）。[16] 而為推動都會區蓋爾語之復振，格拉斯哥市政府（Glasgow City Council）採取多元政策工具，諸如發布五年期的「蓋爾語計畫」（Gaelic Language Plan 2018-2022）、路標及公共空間雙語標識（bilingual Gaelic and English logo）、蓋爾語政府出版品（council publications）、中小學以蓋爾語為教學語言（Gaelic Medium Education）等（Hilley, 2022; Paterson, 2022）。

3. 臺灣原住民族孤島

依《原住民族工作權保障法》第5條第4項、《原住民族基本法》第2條第3款規定，「原住民族地區」係指原住民傳統居住，具有原住民族歷史淵源及文化特色，經中央原住民族主管機關報請行政院核定之地區。[17] 為落實《原住民族工作權保障法》有關「原住民族地區」條文之規定，原住民族委員會擬具「原住民地區」具體範圍，以2002年1月23日臺原民企字第9101402號函報行政院。原住民族委員會上開函文，以「省法規措施明定，行諸多年」、「原住民族傳統居住，並具原住民族歷史淵源及文化特色」、「反映民意需求，行政可行性高」等三個理由，就55個既存的原住民鄉（鎮、市）規劃為原住民地區之具體範圍，案經行政院2002年4月16日以院臺疆字0910017300號函同意在案。行政院核定之「原住民族地區」，包括24個山地鄉、6個直轄市山地原住民區、25個平地原住民鄉（鎮、市），共55個鄉（鎮、市、區）；上開55個「原住民族地區」可謂為原住民族之「族群原鄉」。

政府推動原住民族事務之政策工具，雖主要實施於原住民族地區，但亦顧及非原住民地區。第一，在原住民族地區，依《原住民族語言發展法》第14條至第16條，及原住民族地方通行語及傳統名稱標示設置原則規定，實施地方通行語。第二，在非原住民族地區，依《原住民族語言發展法》第5條，暨《原住民族語言推廣人員設置辦法》第2條及第5條第2項規定，於原住民人口1,500人以上之非原住民族地區鄉（鎮、市、區）公所，設置專職原住民族語言推廣人員。又依《原住民族基本法》第28條規定，政府對於居住原住民族地區外之原住民，應對其健康、安居、融資、就學、就養、就業、就醫及社會適應等事項給予保障及協助。

此外，都會區的地方政府亦會運用自治法規，建構原住民族的語言、文化復振機制。例如，轄區內無原住民族原鄉（原住民族地區）的臺北市，訂有《臺北市原住民族文化保存發展自治條例》。或如《桃園市原住民族發展及保障自治條例》第23條，關於都市原住民聚落（都市地區原住民於一定區域內，為維持其傳統文化及規範共同生活形成之聚落）之協助。

事實上，由於原住民持續向都會區遷徙，致使都市原住民族人數急速增加，原住民族委員會早已注意到「原住民族孤島」議題。例如，依原住民族委員會2021年5月修正的《都市原住民族發展方案》（2018年至2022年）指出，都市外圍的原住民族聚落，因基礎設施不足或位於行水區域，除牴觸土地及建管等法規外，尚有飲用水、衛生、公共安全問題，如何顧及原住民族傳統文化習俗、教育及語言文化等，而為相應措施，實為一難題（原住民族委員會，2021：7）。國家法律或地方自治團體的自治條

例，對於原住民族的保障，雖不侷限於原住民族孤島，散居都市各地的原住民亦可適用；但相關法律或自治條例所建構的制度性機制，對原住民族孤島之發展，扮演重要的助力。[18]

綜上，運用 Berry 的涵化理論，可以觀察到加拿大法語孤島、英國蓋爾語孤島，面對周邊英語群體的更大社會，採取「整合」的策略，周邊英語群體則採「多元文化主義」的策略，政府的政策作為促使法語孤島、蓋爾語孤島在保有自身傳統文化與認同，與英語群體接觸及參與的關係間取得平衡。相對地，臺灣原住民族孤島（特別是都市邊緣的原住民部落），面對周邊漢人的更大社會，似乎出現「分離」的傾向；而周邊漢人社會受過去漢蕃隔離及同化政策影響，所滋生對原住民族之不公平對待，雖因國家法律介入，獲得某種程度矯正，但迄今仍存有微歧視（microaggression）議題。至於客家孤島面對周邊族群的更大社會，如何保存客家語言（語言是文化的載體與靈魂），[19] 並與周邊更大社會進行互動？本文將以 Berry 的涵化理論為指引，運用文獻分析法，探討濱海客家孤島語言保存、與周邊族群互動等課題。

三、濱海客家孤島之形成與發展

近年來，客家委員會積極打造「海洋客家文化」，認定桃園新屋具有海洋客家文化的特質，桃園永安漁港為客家漁港（客家委員會，2021）[20]，並補助桃園市政府建置「永安海螺文化體驗園區」，將「海客文化藝術季」列入客庄十二大節慶活動，積極形塑桃園新屋的「海洋客家文化」。然而，除永安漁港外，宜蘭

「南澳漁港」亦有許多客家裔漁民，亦屬客家漁港。有別於永安漁港位在桃園、新竹的濱海客家帶（觀音、新屋、新豐），南澳漁港所在的朝陽里，與相鄰的南強里，則為「客家孤島」，其客家文化發展，未受客家委員會重視，其客語傳承，則受周邊族群影響，出現「隱形化」。

（一）客家孤島：關注「非」客家文化重點發展區之「村（里）」

依《地方制度法》第3條所定行政區劃，客家孤島存有「鄉鎮市區」、「村里」兩個層次。客家人為臺灣的少數族群，就縣（市）範圍來看，客家人聚居在某一鄉或相連的兩個鄉，周邊的鄉（鎮）為其他族群，成為「客家孤島」；如雲林縣崙背鄉，或南投縣國姓鄉與水里鄉。惟因上開「客家孤島」（鄉），已由客家委員會公告為「客家文化重點發展區」，政策機制已介入推動客語復振。[21] 意即，為營造客語之使用環境，以「客家文化重點發展區」為基礎，2018年修正《客家基本法》，建構「客語為通行語地區」機制：（1）客家人口達二分之一以上之直轄市、縣（市）、鄉（鎮、市、區）為「客語為主要通行語地區」；依前開規定，客家委員會已公告周邊並無其他「客家文化重點發展區」之「孤島型客家文化重點發展區」為「客語為通行語地區」，如崙背鄉為「客語為通行語之一地區」。（2）客家人口達三分之一以上未達二分之一之鄉（鎮、市、區）為「客語為通行語之一地區」。依前開規定，客家委員會已公告國姓鄉為「客語為主要通行語地區」，崙背鄉與水里鄉為「客語為通行語之一地區」。

當前客家委員會客家政策及客語復振，以「客家文化重點發展區」為主要場域；惟「客家文化重點發展區」係以鄉（鎮、市、區）為範圍，實作上，可能出現特定鄉（鎮、市、區）客家人口比例未達三分之一，屬於「非客家文化重點發展區」，但該鄉（鎮、市、區）內特定「村／里」之客家人高度聚居。此類「『非』客家文化重點發展區」內之客家人聚居的「客家村或里」，周邊為其他族群聚居，客家族群孤立於其他族群人口群聚區域，亦為「客家孤島」。此類「客家孤島」（村／里），未納入客家文化重點發展區，缺乏政策資源，實屬客家政策的缺角。

　　本文所關注的「客家孤島」為：「非」客家文化重點發展區之「村（里）」，約略可分為「單村式」及「複村式」兩種態樣。「單村式客家孤島」為單一村（里）內客家人口群聚，但周邊族群為其他族群者，如南投縣魚池鄉的「五城村」、新北市三峽區的「五寮里」等。「複村式客家孤島」為相連接的數村

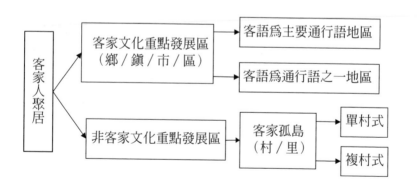

圖2：客家孤島（村或里）
資料來源：本研究自行整理

（里）內客家人口群聚，但周邊族群爲其他族群者，如彰化縣的「源成七界」[22]、宜蘭縣蘇澳鎮「南強里與朝陽里」等。

　　整體而言，「客家孤島」之形成，約略受到「歷史發展」、「地理環境」、「族群人口分布」、「語言使用差異」等因素影響。意即，在移民政策導引，及移民者本身的移民動機交錯下，產生客家人二次移民；而二次移民的客家人，並因連鎖移民（chain migration）理論之群聚效應，在某些「非」客家文化重點發展區之「村（里）」，產生群聚，客家人孤立於周邊的閩南人、原住民，惟尚能保有客語的使用、保存客家文化，形成「客家孤島」。

（二）東部客家人二次移民

　　國際移民組織（International Organization for Migration, IOM）對移民之定義爲：人們基於各種原因離開其住所（usual residence），無論是國內移動或跨越國境，暫時或永久（IOM, 2019: 132）。[23] 而在移民議題研究上，各學門對於移民課題有著不同的關懷視野，而發展出不同面向的移民理論。[24]

　　過往解釋客家人在臺灣內部的「客家二次移民」，特別是日治時期的二次移民，多從經濟角度來解釋，以製作樟腦或製糖之經濟性驅力來說明客家人之遷徙，如丘昌泰（2012）、黃紹恆（2012：9）、潘繼道（2008）等。

　　然而，東部客家人的二次移民，非僅單純之經濟性驅力，尚涉及國家政策之變遷。對於移民議題之研究，政治學者關心「移民政策對於移民現象是否有決定性的影響」、「移民政策如何影響移民流量」、「移民政策是哪些因素交互作用之產物」等議題

（盧倩儀，2006）。移民政策形塑移民模式（immigration policy shapes immigration patterns），並對一國的人口、文化、經濟、政治產生重大影響（Meyers, 2000）。[25]

清朝治理臺灣，原將臺灣東部視為化外之地（番地），以「土牛溝」[26]劃分漢人、原住民族間界線，實施「封山禁墾」政策；嗣後，因牡丹社事件[27]及其後的外力侵擾，[28]促使清朝改採「開山撫番」政策，力圖將後山的「化外番地」盡收版圖，以宣示大清帝國的領土主權，並斷絕外國的覬覦（洪健榮，2011）。意即，牡丹社事件促使清朝廢除近兩百年「封山禁墾」政策，改採「開山撫番」政策，進行交通建設，開闢「北路」，清朝政府力量進入大南澳，並引領漢人墾殖大南澳。[29]到了日治時期，客家人進一步的大量移民臺灣東部，一方面受到日本臺灣總督府實施移民政策影響，[30]另一方面則因開採樟腦之經濟性誘因。[31]

又客家人移居至東部，於特定地區出現群聚性之現象，可運用「連鎖移民」理論來解釋。「連鎖移民」理論，重視移民者與既有移民的社會關係（social relationships with previous migrants）所獲得資訊及支持（Eurenius, 2020），形成「既有移民帶來新移民」的族群聚居效果。依「連鎖移民」理論，第一批客家人來到大南澳從事製腦，獲得經濟收益，資訊傳回客家原鄉，促使更多客家原鄉客家人移居至大南澳，形成客家孤島。當客家人在客家孤島之人數日增，經濟力量穩固，便會為客家原鄉所帶來的宗教信仰，集資購地，建立宮廟；而此宮廟不但是客家孤島的宗教信仰中心，而且是客家孤島的社會網絡重要節點，如朝陽里的「天后宮」。[32]

（三）海洋客家文化

客家人因開採樟腦而移居大南澳，在製腦產業沒落後，如何因應生活條件的改變，在當地發展出「海洋客家文化」？

1. 客家人營生方式之轉變：客家漁民

客家與「山」有著密切關聯，「近山客家」成為客家人的重要外顯印象。羅肇錦（2008：21-22）指出，閩西、粵東、贛南，以前的住民稱「活畐」「山哈」，意即「住在山上的人」，後來從這一帶往外遷徙的客家人，也都住在山區為多，如漳州客家人住南靖、平和、詔安、雲霄是山區，臺灣客家人住桃竹苗丘陵地，而發展出「逢山必有客，逢客必住山」之語諺。因客家人多居住於山區，致使客家宗教信仰是山中衍生出來的信仰、客家婦女勞動勤儉是山中謀生磨練出來、客家山歌或故事都是山中出來（羅肇錦，2019）。

近山的客家人，因其製作樟腦技能，日治時期從新竹移居至大南澳，從事製腦產業。但隨著樟腦原料短缺、石化工業興起，製腦產業沒落，居住於朝陽里的客家人因應生活條件的變化，尋求謀生之道，轉型為客家漁民，成為臺灣少數以討海為生的客家人（邱彥貴等人，2006：343）。例如，本身為漁民的朝陽里里長李順義，於接受客家電視臺訪問時表示：我是第三代，我爸爸也是抓魚的，我的阿公是開墾史的時候來的，他來大南澳做樟腦油（陳沿佐、徐榮駿，2019）。[33]

關於客家人如何開始捕魚，可能係以閩南裔漁民為師，學習捕魚技術，如邱彥貴等人（2006：343）；或為了生計而不得不轉型，如葉碧珠等人（2005）。[34] 就客家人從閩南人學習捕魚技術而言，進一步思考：在資源貧乏的東部，為何未發生閩客衝

突？擁有捕魚技術的閩南人，爲何願將捕魚技能分享給客家人？可能的解釋有二種：第一，從原漢關係來解釋：在大南澳開發過程中，漢人（客家人及閩南人）進入原住民地域，因「原住民／漢人」[35] 的文化差異最大，且清領、日治時期的大南澳，原住民人數及力量較大，或許促使同爲漢人的客家人、閩南人能共同合作，共同抵禦原住民。第二，從漁業資源及海岸區位來解釋：大南澳的濱海區有豐富的漁產，以往當地漁船係藉助粉鳥林漁港靠岸，或藉助朝陽海岸以舢舨搶灘登陸（文化部，2022），可能因漁業資源豐富而降低了閩客間的競爭衝突性，加上朝陽海岸爲客家人聚居，漁獲上岸後必須經過客家人聚落。

事實上，清朝及日治時期，許多客家人因製作樟腦而移居，在製腦產業沒落後，善用當地生活條件，發展出新的族群產業，並繼續居住於該地，持續維持「客家孤島」者，除本文所探討「濱海客家孤島」外，尚存有「近山客家孤島」之例，如新北市三峽區「五寮里」[36]、南投縣魚池鄉「五城村」[37]。

2. 海洋客家文化之觀察

按海洋文化的產生與發展乃在於「人」與「海」之關聯與互動所構成的，是指人類的涉海活動，及其在海洋活動中所創造出的物質財富與精神財富的總和（邱文彥，2019：14）；海洋文化涉及海洋精神、海洋生活、宗教信仰、文學藝術、典章制度等面向（邱文彥，2019：16-20）。在法律規範上，依《海洋基本法》第10條立法說明指出，海洋文化是依海爲生之國民，與海洋互動過程中所發展出之意識型態、社會組織及生活方式。[38] 復依《海洋基本法》第15條第1項規定，政府應於本法施行後一年內發布國家海洋政策白皮書；依上開規定，行政院2020年6月4

日第3705次會議通過海洋委員會陳報「國家海洋政策白皮書」。依「國家海洋政策白皮書」指出，海洋文化包含與海洋有關的人口移動、族群社會、宗教信仰、文教表現、經濟活動及傳統工藝表現等面向（海洋委員會，2020：70）。[39]

一般對客家族群的印象，多聚居在山陵地；然而，濱海的客家人因應環境而產生相應的生活方式，發展出「依海營生」的海洋客家文化。周錦宏對「濱海客家」的界說為：「為適應自然環境以農漁方式營生所孕育出客家聚落獨特的漁業文化」（行政院客家委員會，2011：10）。大南澳的海洋客家的概念，可從「經濟活動」、「宗教信仰」、「傳統習俗」等，加以觀察。

第一，就「經濟活動」而言，在清朝的開山撫番政策，及日本臺灣總督府的移民政策引導下，新竹的客家人為從事製腦工作，遷徙至宜蘭大南澳，隨著樟腦產業式微，部分客家人從事務農、部分客家從事捕魚，形成「半漁半農」（依海營生）的濱海客家經濟活動與生活方式。在農業，發展出有機稻米、南瓜、辣椒等作物；在漁業，則有出海捕魚及水產養殖場。例如，蘇澳地區農會南澳辦事處（農產品銷售中心）、樸豔辣椒美食文創館、南澳漁港搶魚、南澳白蝦生態養殖場等，觀光客常到訪之地，彰顯出濱海客家依海營生的經濟活動。

第二，就「宗教信仰」來看，三山國王、義民爺普遍被認為是客家人的主要宗教信仰；惟媽祖亦為客家人重要信仰，如中壢區仁海宮、苗栗市天后宮、頭份市永貞宮、銅鑼鄉天后宮等。朝陽里的宗教信仰中心為「天后宮」，該廟最先供奉者（天上聖母令旗）徐阿紅，及推動建廟的戴雪輝、古清、葉清等，皆為客家人，彰顯客家人以宗教信仰（建廟）祈求上天庇佑，並以自身努

力而在此落地生根的奮鬥歷程（邱彥貴等人，2006：345-346）。[40]

第三，就「傳統習俗」來看，農曆1月16日（元宵節過後）掃墓（掛紙）、農曆1月20日「天穿日」等傳統習俗，為客家族群所特有。大南澳地區的客家人，有些尚保有上開傳統習俗，如葉碧珠等人（2005）對周順妹的深度訪談資料。

簡言之，從臺灣北部客家帶移居至大南澳的客家人，在樟腦產業式微後，在「依山濱海」地理環境及周邊其他族群環繞下，發展出「半漁半農」（依海營生）的生活方式，並還能保有客家人的宗教信仰、傳統習俗，使得此地成為獨具特色的「濱海客家孤島」。

四、濱海客家孤島語言傳承與周邊族群

Berry涵化理論的兩個構面為「保有傳統文化與認同」、「與其他群體關係」（參見圖1），本文以客家孤島客語傳承、客家人與周邊族群互動之探討，反饋涵化理論的兩個構面。

（一）客家孤島之語言傳承

依聯合國教科文組織（United Nations Educational, Scientific and Cultural Organization, UNESCO）「語言活力與瀕危語言」（Language Vitality and Endangerment）建構九項的語言活力評估要素（major evaluative factors of language vitality），第一項為代際語言傳承（intergenerational language transmission），第二項為使用語言的人數（absolute number of speakers）（UNESCO, 2003:

7-9）。行政院以上開「代際語言傳承」為論證基礎，認為「目前多種國家語言發生嚴重的世代斷層，面臨傳承危機，年輕一代的國人已逐漸不能完整或流利使用其族群或所屬群體慣用的語言」，於2022年5月12日第3802次會議通過「推動國家語言整體發展方案」，預計五年投入逾新臺幣300億元，推動國家語言傳承、復振及發展（行政院，2022；賴于榛，2022）。

至於客家孤島，除客語的「代際語言傳承」危機外，尚有「使用語言的人數」議題。按聯合國教科文組織《語言活力與瀕危語言》關於「使用語言的絕對人口」要素指出：使用人數少的語言社群，容易被周遭族群所吞沒，失去其語言及文化（UNESCO, 2003: 8-9）。意即，非客家文化重點發展區之濱海客家孤島，因受周遭族群語言（閩南語或原住民族語）影響，年輕一代客家人之客語使用，出現「隱形化」現象，客語代際傳承及使用頻率、場域之危機，更形嚴峻。[41]

基於客家原鄉之人口數量較多、族群區域範圍較廣、族群密度較高，[42] 客家委員會的語言政策自然關注於客家原鄉：公告「客家文化重點發展區」，並於客家文化重點發展區實施「客語為通行語」，訂定客語為通行語實施辦法積極實現客語為學習語言、接近使用公共服務、傳播資源等語言權利。[43] 客家原鄉的客語環境本來就較佳，並獲得政府政策資源挹注；惟客語活力危機嚴峻的濱海客家孤島，以往一直為客家政策所忽略。迄客家委員會於2021年7月26日預告《客家語言發展法》（草案），開始注意到客家孤島議題，建構「客語為通行語第三類地區」（村／里）機制。意即，《客家基本法》第4條以「客家文化重點發展區」（鄉、鎮、市、區）為「客語為通行語地區」，忽略「非客

家文化重點發展區」之「客家孤島」（村、里）；惟《客家語言發展法》（草案）第4條第1項第3款所創設客語爲通行語之「第三類地區」，實可作爲「濱海客家孤島」之客語復振、傳承的重要工具。[44]

事實上，誠如客家委員會「110年度全國客家人口暨語言基礎資料調查研究」結果顯示，「非」客家文化重點發展區之客語傳承危機，極爲嚴峻。然而，「非」客家文化重點發展區之客家人，明顯散居，高度「隱形化」，「客家人在哪裡」實爲政府於「非客家文化重點發展區」推動客家政策之困境。故從「非客家文化重點發展區」之客家人聚居的「客家孤島」爲中心，推動客語傳承與復振之措施，實爲一個重要切入點。

又大南澳濱海客家孤島之客家發展，民間力量扮演了相當的驅力，例如，宜蘭縣蘇澳鎮朝陽社區發展協會（客家社團）[45] 與茶籽堂（民間企業）共同合作，推動「苦茶油復興計畫」之地方創生，以契作苦茶樹方式，促使荒廢農地再耕作。就此而言，若欲深化濱海客家孤島之客家語言文化之保存，除政府政策介入外，更應激發客家社會活力，厚植民間力量，透過營造有利於公私協力（public-private partnership）的支持環境，並建構有利於客家社區發展的公共治理支持體系，以實現Berry涵化理論之「保有傳統文化與認同」構面。事實上，《客家語言發展法》（草案）已納入公私協力機制，運用經費補助、輔導民間成立客語夥伴團及客語角落等方式，以促進客語傳承。[46]

（二）客家人與周邊族群互動

大南澳行政區劃，分屬蘇澳鎮、南澳鄉，可謂是沿用日治時

期漢蕃隔離政策所形成區域空間（文化部，2022），臺九線西側（南澳鄉）為泰雅族，臺九線東側（蘇澳鎮）為漢人。

大南澳「濱海客家孤島」，指涉蘇澳鎮的南強里與朝陽里，周邊族群為原住民（南澳鄉）、閩南人（蘇澳鎮東澳里）。在地理空間上，濱海客家孤島（南強里與朝陽里）東望太平洋、北鄰東澳里、西接南澳鄉、南臨南澳鄉，因地理上區隔，遠離蘇澳市區。[47] 南強里以觀光商業及農業為主，與外界的交流較頻繁（鐵路局南澳車站位於南強里）；朝陽里以漁業及農業為主，主要聚落緊鄰海岸，呈現自我隔離印象（陳國璋、李玉芬、韋煙灶，1996）。關於客家人與周邊族群互動，可從客家人與原住民族、客家人與閩南族群兩個面向，加以觀察。

第一，就客家人與原住民族關係而言，南澳鄉為山地鄉，以「實質平等」（substantive equality）理論所發展出「優惠性差別待遇」（affirmative action / positive action）之積極性平權概念，國家制度對於原住民有較優惠的保障措施，而「山地原住民行政區」（山地鄉）的制度性保障措施更優於「平地原住民行政區」。在大南澳濱海客家孤島，周邊的原住民的優惠性措施，似外溢至客家聚落，而產生族群互動的政策爭議。例如，蘇澳鎮蓬萊國小的入學議題：蓬萊國小位在蘇澳鎮客家人聚居地，因鄰近山地鄉（南澳鄉），許多原住民學生進入蓬萊國小及其附幼就讀；[48] 又原住民學生持續增加，依《原住民族教育法》第4條第1項第5款及第34條第4項規定，蘇澳鎮蓬萊國小已被列為「原住民重點學校」，並由原住民出任校長。

第二，就客家人與閩南族群關係以觀，客家人聚居在朝陽里、南強里，蘇澳鎮以閩南人居多，南澳鄉以原住民為主，朝陽

里及南強里成為「客家孤島」。南強里與朝陽里的客家人，呈現「使用客閩雙語客家人」、「使用閩南語的客家人」的差異。按臺灣西部沿海的客家文化重點發展區，多數居民為閩南人，客家人與閩南人接觸、通婚，常產生「客家閩南化」之「福佬客」（或稱客底／hagdai）現象，客家語言被周遭更大社會的閩南語所同化；例如苗栗縣的後龍鎮、通宵鎮、苑裡鎮等。[49] 然而，在大南澳「濱海客家孤島」，客語流失雖為整體趨勢，但仍有相當多的年長客家人能使用客語，特別是朝陽里的「海岸社區」。或許是因「海岸社區」之地理位置較為邊陲，[50] 與周邊族群的較大社會之互動較少，反而使得客語保存情況略佳。

綜上，以 Berry 涵化理論為指引，就客語保存，大南澳濱海客家孤島似呈現由「整合」向「同化」發展趨勢，若無國家政策介入，客語恐將更加嚴重地流失。從語言地理學（linguistic geography）角度，從臺九線走向西部海岸的地理區位，在商業活動及外界交流上，展現「由強而弱」的趨勢；但在客語保存上，卻出現「由弱而強」的傾向，陳國璋等人（1996）對閩南語研究也呈現類似的趨勢。[51] 為保存客家語言，參照加拿大法語孤島、英國蓋爾語孤島之政策實作經驗，實應儘速通過《客家語言發展法》（草案），於濱海客家孤島實施客語為通行語「第三類地區」。

五、結論

客家委員會依《客家基本法》指定70個「客家文化重點發展區」（鄉、鎮、市、區），成為推動客家政策的主要場域，並以

「客家文化重點發展區」作爲「客語爲通行語地區」（包含客語爲主要通行語地區、客語爲通行語之一地區兩類）。然而，「非客家文化重點發展區」內存有客家人高度聚居之「村／里」，周邊環繞閩南人或原住民等，客家族群孤立於其他族群人口群聚區域，成爲「客家孤島」。

「客家孤島」約略可分爲「單村式」及「複村式」兩種態樣，大南澳（南強里及朝陽里）爲「複村式客家孤島」。「客家孤島」不但是客家研究的罅隙，而且是客家政策待補強區塊；除客家語言文化外，尚涉及其他課題，如客家孤島成員之政治參與（王保鍵，2023）。本文以文獻分析法，運用Berry涵化理論，檢視加拿大法語孤島、英國蓋爾語孤島、臺灣原住民孤島之政策實作，探討宜蘭大南澳「濱海客家孤島」的形成與發展，獲致的研究發現爲：（1）客家人移居大南澳後，因族群產業之變化，發展出「半漁半農」（依海營生）的海洋客家文化，使得大南澳成爲濱海客家孤島。（2）大南澳濱海客家孤島之客語保存，受到周邊族群的較大社會影響，呈現嚴峻的代際傳承危機，若無國家政策介入，客語恐將嚴重流失。

按本專書以「臺九線與花東縱谷的客家族群與原住民」爲主題，在大南澳地區，臺九線成爲南澳鄉與蘇澳鎮界線，承載過往漢番界線的歷史遺緒。在大南澳地區的客家人、原住民，受到威權時期「國語（華語）運動」、跨族裔通婚（閩客通婚／閩原通婚）頻繁、對外商業交易需要等因素交錯影響下，致使華語、閩南語成爲大南澳的臺九線兩側商業區優先使用的語言；甚至到南澳鄉公所洽公，除華語外，亦可使用閩南語。在宜蘭縣，同屬少數族群的客家人、原住民的母語日益流失，彰顯少數族群面對周

邊更大社會，於保存自身語言及文化，面臨嚴峻的挑戰。

　　借鏡美國夏威夷州，在夏威夷公、私部門，原住民（Native Hawaiians）所使用夏威夷語「Aloha」已然成爲該州的代表；一般民眾（非夏威夷人）書信往來，亦多會使用「Aloha」及「Mahalo」等夏威夷語，呈現少數族群語言昇華爲全州人民共享的文化象徵。臺灣的族群事務專責機關（客家委員會／原住民族委員會）於進行政策規劃時，多以各該族群成員爲標的團體（target group），積極在族群內推動語言文化傳承；然而，如何促使客家文化、原住民族文化，成爲全民共享的文化，似非當前的政策主流。就此而言，本文期待客家委員會、原住民族委員會應以更宏觀視野，從提升族群語言文化光榮感、全民共享性，進行政策規劃；例如將全國客家日、原住民族日，打造爲「全國人」的客家日、原住民族日。

　　此外，就「國家制度安排下的族群孤島與周邊族群互動」視野，族群行政區（原住民族地區／客家文化重點發展區）內的「族群孤島」，實爲當前族群政策的缺角。呼應本書結語〈期盼的下一步〉對族群關係研究的期許，本文建議「族群行政區內的族群孤島」相關課題，應可被研究與討論；諸如「山地鄉內的客家孤島」（如新竹縣尖石鄉嘉樂村）、「客家文化重點發展區內的原住民族孤島」（如新竹市香山區那魯灣部落）、「客家文化重點發展區內的閩南孤島」（如桃園市新屋區蚵殼港庄）等，此類族群孤島成員的語言文化傳承、經濟生活、政治參與，及與周邊族群的互動，有待更多的實證研究及產出。

註釋

1　行政院農業委員會以2016年12月27日農輔字第1050023546號公告劃
　　定「宜蘭縣大南澳休閒農業區」，其範圍含蘇澳鎮朝陽段、南強段、
　　南溪段、腦寮段、新澳段及南澳鄉碧侯段、南澳一段、南澳二段、武
　　塔段等地號（即蘇澳鎮南強、朝陽里，及南澳鄉南澳、碧候村），總
　　面積為453.64公頃。

2　按地方人士說法，早期有許多野鴿在「粉鳥林漁港」棲息，閩南語稱
　　「鴿子」為「粉鳥」，因而得名。依行政院農業委員會2020年5月12
　　日農授漁字第1091314889A號公告「漁港類別及名稱一覽表」，南方澳
　　漁港為「第一類漁港」，粉鳥林漁港與南澳漁港為「第二類漁港」。
　　而桃園市永安漁港為「第二類漁港」。依漁港法第5條及第6條規定，
　　第二類漁港之漁港區域，漁港之規劃、建設，由直轄市、縣（市）主
　　管機關訂定漁港計畫公告施行。宜蘭縣政府依上開規定，於2019年6
　　月14日府農漁字第1080005030B號公告「南澳漁港區域及漁港計畫
　　（變更）」；上開計畫指出，南澳漁港使用者多為當地從事定置網漁
　　業之船隻停泊，漁港屬性為「鄉里漁港」（宜蘭縣政府，2019：4）。

3　現今蘇澳鎮，則可劃分為「新馬」、「蘇澳市區」、「南方澳」、
　　「東南澳」等四個次分區，其中東南澳區包含東澳、南強、朝陽等三
　　個里（宜蘭縣蘇澳鎮公所，2019：5）。東澳、南強、朝陽等三個里
　　（由北而南），亦為蘇澳鎮民代表選舉的第1選區。又蘇澳鎮民代表選
　　舉，劃分為四個選區，第1選區為東南澳次分區、第2選區為南方澳次
　　分區、第3選區為蘇澳市區次分區、第4選區為新馬次分區。

4　除大南澳地區，蘇澳鎮東澳里與南澳鄉東岳村的「大東澳地區」，亦
　　以臺九線為兩鄉（鎮）界線。

5　族群孤島之英文使用，概有使用ethnic enclaves者，如Zucchi（2007）；
　　或使用ethnic islands者，如Takaki（1994）；或使用ethnic ghetto者，如
　　Ward（1982）等。惟ethnic ghetto常與破舊地區（rundown areas）或收
　　入較低的非裔美國人（low-income African Americans）相連，而帶有負面
　　意涵（Barford, 2016）。

6　Westby為挪威人（Nowegian）聚落，約莫在1896年形成村莊，到了
　　1920年發展為城市（City of Westby, 2016）。Westby訂有自治規章
　　（City Ordinances），依Westby自治規章第2-1-1條規定，Westby以市長

／議會制（Mayor-Council form of government）運作。

7 二次大戰結束後，隨著國民政府來臺的大批軍民，政府為安置軍人及其眷屬，在全臺各地設置「眷村」。以「眷村」方式存在的「外省族群孤島」，其政治文化、投票行為，具有相當程度的一致性，而有「鐵票」之稱；在部分選區，眷村鐵票出現與周邊群體明顯相異的選票分布成為「政治孤島」。

8 為加速更新國軍老舊眷村，保存眷村文化，1996年制定《國軍老舊眷村改建條例》，並於1997年訂定《國軍老舊眷村改建基金收支保管及運用辦法》。依《國軍老舊眷村改建條例》第3條第1項規定，國軍老舊眷村，係指於1980年12月31日以前興建完成之軍眷住宅。眷村除國軍軍眷外，尚有警察眷屬住宅，如臺南市南區警察新村。

9 整合，指個人在原生文化與更大社會的文化間取得衡平（harmonious relationship）；同化，指個人不再保有原生文化認同，而接受並認同更大社會的文化（host culture）；分離，指個人保有原生文化，並避免參與更大社會的文化；邊緣，指個人不再保有原生文化，並拒絕參與更大社會的文化（Jackson, 2020）。

10 宗教少數群體成員聚居所形成的族群孤島，阿米希人（Amish）或許是一個例子。北美洲的阿米希人約略有330,270人，主要在俄亥俄州（Ohio）、賓夕法尼亞州（Pennsylvania）、印第安納州（Indiana）；約莫半數的阿米希人聚落（Amish settlements）僅有一個教會區（only a single church district）（Young Center for Anabaptist and Pietist Studies, 2018）。

11 雙元法律體系，指由普通法（English common law）及大陸法（French civil law）共同構成之法律體系。路易斯安納州曾為法國殖民地，實施大陸法，美國購得路易斯安納州，因《聯邦憲法》第10條修正案（tenth amendment），各州保留其立法權，路易斯安納州保留大陸法，與聯邦政府的英美法共存（Department of Justice Canada, 2018）。在加拿大，魁北克採大陸法系，其他9個省及3個特區採普通法系；聯邦法律同時尊重兩種法系（Department of Justice Canada, 2017）。

12 依《法語憲章》顯著標示適用辦法（Regulation Defining the Scope of the Expression "Markedly Predominant" for the Purposes of the Charter of the French Language）第2條規定，法語與其他語言在同一標誌內，法語字體須為其他語言之兩倍大。

13 「法語指定區」，係指特定區域之法語人口達該區域總人口百分之十，或特定城市之法語使用人口達5,000人者；安大略現有26個法語指定區，80%的法語人口住在法語指定區內（Cartwright, 1998: 283; Ontario Ministry of Francophone Affairs, 2022）。

14 蘇格蘭蓋爾語在蘇格蘭已被使用超過1500年，原爲蘇格蘭地區優勢語言，但在馬爾科姆三世（Malcolm III Ceannmòr, 1054-1096）統治下，蘇格蘭蓋爾語逐漸在宮廷失去優勢地位，到大衛一世（David I, 1124-1153），蘇格蘭語已漸成爲低地區（Scottish Lowlands）之優勢語言；至中世紀晚期，蘇格蘭蓋爾語已退守至高地區（Highlands）及赫布里底（Hebrides）（British Broadcasting Corporation [BBC], 2014）。蘇格蘭國會（Scots Parliament）在1494年至1698年間，通過許多法案來推廣英語，並限制蘇格蘭蓋爾語的使用，如艾奧納法（Statutes of Iona 1969/1616）等（BBC, 2014; Vacca, 2013）。至1707年英格蘭國會、蘇格蘭國會分別通過與蘇格蘭合併法（Union with Scotland Act 1706）、與英格蘭合併法（Union with England Act 1707），兩者合併，政府部門使用之語言，由英語取代蘇格蘭語（王保鍵，2022b：207）。

15 蓋爾語使用者聚居比例最高的西島，係由許多島嶼所組成的離島，Comhairle nan Eilean Siar爲蓋爾語，英語爲Western Isles（或Outer Hebrides），是Na h-Eileanan an Iar地區之地方政府（BBC, 2012）。

16 在格拉斯哥之蓋爾語孤島，可從蓋爾語爲教學語言學校之設置地來觀察；依「2023年至2028年蓋爾語計畫草案」（Draft Gaelic Language Plan 2023-2028）指出，在蘇格蘭地區，接受蓋爾語爲教學語言之人數，格拉斯哥爲第三多（最多爲高地，次多爲西島），目前已在Anderston、Pollok、Knightswood等地公立學校，提供蓋爾語爲教學語言教育，預計2024年於Calton再開設一所提供蓋爾語爲教學語言之學校（Glasgow City Council, 2022: 10）。

17 行政院2000年11月1日第2707次會議通過《原住民族工作權保障法》（草案）立法說明指出，本法所稱原住民地區，係參照《原住民族發展法》（草案）第3條，而行政院2000年10月25日第2706次會議通過《原住民族發展法》（草案）立法說明指出：「過去劃編山地鄉及指定平地原住民鄉（鎮、市），其主要考量在於原住民族居住區域，本條爰配合《憲法增修條文》保障多元文化精神，增列與原住民族歷史淵源及文化特色作爲定義原住民族地區之條件，至於具體地區，則由中央主管機關報請行政院核定，以昭愼重」。

18 國家法律對於原住民之地位認可，並建構政策工具，是推動「原住民

族孤島」發展的重要基石。愛努人（Ainu）主要居住在北海道（Hokkaido），日本政府爲深化愛努人文化之保存，於2019年制定《愛奴政策推動法》（Act on Promoting Measures to Realize a Society in Which the Pride of the Ainu People Is Respected），以取代舊法（Act on the Promotion of Ainu Culture and Dissemination and Enlightenment of Knowledge About Ainu Tradition, etc），並承認愛努人爲原住民族（Library of Congress, 2019）。

19 臺灣推動族群母語政策，常以「母語斷、文化滅」或「語言是文化的載體與靈魂」爲論述（行政院，2021），「客家語言發展法草案總說明」並指出，客語是振興客家文化的關鍵，亦是客家族群發展的重要命脈。事實上，19世紀，英國在威爾斯爲推廣英語，禁止學生使用威爾斯語，實施在學生身上掛「禁說威爾斯語」（Welsh Not/Welsh Stick）牌子；臺灣的客語（包含閩南語及原住民族語）也曾受到「國語（華語）運動」影響，有著類似的經驗，對客語傳承造成衝擊。

20 客家委員會在其官網指出「永安漁港是全臺唯一的客家漁港客家委員會」（客家委員會，2021）。然而，除永安漁港外，本文所探討的南澳漁港，亦屬客家漁港。

21 依《客家基本法》第4條第1項規定，客家人口達三分之一以上之鄉（鎮、市、區），應以客語爲通行語之一，並由客家委員會將其列爲客家文化重點發展區，加強客家語言、文化、文化產業之傳承及發揚。客家委員會依《客家文化重點發展區鄉（鎮、市、區）公告作業要點》規定，已進行三次的客家文化重點發展區之公告：第一次爲2010年4月26日、第二次爲2011年2月25日、第三次爲2017年2月24日；目前計有70個客家文化重點發展區（鄉、鎮、市、區）。

22 日治時期，政府獎勵民間開墾農地，日人愛久澤直哉於1902年設立「三五公司」，並由臺灣總督府協助收購深耕堡及二林下堡廣共七個地段（七界）的二千多公頃農地，成立「源成農場」，而桃竹苗客家人到「源成農場」工作，並落地生根（張聰秋，2015）。源成七界（丈八斗段、漏瑤段、後厝段、犁頭厝段、五庄段、面前厝段、大湖厝段）爲今日的二林鎮的西斗里、原斗里、復豐里、東華里、後厝里、東興里、興華里，及竹塘鄉的五庄村、小西村、民靖村，暨埤頭鄉的大湖村等11個村（里）（徐富美，2020）。事實上，源成農場最初開墾時，以日本內地人移住爲主，但因開墾成績不佳，日人紛紛離開，遂改招募北部新竹州桃、竹、苗一帶客家人移住；因招墾條件不錯，且此地土質、外在環境優於客家人原居住地，致使臺籍佃農不斷

增加，成為源成農場勞動主力（何鳳嬌，2021）。

23 歐洲理事會（Council of Europe）指出，移民的方式，可依據多種因素加以區分，諸如動機、法律規範、停留時間等；一般來說，可分為暫時勞工移民（temporary labor migrants）、高技術及商業移民（highly skilled and business migrants）、非法移民（irregular/undocumented/unauthorized migrants）、被迫移民（forced migrants）、家庭移民（family members）、回流移民（return migrants）等類型（Council of Europe, 2022）。

24 經濟學門，略有推拉理論（push-pull theory）、新古典經濟平衡理論（neo-classical economic equilibrium theory）、移民新經濟理論（new economics of migration）、雙重勞動市場理論（dual-labor market theory）或勞動市場分割理論（segmented labor market theory）、不平等與革命理論（two inequalities combined with three revolutions）；社會學門，概有移民網絡理論（migration network theory）、跨國移民理論（transnational migration theory）；政治學門，則為全球化理論（globalization theory）、世界體系理論（word-system theory）、新現實主義（neorealism）、新自由主義（neoliberalism）等（張維容，2021；詹中原，2016；Martin, 2013）。

25 移民政策之制定，主要受到社會經濟利益（socioeconomic interests）、外交政策及利益（foreign policy and diplomatic interests）、國家機構潛在利益衝突（state institutions' potentially conflicting interests）、國際規範對國家決策影響（impact of international norms on national policy-making）等四個因素所影響（Natter, 2018）。

26 1721年，朱一貴事件爆發，次年，閩浙總督覺羅滿保遂施行封山劃界政策，並自南而北立石54處，以確立番界；自雍正初年至乾隆年間，清朝多次劃定「生番界址」，有時並立石開溝，形成所謂的「土牛溝」；1745年，福建布政使高山更提出「使生番在內、漢民在外，熟番間隔於其中」的族群統治政策（林玉茹、畏冬，2012）。

27 1874年牡丹社事件為清朝治理臺灣政策重要轉折點，以牡丹社事件為分界點，清朝治臺劃分為兩階段，第一階段（前期）採取消極保守態度，係「為防臺而治臺，非為理臺而治臺」，以「渡臺禁令」為代表；第二階段（後期）受牡丹社事件衝擊，治臺思維由內部治安轉向國防安全，建構臺灣整體海防（林玉茹、李毓中，2004：76-79）。

28 如1868年，發生英人荷恩（James Horn）、德人美利士（James Mili-

sch）之大南澳拓墾事件，清朝政府力量逐漸進入大南澳（廖英杰，2013）。

29 「開山撫番」政策是晚清臺灣官員推動的自強運動之重要一環；船政大臣沈葆楨來臺督辦海防，鑒於牡丹社事件係因生番未曾歸化所引起，乃推動開山撫番政策，希望將番地納入官方版圖，避免日本與他國再次藉口番地無主而滋生爭端；對沈葆楨來說，想要開闢山區必須先招撫生番，而要招撫生番必須先暢通山區道路（林文凱，2014）。基於宜蘭到花蓮間受原住民阻隔，無陸路相通，必須走海路，1874年，清朝先後指派臺灣兵備道夏獻綸、福建陸路提督羅大春主責，開闢「北路」（施添福，1999），現今在南強里震安宮旁仍可見「羅大春開路紀念碑」。

30 1916年，日本為強化山地的警備及改善蘇澳、花蓮間交通，興建蘇花臨海道路；1923年，羅東郡役所辦理移民事務，徵選家世清白人民，每人繳交移民組合券，每一口20圓，作為開墾的公費，並依不同原住地編成宜蘭、羅東、蘇澳、南方澳、海岸、淡水、新竹等組，每組約10戶左右；這些移民在大南澳地區從事伐木、製樟腦、捕魚、農作（稻、蔗）等（彭瑞金，2013：66）。

31 為發展製腦產業，1903年，日人小松楠彌、波江野吉太郎、平井雄介合資，於大南澳成立「臺灣製腦合名會社」，進行私人之樟腦提煉、製造事業，並積極向官方申請設置隘勇線；「大南澳隘勇線」於1908年間完成，為該會社之製腦事業，提供安全之保護（彭瑞金，2013：14）。負責開採樟腦的人稱為「腦丁」，這是個難度極高的技術工作，要能分辨本樟、芳樟、油樟、陰陽樟等7種樟樹的味道，才能取得製腦執照（腦丁牌）；因為客家人居於近山地區，開採樟腦有地利之便，加上腦丁收入較高，早期社會封閉，親朋好友會互通消息，介紹同鄉一起工作（陳怡如，2021：27-28）。除了製腦產業外，日本政府亦積極發展農業；1930年，在大南澳成立「大南澳拓殖製糖公司」，1934年間更組為「大南澳拓殖株式會社」，經營砂糖製造、土地開墾、蔗農貸款等多種事業，與大南澳地區移民生活緊密相關（彭瑞金，2013：19）。

32 1924年，臺灣總督府推動大南澳移民計畫，將整個未開發的大南澳區域劃分為七組四大區域（其中一組為新竹組），當時移民集居之聚落，便在今日朝陽里天后宮附近（彭瑞金，2013：251）。

33 李順義目前身兼里長及天后宮主任委員，曾任朝陽社區發展協會第一屆理事長（現為執行長）、蘇澳區漁會理事等職；李順義的阿公李宗

是新竹關西的客家人、阿婆吳灶妹是蘇澳人（葉碧珠等人，2005）。

34 葉碧珠等人（2005）對黎萬隨的深度訪談中述及：黎萬隨的祖父為新竹關西人，到大南澳焗腦，從腦丁變成腦長；其父親於1926年出生，原本是靠焗腦維生，腦業蕭條後，為了生計才套著泳圈下海捕抓魚苗，轉型為漁民，靠海為生。

35 王甫昌（2002）指出，就「本省人／外省人」、「原住民／漢人」、「閩南人／客家人」之「文化差異」，所有背景民眾都認為「原住民／漢人」文化差異最大。

36 五寮里位於新北市三峽區通往桃園復興鄉的臺七乙線7.5公里處，因早期有許多從桃竹苗為製作樟腦移墾而定居下來的客家人，使得五寮逐漸形成客家人聚集的村落，客家人口高達六成以上（林欣漢，2021）。五寮的地名由來，與「腦寮」之設置有關（廖倫光，2012：33），現今的五寮派出所，在漢人入墾之初即為防番的「隘寮」用地（廖倫光，2012：50）。五寮的客家移民，最早係因為製作樟腦而入墾，而為了外送腦油，因而有「揹腦油」的揹腦古道，並將土地公信仰帶入，而有為數頗多的「焗腦伯公」（廖倫光，2012：87-90）。新北市政府客家事務局於2021年至2022年，投入320萬元預算，執行「打造北北基客家第一庄：新北五寮山客再現駐地計畫」。

37 南投縣魚池鄉共有13村，其中的五城村位於水里鄉往日月潭的131線道上，近千名的村民，約有80%為客家人，係早年由苗栗、桃園等移居，從事製造樟腦、木業等工作；五城村裡除處處可見伯公廟外，尚有客家移民帶來的義民信仰（德龍宮）（客家電視，2010；陳信仁，2013）。

38 本文援引《海洋基本法》（草案）為行政院2019年5月1日院臺交字第1080173618號函請立法院審議的版本。另《海洋基本法》（草案）第10條立法說明指出，海洋文化資產，指具有歷史、藝術、科學等文化價值之海洋相關有形及無形文化資產，並以傳統用海智慧作為例示，具體內涵即包括海洋知識、民俗禮儀與節慶、傳統漁具、漁法、船舶及航海技術等。

39 依《海洋基本法》所建構的族群海洋權益，略有：（1）保障各族群海洋權益（第3條），（2）保障與傳承原住民族傳統用海文化及權益（第10條第1項），（3）保障原有海域使用者權益（第13條）。就上開規定以觀，《海洋基本法》關注於原住民族之海洋權益，但未排除其他族群的海洋權益。

40 一般來說，為庇佑漁民，媽祖廟多建於面海方向；但天后宮卻是「坐北朝南」（大海位於宮廟宇的東方），在地居民說法為：係為了祈求媽祖庇佑從事製樟腦的客家人之故（參閱朝陽社區發展協會。大南澳天后宮，2022年2月27日，取自：https://jhaoyang.weebly.com/26397385252622340670.html）。另在南強里的「蔗埔」地區，當地人的宗教信仰中心為「鎮南宮」，主祀為關聖帝君，陪祀有三山國王、伯公（福德正神）等。

41 繼「105年度全國客家人口暨語言基礎資料調查研究」後，客家委員會於2022年3月31日公布「110年度全國客家人口暨語言基礎資料調查研究」，調查結果呈現「客家人口增加，但客語聽說能力下降」之兩極化趨勢。意即，2021年的全國客家人口推估約466.9萬人，約佔全國人口19.8%，較2016年的人口暨語言調查增加13.2萬人，比率增加0.5%；但客家民眾整體客語聽說能力則較2016年下滑（2016年聽的能力64.3%、2021年聽的能力56.4%，2016年說的能力46.8%、2021年說的能力38.3%），下滑的比率以「非」客家文化重點發展區下降幅度明顯較大，顯示「非」客家文化重點發展區的客語遭受嚴重衝擊，需要刻不容緩的被挽救（典通股份有限公司，2022）。面對客語聽說能力逐年下降之趨勢，客家委員會提出三個政策解決方案：（1）「加強客語聲望行銷」，即建立客語友善環境、提升客語聲望；（2）「擴大學校客語教育」，即推動沉浸式教學及客語結合12年國教校訂課程；（3）「加強客語社區活力」，即在客庄或客家人口眾多的地方，增加使用客語的比例（客家委員會，2022a）。

42 依客家委員會105年度全國客家人口暨語言基礎資料調查研究數據資料顯示，在全國層次，客家人口比例為19.3%（客家人口總數453.7萬人），為少數族群；但在客家原鄉的客家人口比例（新竹縣為73.6%、苗栗縣為64.3%）較高，為當地多數族群（典通股份有限公司，2017：2-3）。

43 依《客家基本法》第4條、第8條第2項、第9條第2項、第12條第1項前段，及客語為通行語實施辦法規定，人民以客語作為學習語言、接近使用公共服務等權利，係優先實現於「客家文化重點發展區」。

44 依《客家語言發展法》（草案）第4條規定，以客語為通行語地區，其分類為，（1）「第一類地區」：即以「客語為主要通行語地區」（客家人口比例達二分之一）為主；（2）「第二類地區」：第一類地區以外之客家文化重點發展區（客家人口達三分之一以上未達二分之一）；（3）「第三類地區」：第一類地區及第二類地區以外，傳統上

為客家人口聚集，經中央主管機關公告之村（里）。《客家語言發展法》（草案）第4條立法說明指出，考量第一類、第二類地區以外之村（里）層級行政區，尚有客家人口比例逾二分之一之情形，與第一類地區同為傳統客家聚居地域，為避免該地區客語使用優勢被周邊其他族群強勢語言所稀釋，爰定明「第三類地區」，以周延客語社區之建構及客語發展工作之進行（客家委員會，2021）。

45 蘇澳鎮公所於2020年11月在南強社區活動中心前舉辦「2020蘇澳鎮山海客家文化節」，本活動並由宜蘭縣大南澳客屬文化推動協會、宜蘭縣蘇澳鎮朝陽社區發展協會、宜蘭縣蘇澳鎮南強社區發展協會等三個社團為協辦單位。

46 《客家語言發展法》（草案）第12條第1項規定，第一類及第三類地區營業場所達一定規模以上者，地方主管機關應依前條第一項規定，分階段輔導其主動使用客語，績效良好者，並得予以獎勵。同法草案第35條第1項規定，中央主管機關應編列經費，推動並鼓勵民間參與客語之語言聲望行銷。同法草案第42條第1項規定，中央主管機關應協助地方主管機關於第一類至第三類地區，積極推動客語社區營造。

47 在里行政區上，東澳里雖與南強里、朝陽里相接；惟在地理上，從東澳里（大東澳地區）至南強里、朝陽里（大南澳地區）需翻山越嶺，並行經長達1,267公尺的穿山隧道（新澳隧道）。以閩南人為主的蘇澳鎮、以原住民為主的南澳鄉之族群分布，及地理上的區隔，形塑出大南澳客家人的「客家孤島」獨特性。又南強、朝陽里雖劃歸為蘇澳鎮，但因地理區隔，有些公共服務係由南澳鄉公所提供；如南澳鄉免費接駁車在朝陽里的南澳漁港、南澳農場設有停靠站。

48 宜蘭縣蘇澳鎮蓬萊國小位於南強里南澳路，比鄰臺九線，與南澳鄉公所相距百餘公尺，步行約莫2分鐘。依《幼兒教育及照顧法》第7條第4項及《幼兒教育及照顧法施行細則》第4條規定，原住民學生可優先入學；而南澳鄉許多原住民家長，認為國小附幼教學品質較好，可銜接國小學程，因此未將孩子送到南澳鄉的鄉立幼兒園，反而送到蓬萊國小附設幼兒園就讀，使得南強里、朝陽里的非原住民學童，因招生額滿無法入學，須改至蘇澳鎮市區就讀其他國小附幼或私立幼兒園（游明金，2013）。

49 Stuart Hall 以「新族群性」（new ethnicities）的概念，來描述第二代、第三代英國黑人（Black British）的混合身分認同（hybrid identities）（Parker and Song, 2006）。似可運用新族群性概念，探索跨族裔通婚的客家人子女之族群身份認同，及其如何「保有傳統文化與認同」等之

相關議題。

50 「海岸社區」爲蘇澳鎭最南端，受南澳南溪阻隔，對外交通，主要以海岸大橋爲主，或繞行較遠至蘇花公路的澳尾橋。又海岸社區的「天祝宮」以立姿形象呈現的媽祖，頗有名聲，但地方傳統信仰中心爲「協天廟」（奉祀關聖帝君）。

51 南強里與朝陽里所使用的閩南語大致偏向漳州腔，閩南語使用腔調上差異，頗符合語言地理學理論，與外界交流頻繁的南強里語言變異情形，超過較爲邊陲的朝陽里，外來語言的侵入是沿著交通線由近而遠的擴散（陳國璋等人，1996）。

第七章 轉型正義框架的侷限與開展：
以林田山為例

Limitation and Development of the
Transitional Justice Framework:
Reflections on Indigenous Historical Justice
and Transitional Justice

蔡志偉

一、前言

　　轉型正義，本是構建主權國家由威權體制轉換到民主體制過程，促進對於受到在前威權體制傷害人民的和解與關係的修補。[1] 20世紀中葉以降，包括如1974年希臘轉型、1983年阿根廷軍事政權垮臺、1989年東歐共產政權瓦解、南非民主化等，均屬轉型正義常見的國際適例。從前列各國經驗可以得知，國家社會對於過往威權政府施加暴行所生人民基本權利侵害進行訴追，進而強化社會轉型後的民主憲政體制運作。[2] 二戰結束之後，國民政府退守臺灣，並自1949-1987年實施戒嚴，姑不論中華民國政府取得在臺灣行使統治權的正當性，其時本有《憲法》作爲國家政體之基礎，然則戒嚴的實施，也正式確認臺灣進入軍事威權的統治狀態。在此期間所生國家威權侵害人民基本權利之事例，確已成爲當前臺灣在歷經兩次政黨輪替後，如何面對過去，繼而獲致社會和諧穩定發展的關鍵。[3]

　　惟以，本文非在深究臺灣轉型正義工程的理據與實務，而係關注臺灣原住民族與「國家」（統治機構）間之關係，特別是原

住民族作為法主體的權力（利）遭致剝奪之歷史境遇，究否得採且適合置於「轉型正義」的論理框架中加以檢視？尤以，蔡英文總統於2016年8月1日代表政府向原住民族道歉，[4] 旋即於總統府設置任務編組之「原住民族歷史正義與轉型正義委員會」，有別於同一時期依法設立之獨立機關「促進轉型正義委員會」。職是，本文旨在審視原住民族歷史正義與轉型正義主張之緣由，冀以提出此一權利主張之理據。

在進入到「轉型正義」與「原住民族」之關係的討論前，本文先就「轉型正義」做如下概要的界說。轉型正義是一種「過程或機制」，一般來說，多將轉型正義視為民主轉型過程中，如何面對與修補過去威權統治肇致之人權迫害，以達成民主制度鞏固的目的。換言之，轉型正義是與「民主轉型」有關的概念。而所謂民主轉型，是指原本屬於威權專制或極權獨裁的國家，因為各種因素，轉變成為一個民主國家的過程。[5] 復以聯合國安全理事會於2004年8月所發布之秘書長報告「衝突與衝突後社會中的法治與轉型正義」[6] 所述，轉型正義的概念涵納特定社會就過去大規模人權迫害所欲建構的完整程序與機制，藉由完整程序與機制之運作，冀以促進究責、回復正義與社會和解。[7]

2016年1月16日臺灣完成第三次政黨輪替，一如預期地，蔡英文總統於同年5月20日就任後，其中一項重要國政，即在回應國人對於轉型正義之期待，推動如「促進轉型正義」與「不當黨產處理」等草案。立法院亦於2016年6月針對「促進轉型正義條例」草案進行初審，復於同年8月10日完成《政黨及其附隨組織不當取得財產處理條例》之立法，而《促進轉型正義條例》則在隔（2017）年12月27日制定公布施行。然而，原住民族社會

引頸盼望的「轉型正義」立法工程，卻不若前揭兩項立法行動般的攪動社會輿論，任憑原住民族社會如何倡議、建言、批判，仍舊處於只聞樓梯響的各種形式會議與討論之匯集民意階段。尤以，立法院司法及法制委員會於2016年7月辦理「原住民族促進轉型正義」公聽會，就「原住民族轉型正義」應單獨立法，抑或納入「促進轉型正義條例」一併規範等議題，邀請行政機關與專家學者表示意見。其中，原住民族委員會所提供的書面報告指出，「事實上，1980年代以來，為回應原住民族運動之訴求，政府已逐步啟動對於原住民族轉型正義工作，比如山胞正名為原住民、本會之成立、推動族語教育、調查原住民族傳統領域土地及傳統習慣規範、設立原住民族法庭及原住民族電視臺等，都是原住民族轉型正義之一環。尤其是《原住民族基本法》制定後，明確建立國家回復原住民族權利具體方向，更指出國家應負擔之責任與義務範圍。故國家對於原住民族轉型正義工作，應在強化落實《原住民族基本法》，並具體規範後續之整體推動藍圖。」[8]

　　承前，政府採以《憲法》增修以還的原住民族政策變革，視為推動「原住民族轉型正義」的工作實施，似與「轉型正義」強調「威權統治時期違反自由民主憲政秩序之不法行為與結果」[9]本有之論理與復權框架有別；又，政府認以落實《原住民族基本法》厥為原住民族轉型正義工作之核心，此則與轉型正義所指回復人民於威權統治時期因國家不法行為受損之權利不同。[10]然而，國家當前原住民族政策論述，雖以強調「實現社會正義、司法正義、歷史正義、土地正義和分配正義」，且係包括在「轉型正義」之實現項下。惟以「轉型正義」之本有框架、目的與採行

措施，加上臺灣強勢社群對於原住民族與國家關係之理解缺陷，尤其是臺灣政府長期以來僅視原住民族為弱勢社群（團體），淡化甚至漠視原住民族係國家建立前即已存在之政治實體。[11] 然則，「轉型正義」強調針對國家不法行為之人權迫害與結果，藉由國家政體之轉換進行權利回復與賠償。臺灣雖自17世紀以降，陸續有不同統治權力進入，原住民族與過往在歷史洪流中所接觸的統治主體間，權利遭致剝奪之境遇，究否得認存在「威權統治之國家政體」的轉換過程，確係本文之核心關懷。當代原住民族權利運動與主張，「轉型正義」厥為當前各國原住民族重建與國家特殊法主體關係之重要途徑，為免「原住民族轉型正義」之構建，受制於傳統轉型正義論理形式與實質的框限。準此，本文先以國際法之發展視角，就原住民族與國家接觸之歷史境遇加以檢視，冀以梳理原住民族權利主張與轉型正義所強調「政體轉換」未盡相容的學理論說。其次，再以加拿大原住民族寄宿學校（Indian Resi-dential Schools）之事例，築基後威權轉型正義之外的原住民族轉型正義實務概況。繼而，回到臺灣的敘事與「國家」發展脈絡，提出以原住民族土地權利為核心的臺灣原住民族轉型正義論理。

二、國家去原住民族法主體性之歷史真相：國際法之取徑

1648年威斯特伐利亞和約（Treaty of Westphalia），開啟了獨立主權國家時代，也結束了歐陸三十年的宗教戰爭，以及由天主教羅馬教廷維持的政治霸權。後威斯特伐利亞的國家意識，形構

了民族國家是立基於歐洲政治及社會組織的模型，而其關鍵特性是專屬的領土支配以及科層體系的中央集權。[12] 易言之，從國際間普遍存在的原住民族與國家間之接觸歷史來看，主權國家藉由「合法律化」之方式，包括諸如發現與征服原則（doctrine of discovery and conquest），或係以無主地（terra nullius）佔有等國際法律原則，確立了國家對於原住民族非人格化之論述。[13] 究其統治權力上之應用，國家對於原住民族作為法主體的否定與排除，發端於中世紀教會對於非基督徒狀態理解之概念下所發展，其後則接續被應用在歐洲國家對於新世界的殖民征服。[14]

具體來看，在國家的司法實踐中，美國田納西州最高法院在1835年作成 State v. Foreman 乙案之判決中，證稱基督教世界的法律中的乙項原則，即「發現者享有對非洲、亞洲及南北美洲未皈依者（非基督徒）的主權與統治」[15]。相似的國家觀點，亦可見於早年由美國最高法院大法官 Joseph Story（1833: 5-6）就美國各殖民地領土的起源和所有權所提出的憲法評述：

> 印地安人是野蠻的種族，陷入無知和異教的深淵。如果他們因渴望宗教和公正的道德而可能免遭滅絕，就有可能接受教化而悔過。他們必定屈從於歐洲人的優越天賦，在以文明和基督教取代其野蠻和低陋習俗的過程中，他們所得到的收穫被認為超出其一切犧牲和痛苦。……故由某一國家政府之國民或經其授權而發現之地，歸該政府所有，所有其他歐洲國家政府均不可擁有的原則一旦確立，則每個政府在其發現之地界限內，禁止所有其他人享有經印地安人之任何准許而獲得土地之任何權利，幾乎理所當然。[16]

類同的國家論述亦出現在紐西蘭1877年Wi Parata v. the Bishop of Wellington乙案，該判決確認原住民族對其土地的權利非屬紐西蘭法院所得承認的權利態樣。甚且，就原始野蠻部族而言，主權政府在最佳利益的考量下，必須免除尊重原住者所有權的義務，並且必須作為自有正義的唯一仲裁者。[17] 再者，即便是進入到現代國家體系中的人權討論，多有國家以傳統古典國際法理論，作為支持並「合法化」其驅逐、侵奪原住民族土地與基本權利的論據，加拿大Nova Scotia County Court於1929年R. v. Syliboy乙案即指：

> 印地安人從未被認定是一個獨立的主權。第一個發現未開化人民或野蠻人領土的文明國家取得屬於她自身的主權，直到此等權力透過條約轉讓給其他文明國家為止。野蠻人的主權，即或是所有權，並不被承認。Nova Scotia轉讓給大英帝國並不是印地安人的贈與或與印地安人的交易，也非對於印地安人的征服，而是基於英法間的條約，此間的關係是建立在英國對於該土地基於發現和傳統佔領的優先權，且印地安人藉由條約隨同轉讓。[18]

　　綜合前述的歷史發展脈絡，結果導致在古典國際法的演變中，國家對於原住民族及其土地、領土和資源的掠奪與實施「統治」，或主張對其擁有「主權」，可回溯至羅馬帝國時代傳承下來的這些可怕含義，以及原住民族遭受非人待遇的歷史。[19] 正如日本帝國殖民臺灣期間，對於蕃政問題所採之觀點，即係複製了前揭各殖民母國的「發現與征服」立論，確認生蕃非化外之民且

不具法律上人格，而是在帝國處分權限之內，不具法主體地位。[20]

　　二戰以後隨著聯合國憲章架構與現代人權運動的發展，主權理論與領土取得原則的核心議題，呈現出與新興自決權原則的競合與匯流。依此，聯合國憲章第1條揭示聯合國之宗旨為維持國際和平及安全並發展國際間以尊重人民平等權利及自決原則為根據之友好關係。為此目的，以和平方法且依正義及國際法之原則，調整或解決足以破壞和平之國際爭端或情勢。然則，前揭自決原則卻係受到更高價值的既存佔有原則（uti possidetis）、時際法原則（inter-temporal law）所限縮，即如1928年常設仲裁法院就美荷之間對「帕馬島」（Island of Palmas）領土主權歸屬爭議所做成的裁判。[21] 雖然當事國之一方荷蘭與原住民族統治者之間存有條約關係，但判決闡釋此等國家與原住民族王儲間的協定文書，並未獲得國際法主體成員之承認，不足以作為條約或協定據以創造權利以及義務。更進一步地來看，原住民族在國際法論理中的處遇，更在國際人權文書對於「民族（peoples）」一詞的內涵與定義上，由於適用於那些受制於古典殖民主義情境下之領土內的人民，專注於殖民領土單位所做論述推論的必然結果，即係眾所周知的「藍海理論（blue water thesis）」。該項理論的發展復經聯合國大會第1541號決議完成法制化，[22] 實際上卻造成排除原住民族主張去殖民化權利資格的結果，且原住民族被認定是居住在獨立國家外延領土中的飛地。換言之，前殖民領地與既有獨立國家相結合，或係與其相整合成單一國家的話，即被視為是在實行它的自治權，不屬於依據憲章為基礎之去殖民化的實行體制。[23]

要言之，聯合國大會1960年12月14日第1514（XV）號決議，通過「給予殖民地國家和民族獨立宣言」[24] 中列入「自決權」原則，清楚地揭示了「自決權」是聯合國人權文書的核心原則。然而，即便在前開宣言中明確肯認「所有民族均有自決權，且憑此權利，自由決定其政治地位，自由從事其經濟、社會及文化發展」。不過，從前開有關傳統自決權原則內容的限縮論述，呈現的卻是國際法規則一方面消除他者的利益，另一方面則證成特定利益的特權地位，尤其是會員國間以細緻的立法技術，排除了原住民族在看似包括所有社群在內的「所有民族」。此外，國際勞工組織早前於1957年通過之「獨立國家內原住民及其他部落與半部落人口之保護與整合公約」，認為將原住民族整合進入主流民族的社會中，可以讓其在所居住的國家中獲得最好發展進程的機會。無論如何，這種思潮導致一些不好的結果，在某種程度上至少因為各國政府理解方式的問題，使其變成毀滅性的觀念。[25] 實務上，上揭公約所設定之同化與整合的價值目的，變成一種被認為是滅絕與主流社會不同之生活方式的觀念，文後所舉加拿大政府實施原住民族學童的寄宿學校政策即為適例。綜整性的來說，原住民族所遭遇的不正義，非僅係單一國家所強加在其境內原住民之個別事例，而係由國家所組成之國際社會暴力團體，以國際法律架構所構築對於全球原住民族之歷史不正義。

　　惟以，現行國際各國推動之轉型正義工作，係指現為民主政治體制之國家，針對過去威權時期，政府以違反自由民主憲政秩序的不法行為，侵害與剝奪公民權利、財產以及生命的行為，進行調查、究責、賠償等權利恢復手段。然而，前揭轉型正義之權利回復機制，對照至原住民族的歷史境遇，似無法被反省特定獨

裁統治時期的理論所完全含括。[26] 申言之，本文前就原住民族與國家接觸之歷史境遇加以檢視，確知國家運用國際法律原則與規範內容的生成與開展，以「法律」去除原住民族具法主體之地位，肇致原住民族權利遭致剝奪之結果，即有是否存在國家違反自由民主憲政秩序之不法行為的爭論。再則，縱以轉型正義為據，原住民族權利回復主張在傳統「轉型正義」的框架下，恐將面臨未有政權體制轉變之國家論述，而限縮實現原住民族轉型正義之國家責任。[27] 此問題不獨見於臺灣，如何築基原住民族權利回復主張與轉型正義所強調「政體轉換」未盡相容的學理論說，是所有經歷過殖民統治的地區與國家，在面對原住民族轉型正義時均必須面對的課題。[28]

三、後威權轉型正義之外的原住民族轉型正義：加拿大事例

多數國家初始與原住民族接觸後，即係以種族主義之勢，強調所謂「昭昭天命」（Manifest Destiny）之信念，合理化國家統治正當性，俾以遂行所採同化（assimilation）與整合（integration）之政策措施。要言之，在殖民活動擴張的過程裡，不論是英法兩個老牌殖民國家，或是後來的美國與19世紀末期的日本，均不約而同的運用「神話」的編纂，將原住民族視作野蠻人，進而合理化殖民主義與帝國主義對原住民族的掠奪與剝削。簡單來說，扶助原住民族「文明化與現代化」，不過只是掩飾「國家文化霸權主義與殖民同化政策」的美麗辭藻。

自從1874年開始，加拿大政府採以同化原住民族孩童（First

Nations, Inuit, Metis）之政策，強迫原住民族孩童進入教會經營的印地安寄宿學校（Indian Residential Schools, IRS）。該項政策造成原住民族社會長時間的創傷經驗，在1920到1960年代最為普遍，最後一所位於Saskatchewan的寄宿學校於1996年才關閉。按照調查報告顯示，寄宿學校以好幾種方式經營，包括與加拿大政府、聖公會、天主教會、長老教會和聯合教會合作，總計超過15萬名孩童被迫帶離開原生家庭和部落社群，被強迫送到寄宿學校接受同化教育政策。其間經常發生身體、性或者是情緒上的虐待、被禁止說母語，系統性的壓抑原住民族生活、文化、語言和原住民族認同。影響所及，曾參與寄宿學校的生還者指出，他們經歷過一段非常苦痛的生活過程，包括了原生家庭的破壞、弱化了原住民族的文化認同、嚴重的身心靈創傷，導致後來在自己組織家庭時，也經常性地伴隨著家庭暴力事件。

深究原住民族與加拿大政府間之關係重構，應將時間拉回1990年代所設置之皇家原住民族委員會（Royal Commission on Aboriginal Peoples）來做整體的觀察。該委員會係為回應「奧卡危機」[29]（Oak Crisis）和「密契湖修憲協定」[30]（Meech Lake Accord on the Amendment of Constitution）之需求，啟動為時五年（1991-1996）之久的調查，目的在重構原住民族與加拿大之特殊法主體關係，並揭示四大工作策略[31]：包括「建立條約、協定機制」、「確認原住民族自治與政府權能」、「回復原住民族傳統領域土地及自然資源權利」及「啟動一系列之語言、文化、教育、社會福利、社會安全等措施」。與此同時，先前被迫參與寄宿學校的學童則對他們過往在學校中遭致虐待的經驗提出公開地譴責。立基於前開皇家原住民族委員會的政策建議，並回應聯合

國自1990年代以來推動原住民族權利宣言（UN Declaration on the Rights of Indigenous Peoples, UNDRIPs）草案之研提，加拿大政府對於實施一世紀之久的同化原住民族孩童政策，亦即印地安寄宿學校，啓動協商和解的工程。經過數年的協商和訴訟之後，加拿大政府在2006年時同意對於寄宿學校學童的生還者，以包裹賠償的方式（package of reparation）實施賠償。

　　對於許多加拿大原住民族之族人而言，寄宿學校實係一文化滅絕與屠殺（cultural genocide）之場域，原住民孩童被迫進入寄宿學校，語言上禁止使用原住民族語言，信仰上被迫放棄本我的祖靈，而須以基督宗教作爲唯一信仰，造成原住民族世代間形成文化隔離與認同失序，而有身、心、靈等層面遭致不可平復之傷害。終至2007年9月，加拿大政府通過並實施「印地安寄宿學校解決協議」[32]（Indian Residential Schools Settlement Agreement, IRSSA），繼而在2008年6月由總理Stephen Harper就此一「戕害印地安孩童」之政策向加拿大原住民族提出國家道歉。復依上開協議，提供財產上的補償、對當時寄宿學童的生還者提供額外的療癒方式、設置療癒基金會。同時，加拿大政府旋於2008年6月成立真相與和解委員會（Truth and Reconciliation Commission），進行歷史真相的調查與還原。

　　本文進一步摘錄加拿大總理所提之道歉文稿內容，[33]舉其要者，包括：加拿大政府爲了將原住民族學童同化於主流文化，強行將原住民族學童從家中帶離並隔離於寄宿學校；加拿大政府預設了主流文化優於原住民族文化，冀以完全消滅每一個原住民族學童的文化認同；寄宿學校禁止原住民族文化實踐，並且壓迫原住民族語言；寄宿學校忽略了照護學童的基本義務，如：健康維

護、適當的營養，導致死亡和疾病。從前揭摘錄之項目可知，事實上，寄宿學校的目標即係「在孩童時期『消滅』印地安人」（Kill the Indian in the child）。[34]

承前，加拿大國家機制對於原住民族固有權利回復與保障的處理，始自1982年憲法修正增訂確認原住民族固有權利與條約權利之憲法保障，其後最高法院在其1990年作成之R. v. Sparrow判決，表示政府應承認原住民族權利，且應以立法確定，作為獲致原住民族和解（reconciliation）之方式。然而，值得關注的是，除了寄宿學校所生之權利侵害與正義回復之外，加拿大原住民族向來強調之主權剝奪、土地侵權之主張，似乎仍少見有以「轉型正義」形式在進行聲索（claims）。本文以為加拿大政府或許認為該國並沒有歷經轉型的過程，如後衝突或是後威權的體制，加上如前文所述，原住民族主權與土地的滅失，係因主權國家透過征服原則（Doctrine of Conquest），或係藉由歐洲殖民勢力與當地原住民族間所簽訂之不對等條約協定，抑或是以發現與佔有原則（Doctrines of Discovery and Occupation），對於由法律所虛構之無主地（terra nullius）概念，主張合法性權力之建立，因而排除有所謂轉型正義之適用。

其實，在同屬普通法（common law）系統之澳洲，在其處理原住民族權利主張之作為上，亦有類同加拿大區分「主權（sovereignty）與土地聲索（aboriginal title claims）」和「非主權與土地權利之主張」之作法。簡言之，2008年2月，時任澳洲總理的陸克文（Kevin Rudd），在國會以總理的身分代表政府為「失竊的一代」（Stolen Generations）向澳洲原住民族正式道歉。[35] 亦即，道歉的具體事由「失竊的一代」，係指澳洲政府於

1869年至1970年間對於原住民族孩童實行「同化政策」所影響之世代。而該項源自殖民治理思維之同化政策，其基本理據即在表徵原住民族文化為落後、未開化且無知，遂強行將數萬名原住民族孩童送至白人家庭或政府機構，以達到「白化」原住民族的結果。然而，有關澳洲在前之殖民政府對於原住民族土地所宣稱之無主地先佔，即便已然經由澳洲最高法院在1992年之判決確認無效，[36] 卻也開啟澳洲政府以立法方式限縮原住民族土地權之先河，[37] 而無法納入轉型正義之框架。

綜整來說，以中古世紀歐陸國際法闡釋歐洲殖民事業的法理建構來看，[38] 在歐洲殖民國家與美洲大陸以及其他地區原住民族接觸的過程中，深植於歐洲殖民者行動下對於原住民族的普遍認知，在於定位原住民族係屬道德上低等與文化上落後的非我族類。[39] 這樣的法理論述其實相當程度代表了歐洲當時對於殖民事業的中心政治思想與哲學理念，迄至19世紀末期的變化，包括 Robert J. Miller、Siegfried Wiessner 以及其他研究國際原住民族權利之學者均認為，植基自中古歐洲闡釋「異教徒」之論述，已然內化成為古典國際法之重要原則之一。[40] 要言之，延續歐洲殖民事業的加拿大與澳洲兩國，對於原住民族在國家建構過程中的法律論說，形構主權國家與原住民族間存在文明與野蠻社會之分野，證成了同化原住民族的殖民手段與否定其權利狀態的基本理論。[41] 實則，回到加拿大政府推動印地安寄宿學校之轉型正義來看，一以強調其對於原住民族所行治理，非屬後衝突或是後威權的體制，復以轉型正義之方式設立真相與和解委員會，啟動對於寄宿學校政策之反省與檢討，恐係意在藉由寄宿學校之轉型正義，區隔國家責任的歷史界線。國家道歉、真相和解委員會與賠

償等政府舉措的部分目的，即係讓政府免於對過去的其他錯誤對
原住民族負責。尤其關鍵者，確係自殖民時期以降歐洲人對於原
住民族主權與土地管領之正當性質疑，恐將進一步限縮加拿大憲
法所確認之原住民族固有權利與條約權利之內容。

四、從歷史正義築基原住民族轉型正義

　　原住民族權利的發展在1970年代之前，確係不在國際法所
關心的主要議題範疇。即便在第二次世界大戰結束後所掀起的殖
民地獨立運動浪潮中，承前文所述，傳統國際法的發展脈絡，原
住民族本不被視為具有國際法的法主體資格。對此，原住民族的
歷史經驗則引發了相關國際人權規制的改革，在過去的半個世紀
以來，整個國際社會興起了一股原住民族運動浪潮，聯合國及其
相關專門機構（例如：國際勞工組織）更發意識到人權發展項目
傾向於把焦點集中在原住民族議題上。具體的事例即如過去數十
年來，相關國際人權法論述與原住民族權利運動，極力主張「民
族（peoples）」一詞所指涉的內涵，應擴大其範疇，進而含括獨
立國家主權範圍內之少數社群與原住民族。

　　另以，在對原住民族人權議題的研究上，聯合國經濟暨社會
理事會在1970年接受「防止歧視及保護少數族群次委員會」
（Sub-Commission on Prevention of Discrimination and Protection of
Minorities）建議對歧視原住民問題作一綜合研究，可謂係一個
重要的轉折點。[42] 1971年起，José R. Martínez Cobo 獲派任特別報
告員（Special Rapporteur for the study on the problem of
discrimination against indigenous populations）執行這項針對國際社

會歧視原住民族問題的研究，旨在消除歧視並提供具體建議予國內和國際因應措施。[43] 經過十五年的調查與研究，本項研究涵蓋了一系列的原住民族人權問題，包括原住民定義、政府間組織和非政府組織的作用、消除歧視、基本的人權原則，以及諸如下列領域的特別行動方面：健康醫療、居住、教育、語言、文化、社會和法律機構、就業、土地、政治權利、宗教權利以及司法平等。[44] 本項作為原住民族人權發展時代里程碑的報告（Cobo Report），除促使聯合國成立推動原住民族人權的專責機構外，更讓多項重要國際公約與文書納入了原住民族權利的關懷，其中凸顯「原住民族歷史正義回復」之首要文件，即係「消除一切形式種族歧視國際公約」第23號一般性建議書，相關內容節錄如下：

委員會意識到世界上許多地區的原住民族從過去以來，一直到現在仍處於被歧視的處境，且渠等人權與基本自由遭致剝奪，特別是渠等喪失了他們土地與資源，而由殖民者、商業公司與國有事業所佔有。因此，原住民族文化及其歷史身分認同的延續與保存，從過去到現在仍處於消失的危機。

委員會尤其要求締約國應承認並保障原住民族擁有、發展、掌控與使用他們共有土地、領域和資源的權利，並且在那些傳統屬於他們所擁有或居住或使用的土地及領域，未經他們自由知情同意而受剝奪的情況，締約國應採取積極措施行動返還。唯有在返還確有事實上不能之情形，應以正當、公平及立即的賠償來取代。該項賠償應盡可能以土地與領土的方

式爲之。[45]

2007 年 9 月 13 日聯合國大會通過「原住民族權利宣言」，[46]
申明「凡是基於或源於民族出身或種族、宗教、族裔或文化差
異，鼓吹民族或個人優越的學說、政策和做法，都是種族主義
的，科學上是謬誤的，法律上是無效的，道德上應受到譴責，且
從社會角度來說是不公正的」，並「關注原住民族在歷史上因殖
民統治和自己土地、領土和資源被剝奪等原因，受到不公正的對
待，致使他們尤其無法按自己的需要和利益行使其發展權」。前
開兩項國際法律文書一以破除過往國家否定原住民族法人格之法
律謬誤想像（legal fiction），續以強調原住民族權利之保障，非
以歷史正義之回復作爲立論起始，將無以竟全功。

再者，José R. Martínez Cobo 藉由理解原住民族過往被侵略與
被殖民的歷史爲研究發端，進而對於「原住民族」的概念提出下
列的闡釋：

原住民族社群（communities）、部族（peoples）與民族
（nations）係指在被侵略和殖民地化以前於其領域上發展的
社會，而目前在該領域中不同於支配的社會或其一部分的其
他階層者。他們在現時點上未居於統治階層，但有其固有文
化模式、社會制度及法律體系，並依此做爲民族存在的基
礎，且決意保全、發展其祖先的領域及種族認同，並將其傳
承給將來的世代者。[47]

申言之，「原住民族」的概念具有歷史面向，因此強調與前

侵略（pre-invasion）和前殖民（pre-colonial）社會的歷史延續（historical continuity）；其次，「原住民族」文化顯著性，因此得以和社會上其他具支配權利關係的社群形成差異；再者，從政治經濟的角度而言，「原住民族」由於前揭二項特徵，導致成為國家社會結構中，未居於統治階層的被支配社群（non-dominant sectors of society）；此外，「原住民族」概念的理解，特別強調集體性與主體性的建立，顯現在其特殊的世界觀（worldview）與社群認同（ethnic identity），並受到原住民族多元的集體文化系統所規範，在傳遞原住民族傳統文化與世界觀的同時，同時伴隨著保護文化完整性之義務。本此對於「原住民族」之界說，作為前述兩項國際法律文書之前提要件，「原住民族」之概念非屬自然狀態的形成，確係相對於主權國家之概念而產生。亦即，「原住民族」本係主權國家建立之前即已存在，為調和國家建立之前對於「原住民族」之殖民或侵略，迄及國家建立之後殖民或侵略狀態之延續對於「原住民族」之權利影響，透過法律所創設之特殊法人格主體。

是以，原住民族歷史正義之回復，其一即在於回復與確立原住民族之特殊法人格主體地位，免於遭致國家暴力之侵權與剝奪。參以《原住民族權利宣言》第8條：「原住民族享有不被強行同化或其文化被毀滅的權利」，以及第25條：「原住民族有權保持和加強他們同他們傳統上擁有或以其他方式佔有和使用的土地、領土、水域、近海和其他資源之間的獨特精神聯繫，並在這方面繼續承擔他們對後代的責任。」其二，在於強調回復原住民族固有主權與土地之管領權力，即如《原住民族權利宣言》第26條所指：「原住民族對其傳統上擁有、佔有或以其他方式使

用或獲得的土地、領土和資源擁有權利。」又，「原住民族有權擁有、使用、開發和控制因其傳統上擁有或其他傳統上的佔有或使用而持有的，以及以其他方式獲得的土地、領土和資源。」

綜整而言，1989年國際勞工組織通過第169號公約，去除早期聯合國成員國對於原住民族所採行的同化政策，轉以強化承認與保護原住民族傳統價值、組織與習慣法，並深化原住民族土地與領土的概念，引進原住民族對附屬於其土地上自然資源的權利、以及返回其已失去的祖居地的權利，繼而引入原住民族自決權、協商與參與的權利、自己決定優先性的權利、以及跨國界聯繫與合作的條款。其後，1997年消除一切種族歧視公約委員會（CERD）作成第23號一般性建議書，提出原住民族歷史正義之回復與不可回復權利之賠償論說。迄至2007年聯合國《原住民族權利宣言》之完成，構築了原住民族轉型正義的歷史正義主張，確係以原住民族土地權利主張為核心之權利回復框架。

五、原住民族土地遭侵奪的臺灣原住民族觀點

2016年8月1日蔡英文總統代表政府向原住民族道歉時宣示，「總統府將設置『原住民族歷史正義與轉型正義委員會』。我會以國家元首的身分，親自擔任召集人，與各族代表共同追求歷史正義，也會對等地協商這個國家往後的政策方向」。同日，總統核定〈總統府原住民族歷史正義與轉型正義委員會設置要點〉。爰依前開要點，原住民族歷史正義與轉型正義委員會（下稱原轉會）設置委員29人至31人，總統為當然委員並任召集人，委員組成含括原住民族十六族代表各1人、平埔族群代表共

3人，以及相關機關代表、專家學者及具原住民身分之公民團體代表9人至11人。此外，原轉會另設有土地小組、文化小組、語言小組、歷史小組、和解小組等五個主題小組，依委員會所定任務，執行歷史真相調查與還原，以及原住民族權利回復或賠償措施規劃，並就原住民族法制與政策提出任務總結建議。[48]

按2016年發布之前開要點第四點所示，土地小組係被賦予下列任務：

1. 四百年以來原住民族與平埔族群各時期之土地內容、範圍、意義、遷徙史及與其他民族互動過程之彙整與公布。

2. 原住民族與平埔族群各時期使用土地之規範、流失之經過、遭奪取手段、社會背景及法律、慣俗之彙整與公布。

3. 原住民族神話發源地、祖靈地、聖地、獵場、祭場、採集範圍等各種傳統領域之名稱、地點、意義、範圍及傳統規範之彙整與公布。

4. 檢視原住民族傳統領域與現行法制之衝突，並提出相關之改進建議。

復以，為完成上列四項任務，土地小組採以三個研究面向作為執行策略，包括：（一）釐清過往國家政權肇致原住民族土地流失與權利剝奪之過程。（二）釐清戰後政府治理原住民族土地權利之過程。（三）釐清原住民族傳統領域土地權利與現行法制之衝突——以狩獵權與森林資源採集權為核心。

對照總統道歉文所述及，「荷蘭及鄭成功政權對平埔族群的屠殺和經濟剝削，清朝時代重大的流血衝突及鎮壓，日本統治時期全面而深入的理番政策，一直到戰後中華民國政府施行的山地平地化政策。四百年來，每一個曾經來到臺灣的政權，透過武力

征伐、土地掠奪，強烈侵害了原住民族既有的權利」。回顧16世紀以來的世界史，或者仔細審視臺灣原住民族自荷西以降近四百年的歷史，可以發現原住民族歷史就是一部人與土地關係之間充滿鉅變的過程。申言之，臺灣原住民族土地流失的歷史根源，在歷史上自17世紀外來統治勢力的進入後，即已開始發生。不同的統治勢力或政權間之土地政策，具有某一程度的延續性，雖在影響的地區、影響的層面或程度有些許不同，然不變的則是持續對原住民族土地權利造成的侵害。

從歷史的進程來看，原住民族土地的流失係自西部平原開始，在20世紀以前，由於外來統治者之治理範圍並未擴及臺灣全島，土地權利受到侵害者以現今認知的平埔族群為主；而日治時期將原住民族土地（番地）完全收歸國有，此一不正義的作為成為原住民族土地全面性流失的濫觴，並持續影響當代原住民族之土地權利。要言之，1895年日本殖民政權初抵臺灣，旋即頒布日令26號《官有林野及樟腦製造業取締規則》，宣告凡無法提出地契證明之土地一律收歸為官有地，而過去原住民族並不以書面資料確認土地權屬關係，自然無法提出土地權利證明之相關文件。又，臺灣總督府（下稱總督府）為殖民地的開發治理，必須確實掌握臺灣各處土地使用情形，便展開歷次實地調查，由平原逐次往中央山地前進，並將山林原野納入國家實質統治下。再則，總督府對於東臺灣的規劃與土地開發，係以將之內地化的目標而展開。[49] 具體措施係透過林野調查與整理，將東臺灣土地收為官有並編入普通行政區，大幅限縮原住民族原有使用的土地，且輔以「理蕃計畫」排除原住民族勢力。[50] 次則在取得東臺灣土地之後，總督府續以引入資本、發展製糖產業，作為開發東臺灣

的重要事業，原住民族土地遂在國家與資本家的收奪利用下流失。要言之，為了發展移民與製糖事業，總督府透過法令的頒布與林野整理，取得東臺灣之土地。[51] 而日治後期，為支撐帝國主義南向擴張的需求，總督府進行山地開發並發展熱帶栽培業，以「集團移住」方式將部分原住民族強迫遷離了原居地。最後原住民族只剩下面積約24萬公頃，且僅具使用權利、破碎不完整的「蕃人所要地」。

第二次世界大戰結束後，國民政府接收臺灣，過去的歷史書寫稱這段時期為「臺灣光復」，甚至是「回歸祖國」；然而，對臺灣原住民族來說，僅是從日本政府轉換為另一個政權的殖民統治。戰後初期，國民政府不僅承襲日治時期的法令規章，更將總督府所有自原住民族取得的官有地、日人產業用地等收為國有，部分由各中央機關或地方政府接管、部分則成立公營事業、其餘則透過土地改革放領給個人。亦即，戰後國民政府從未考量原住民族在歷代政權統治過程中被不當剝奪的土地，甚至是承繼過往統治政權不法行為加諸在原住民族之不正義。縱有戰後臺灣的經濟復甦與國家發展，但卻是建立在掠奪原住民族土地的歷史不正義之上，而土地零碎化與複雜的產權型態，更加深了原住民族在當代追求歷史真相還原及土地轉型正義聲索的困境。

依據促進轉型正義條例所揭示，威權統治時期係指自中華民國34年8月15日起至81年11月6日止之時期。[52] 爰此，臺灣原住民族土地遭侵奪的歷史真相還原，確係應置於威權統治時期的國家原住民族治理來觀察。實則，1945年中華民國接收臺灣後，臺灣的原住民族旋被強制視為中華民族的成員之一，並認原住民族語言、傳統習俗、文化及價值觀為落後且不文明，繼而採

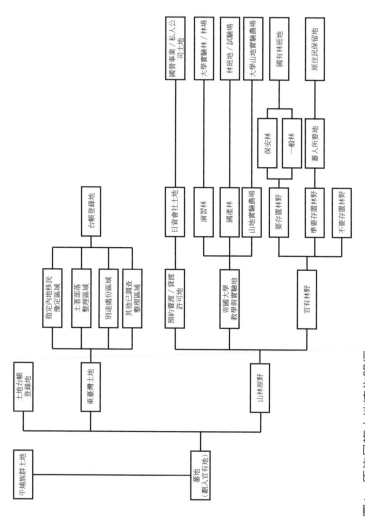

圖1：原住民族土地流失路徑
資料來源：本研究整理

取「同化」與「融合」為目標的山地行政治理政策，逐步在原住族地區進行國家行政、軍事國防和情治等不同系統的組織建構。山地行政的內容包含教育、耕地、水利、衛生、交通、社會習慣與地方自治等面向，目標則為提高原住民族文化水準、農業生產技術、衛生保健觀念與經濟知識等，扶植原住民族自治能力與山地地方自治的實施。[53] 及至1957年，國際間關注原住民族人權保障議題，由聯合國通過「原住民及部落人口公約」[54]，強調各國對於境內原住民族應予以保護且促進其與國家生活融合，保護原住民族土地權利等。我國其時推動山地行政，由臺灣省政府於1953年12月14日訂頒《促進山地行政建設計畫大綱》，確立山地政策總目標為「山地平地化」，冀以目標的推動與落實，逐步解除山地地區的特殊行政措施，促使山地教育、文化、經濟等面向皆與平地地區趨向一致，[55] 我國亦於1962年批准前開公約，作為評估臺灣山地行政的標準。[56] 再者，約莫自1950年代末期，因人口增加、土地需求提高，政府開始推行「農業上山」、「上山下海」政策，漸有非原住民進入山地地區，引入平地資本、生產技術；1960年後，臺灣省政府修訂發布臺灣省山地保留地管理辦法，開放合法之平地公私營企業、團體或個人開發山地保留地資源，例如：開發礦產、建設交通、發展觀光事業、開設工廠、承採林木等，肇致現行法令關於禁止非原住民取得原住民保留地之規範形同虛設，無法實質發揮保障原住民族土地權利之功能與目的。[57]

本文續以林田山林業文化園區為例，試以理清原住民族土地遭侵奪的臺灣原住民族觀點。按原轉會土地小組以林田山林場土地納入國家管理過程之公開調查內容，上開林場區域係於1938

年由臺灣興業株式會社進駐成立林田山林場。惟據賽德克族東群的口傳歷史，渠等祖先係源自今南投縣仁愛鄉霧社一帶的Torowan。距今三百多年前，因原居住地不足，族人漸次遷徙至東臺灣立霧溪、木瓜溪等流域，[58] 爰因居住範圍遼闊，群集趨近形成Tgdaya、Toda，及Truku三群，而林田山林場區域土地確係過往Tgdaya與Truku人的傳統領域土地範圍。其後，配合總督府理蕃治理，該區域復規劃為東部太魯閣蕃的集團移住地。[59] 再以1925年展開的森林計畫事業調查，該區域則係按「原住民生活之需要而保留者」的區分理由，劃入準要存置林野的範圍；後亦於1931年展開的蕃地開發調查事業中，被劃入蕃人所要地的範圍。[60] 惟以，1938年則係因山林資源利用之要，規劃為森林事業開發區域，逐將該區域土地貸渡予臺灣興業株式會社，作為林田山砍伐所。[61]

從日治時期規劃管理原住民族土地之法制措施來看，殖民統治之初，係認原住民族為非具法人格之權利主體，概將原住民族土地收為官有；後再配合理蕃事業，以「維持生活安定」為前提，劃定部落族人生計所必要的土地範圍。[62] 然而，縱有政策為原住民族生活之需用土地劃出準要存置林野，並認係蕃人所要地而保留。就權利之管領狀態而言，總督府認定原住民族確係處於文化低落的原始狀態，且未具法律所得承認之權利組織型態，僅保留土地為原住民族以定耕定居之用，而未賦予其土地權利，維持土地官有。[63]

戰後臺灣山地治理進入威權統治時期的山地行政，就土地之接收係按土地公有或私有而行一般化管理。就公有土地言，依1945年《臺灣接管計畫綱要》及1947年《臺灣省土地權利清查

辦法》之規定，日治時期之官有、公有土地收歸國有；又，經總督府依土地調查與林野調查結果收歸公有之土地不發還。另就私有土地則係依1946年《臺灣地籍釐整辦法》及1947年《臺灣省土地權利憑證繳驗及換發權利書狀辦法》之規定，已辦理不動產登記的區域，權利人應持登記證書換發土地所有權狀或他項權利證明書。逾期無人申請驗證之土地則視爲無主地，經公告期滿後爲國有土地。實則原住民族傳統領域土地於日治時期收歸官有，縱有劃設準要存置林野並認以蕃人所要地，惟土地權屬仍維持官有，原住民當亦無法取得土地所有權。由此觀之，戰後原住民族土地之管有，因原住民未能取得國家法律認可之權利證明，土地遂由政府「依法」收歸國有。政府所採接收土地之一般化標準，逕以公有與私有二分，看似符應《憲法》保障人民財產權之意旨，實質上係肇致原住民族土地失權狀態的持續。

回到林田山林場土地至戰後的管理影響來說，作爲日治時期劃爲蕃人所要地之土地，臺灣省政府於1948年就此訂頒《臺灣省各縣山地保留地管理辦法》。上揭辦法第2條規定：「本辦法所稱山地保留地，係指日治時代因維護山地人民生計及推行山地行政所保留之國有土地及其地上產物而言」。換言之，日治時期劃定之蕃人所要地即指戰後的山地保留地，亦係現行通稱之原住民保留地的原始範圍。爰以戰後原住民保留地的土地測量及土地利用調查，係遲至1958年後始展開，持續至1966年才完成全臺原住民保留地的清查、確認範圍及使用狀態。其後，原住民保留地也才正式於1966-1971年間進行保留地總登記。相對來看，臺灣土地（排除原住民保留地）的管理係採強制登記制度，自1946-1949年實施土地總登記。準此，林田山林場戰後係由「資

源委員會」接收，次年則由國營企業「臺灣紙業公司」接續管理。[64] 由於林場土地並未辦理總登記，臺紙先於1953年函詢臺灣省政府林場土地類屬，由省政府確認該區域土地確係山地保留地。惟因山地保留地之總登記係遲至1966年始進行，臺紙遂以管理機關名義，於1954年逕行申請土地測量，「依法」辦理鳳林鎮萬里橋段119-51、119-52、119-53、119-54、119-55、119-97、119-98等地號之總登記。後至1968年，省政府民政廳完成林田山林場所在山地保留地之總登記，並為萬榮鄉明利段151、152、153、154、155、156、323、324等八筆地號。自此時開始，林田山林場土地同時存在兩個地籍身分，一係鳳林鎮萬里橋段119-51等七筆，另一則是萬榮鄉明利段151等八筆，此間爭議則係在1992年萬榮鄉公所欲收回土地自用時正式進入國家行政的介入。依原轉會土地小組所提報告顯示，前開兩套地籍重疊之爭議，係由臺灣省政府於1996年邀集省政府地政處土地測量局、山胞行政局、花蓮縣政府及鳳林地政事務所研商後，認以鳳林鎮萬里橋段119-51號等土地已於1954年6月4日完成登記，且其時之管理機關為省政府農林廳林務局，現使用人則為林務局花蓮林區管理處，且系爭土地係位於鳳林鎮之行政區，決議註銷系爭土地已有之萬榮鄉明利段地號，同時塗銷系爭土地原始之原住民保留地註記。[65]

　　究其實質，戰後國家原住民保留地之治理實務，係建立在威權統治時期之山地行政思維。政策上雖承繼日治時期蕃人所要地官有原則，改以山地保留地國有化之型態，並配合山地平地化的同化政策，漸次賦予土地權利予原住民。爰以原住民保留地管理法令之歷年來迭次修正內容以觀，亦能顯示國家行政介入造成原

住民族土地流失與失權的結果，林田山林場區域土地之登記、註銷與塗銷即係最為顯著之事例。[66]

　　然而，臺灣自日治時期始繼受現代法學典範之財產法體系，面對1990年代以來原住民族運動所引致之法律變革，尤其是2005年《原住民族基本法》之公布施行，揭示「政府承認原住民族土地及自然資源權利」，反映在整體臺灣非原住民族社會對於原住民族土地權之主張與論述，猶係以「理想法制中的異型」或表以錯愕之態度看待。更大的衝突則係政府部門於2017年2月發布《原住民族土地或部落範圍土地劃設辦法》後浮上檯面，由於前開辦法明文限縮原住民族傳統領域土地的範圍在公有地上，原住民族歷史正義與轉型正義的土地權主張，從政治立場的對立提升為法律基礎的辯證。

　　從原住民族轉型正義的主張言，《原住民族基本法》第20條第1項揭示「政府承認原住民族土地及自然資源權利」，立法意旨係在認肯原住民族及其前人固有管領土地之權屬型態。即如前揭條文立法理由所闡述，「依原住民族定義得知國家建立之前原住民族即已存在，是以國際間各國均尊重原住民族既有領域管轄權，並對於依附在領域管轄權所衍生的原住民族土地及自然資源權利也均予以承認」。爰以《原住民族基本法》第2條第5款所示，「原住民族土地係指原住民族傳統領域土地及既有原住民保留地，即可確知原住民保留地之登記、註記及其後續更正之行政行為，均無損原住民保留地確係原住民族土地之法律權屬」。

六、結語——原住民族轉型正義之歷史正義論證

2016年8月1日「原住民族日」，蔡英文總統代表政府，為國家承繼的殖民政權與不正義歷史對於原住民族全面性的壓迫，提出正式道歉。然而，一連串的政府作為，非但未能推進一般社會大眾對於原住民族轉型正義內涵的認識，尤有甚者，更直接指摘原住民族轉型正義的論述恐有「以合法掩護非法之譏」。即如行政院農業委員會林務局在總統道歉後，隨即預告《原住民族採取傳統領域土地森林產物管理規則》（草案），表示將開放原住民在國有林、公有林地合法採集森林產物，包括野生植物、菌類等，以及得專案申請採集12種貴重林木，被視為係「還權於原住民族」的具體實踐。[67] 對此項草案之預告，即有學者透過媒體表示，管理規則一旦發布，還權原住民族之美意，是否會造成山老鼠利用原住民盜取珍貴林木，形成「合法掩護非法」，政府必須要留意。甚而指出，原住民族部落眾多，究竟有多少部落具備以維護生物多樣性之永續發展的管理能力。[68] 再有如2016年10月的國慶大典儀式上，司儀以「阿薩不魯哥」介紹臺灣原住民，[69] 更凸顯出臺灣社會對於原住民族社群的刻板印象，一而再、再而三的反覆重現此一歧視關係。

承前，相較於處理臺灣過往所經歷之「威權統治」時期的轉型正義認知，原住民族轉型正義的討論，不論是在民間社會，或是官方與學界，相對來說都較為冷淡。縱有蔡英文總統於競選期間一再地宣示，[70] 且確實履踐此一道歉之政治承諾，卻似僅止於執政黨之政府代表與原住民族社會間之對話。再者，多數媒體亦多以單次時事新聞事件的方式來呈現，而有與整體大社會無涉之

態度表現，更弱化原住民族轉型正義所應呈現國家與原住民族之特別政治關係與特殊權利屬性。實在地說，總統道歉之後的事實是，文稿所欲表現之歷史經驗實實在在的再現於當代。

從法律史的觀點來看，原住民族的領域土地究竟發生了什麼事情？為什麼原住民族在歷史正義及轉型正義的權利回復主張，特別要強調土地正義，始終是困惑著一般社會大眾的歷史難題，更是臺灣原住民族在歷史境遇中不可承受之輕。以當前管理本屬原住民族傳統領域土地最大宗之行政機關——林務局為例，從歷史文獻資料中之記載，林務局係淵源自1945年10月臺灣省行政長官公署成立後，新設「臺灣省行政長官公署農林處林務局」。林務局成立後做的第一件事，就是接收原本臺灣總督府林政營林等業務。再看已民營化的臺灣糖業股份有限公司，根據文獻資料，台糖公司過去種植甘蔗的面積最高達12萬公頃，然而，原住民保留地的土地總面積也不過才26萬公頃。換言之，台糖公司所種植甘蔗的土地面積就將近原住民保留地的一半。實則，台糖於其創立之初也是接收日本所屬在臺各糖業相關機構。換言之，無論是台糖公司或是林務局，都是接收日本總督府佔領臺灣時期所取得的原住民族的土地。

惟以，《原住民族基本法》第20條1項揭示「政府承認原住民族土地及自然資源權利」，並於同法第21條確立諮商同意權的行使為其權利行使態樣之一。本文細究原住民族土地正義、諮商同意權與轉型正義之落實關係，最高行政法院108年上字第894號判決指出，「原住民族土地係蘊育原住民族族群及傳統文化之基礎」。又，原住民個人為部落成員並為諮商辦法所稱部落會議之參與者甚至發起人，身為原住民族成員之個別原住民，享

有認同並遵循傳統文化生活之權利，與其所屬原住民族相互依存。作爲涵養原住民族文化之傳統領域土地及自然資源，因外在開發行爲之介入產生變化，對原住民族傳統文化之影響，即直接影響個別原住民文化認同之內涵，是原住民個人兼備一般文化權與民族文化權之雙重主體身分。此外，最高法院110年度台上字第709號民事判決亦明認，《憲法增修條文》、《原住民族基本法》等有關原住民文化權之保護規定，保護範圍及於原住民族未來後代子孫，而原住民族文化係屬《憲法》文化權內容之一，最終享有文化利益者，爲全國人民。準此，原住民得以透過《原住民族基本法》第21條第1項所定諮商同意參與權利的行使，對涉及影響其隸屬族群所依賴之土地及自然資源之開發行爲形成集體決定，必然回饋到所屬社群文化共享，從而《原住民族基本法》第21條第1項規定，自亦爲兼具保障該規定所列特定範圍原住民族及部落之個別原住民權利之保護規範。

比較臺灣、加拿大與澳洲有關原住民族權利與轉型正義之構建工程，三個國家的作爲，在經驗上似乎均有意圖的界定，國家與原住民族間不存在後衝突或後威權之不正義國家體制模型。即便確有衝突與威權之支配關係，原住民族所遭受之不正義，仍係包裹在強勢社群間之對立結構中，逐有邊緣化與弱化之情況，如二二八事件所生之各項轉型作爲。縱然，國家行政組織有中央專責機關的設立，國家法律體系有包括《原住民族基本法》、《原住民族教育法》等專責法規範，卻始終未能撼動以中華文化與史觀爲基石的憲政架構。實則，以原住民族土地權利主張爲核心的原住民族轉型正義架構，本已呈現在聯合國體系內之《國際勞工組織第169號公約》、《消除一切形式種族歧視國際公約》第23

號一般性建議書與《原住民族權利宣言》之中。確實，在臺灣憲政體制逐步形塑多元文化國家的進程中，原住民族的族群法域並未確立真正的轉型正義機制，導致以形式民主與國家法制弱化原住民族權利。其中，最關鍵的要素，本文以為即是對於原住民族土地與自然資源權利之本質探究。多數社會觀點仍持以少數與弱勢社群的特殊性來看待，也凸顯原住民族社群與非原住民族社會間的高牆仍然矗立。國家以「轉型正義」阻隔原住民族土地權利回復之主張，當然也就勢所必然。

本文所舉林田山林業文化園區所涉原住民族土地之轉型正義議題，縱已由原住民族委員會於2019年8月召開研商會議，決議撤銷前於1996年註銷萬榮鄉等九筆原住民保留地之行政處分，並就系爭鳳林鎮森榮段之土地地籍註記原住民保留地。然而，國家採以法律與行政介入的方式，雖已彰顯系爭土地之原住民族轉型正義，猶未能完全獲致定紛止爭之和解結果。臺灣是一個非常特殊又特別的地域，原住民族是最早管領這片土地的治理主體，其後歷經多重的統治實體，而有多元社群成員的持續移入。林田山林場早前確是東賽德克族Tgdaya與Truku人管領的生活場域，山林資源的開發，引入包括阿美族與漢人的進住。在戰後行政治理的轄域劃分，則係將原屬蕃人所要地範圍之土地，劃入鳳林鎮的行政區域，正式進入所謂平地行政區域，反而益增一般民眾對於林田山林場土地屬於原住民保留地之疑惑。

承前，林田山林業文化園區位於以客家人為主要社群組成的鳳林鎮，其間土地爭議作為原住民族轉型正義的指標性案例，如何能夠涵納在地豐富而多樣的歷史記憶，發展成為多元族群共存的林業聚落，當係歷史真相還原後，邁向和解共生的重中之重。

蔡英文總統於 2017 年 3 月 20 日原住民族歷史正義與轉型正義委員會第一次會議中提到，「原住民族對傳統領域的理解，是事實的陳述，也是自然主權的概念。這是完整的空間範圍，而不是所有權的概念。從歷史正義的角度來說，傳統領域是先存在的事實，國家法律上公有、私有土地的區分，則是後面才發生的事，兩者有所區別。政府有責任帶領主流社會尊重、理解這個歷史事實」。1990 年代三次還我土地運動的主要訴求——「反侵佔、爭生存、還我土地」，強調原住民族擁有自然主權，主張國家以強大武力侵奪原住民族土地之行為係違反自由民主憲政秩序之不法行為，並宣示原住民族土地是國家與被侵略民族之間的問題。回到原住民族轉型正義主張的論理來說，文前所提國際人權文書已然築基原住民族權利回復的歷史正義基礎，我國《憲法增修條文》第 10 條第 11 項與第 12 項前段則確立維繫、實踐與傳承原住民族特有之傳統文化，確保原住民族永續發展係具拘束力之憲政價值。要言之，本文關注臺灣原住民族與「國家」（統治機構）間之關係，從轉型正義的理據來看，原住民族基本法已闡明，原住民族與部落作為法主體，確係建構以原住民族土地權利主張為核心的原住民族轉型正義所必須，亦係國家落實原住民族歷史正義與轉型正義的關鍵。

註釋

1 石忠山，2014。〈轉型社會的民主、人權與法治──關於「轉型正義」的若干反思〉，《臺灣國際研究季刊》，第10卷第2期，2014年6月，頁3-5。

2 同前註，頁12-13。

3 學者施正鋒即指，在民主化的過程中，經由自由化、民主轉型到民主鞏固，必須要面對過去歷史留下的不公義（injustice），包括政治支配、經濟剝奪、社會歧視、文化流失、侵害人權等等問題。請見施正鋒，〈臺灣轉型正義所面對的課題〉，《臺灣國際研究季刊》，第10卷第2期，2014年6月，頁32。

4 完整道歉文稿，請參見總統府原住民族歷史正義與轉型正義委員會，〈蔡英文總統代表政府向原住民族道歉全文〉，2016年8月1日，https://indigenous-justice.president.gov.tw/Page/16，檢索日期：2022.07.19。

5 江宜樺，〈台灣的轉型正義及其反思〉，《思想》，第5期，2007年6月，頁67。

6 完整報告，請參見UN Security Council, The rule of law and transitional justice in conflict and post-conflict societies: report of the Secretary-General, 23 August 2004, S/2004/616.

7 同前註，頁4。

8 立法院司法及法制委員會，《立法院第9屆第1會期：「原住民族促進轉型正義」公聽會報告》，2016年7月，頁71。

9 《促進轉型正義條例》第1條第2項：「威權統治時期違反自由民主憲政秩序之不法行為與結果，其轉型正義相關處理事宜，依本條例規劃、推動之。」

10 《威權統治時期國家不法行為被害者權利回復條例》第4條：「因國家不法行為致生命或人身自由受侵害之被害者，得檢附具體資料，以書面向權利回復基金會申請賠償；被害者死亡，得由其家屬申請之。」第10條：「因國家不法行為致財產所有權被剝奪之被害者，得檢附具

體資料，以書面向權利回復基金會申請權利回復；被害者死亡，得由其家屬申請之。」

11 《原住民族基本法》第20條第1項的立法理由闡明，依原住民族定義得知，國家建立之前原住民族即已存在，是以國際間各國均尊重原住民族既有領域管轄權，並對於依附在領域管轄權所衍生的原住民族土地及自然資源權利也均予以承認，確立政府承認原住民族土地及自然資源權利。

12 姜皇池，《國際公法導論》，新學林，2013年，頁63-69。

13 U.N. Permanent Forum on Indigenous Issues, Preliminary Study of the Impact on Indigenous Peoples of the International Legal Construct Known as the Doctrine of Discovery, U. N. Doc. E/C.19/2010/13 (Feb. 4, 2010), p. 14.

14 Robert J. Miller, *The International Law of Colonialism: A Comparative Analysis*, 15 Lewis & Clark L. Rev. 847, 848-50 (2011).

15 State v. Foreman, 16 Tenn. (8 Yerg.) 256 (1835).

16 Joseph Story, Commentaries on the Constitution of the United States 5-6 (1833), http://www.thefederalistpapers.org/wp-content/uploads/2013/01/Commentaries-On-The-Constitution-by-Joseph-Story-Abridged.pdf，檢索日期：2022.07.19。

17 Wi Parata v Bishop of Wellington, [1877] 3 NZ Jur (NS) 72. Chief Justice Sir James Prendergast ruled that, "The title of the Crown to the territory of New Zealand was acquired, jure gentium, by discovery and priority of occupation, the territory being inhabited only by savages. ...... There does not exist any body of customary law known as "the Ancient Custom and Usage of the Maori people", and the use of that phrase in the Native Rights Act, 1865, is not a statutory recognition of such custom."

18 R v. Syliboy, [1929] 1 D.L.R 307.

19 Robert A. Jr. Williams, *Savage Anxieties: The Invention of Western Civilization* 179-218 (2012).

20 王泰升，〈日治時期高山族原住民族的現代法治初體驗：以關於惡行的制裁爲中心〉，《臺大法學論叢》，第40卷第1期，2011年3月，頁19-24。

21 有關本裁判所涉及之國際法詳實討論，請參見黃居正，《判例國際公法Ⅰ》，新學林，2013年，頁101-108。

22 U. N. General Assembly resolution 1541 (XV). Principles which should guide Members in determining whether or not an obligation exists to transmit the information called for under Article 73 e of the Charter (1960). http://www.un.org/en/ga/search/view_doc.asp?symbol=A/RES/1541(XV)

23 S. James. Anaya, *Indigenous Peoples in International Law* 53-54 (2004).

24 U. N. General Assembly resolution 1514 (XV), Declaration on the Granting of Independence to Colonial Countries and Peoples (1960). http://www.un.org/en/decolonization/declaration.shtml

25 其時我國係聯合國常任理事國，亦於1962年完成上揭公約的簽署與批准，復就山胞行政與治理，採以「山地平地化」及「山地現代化與融合」等政策，即在強調落實國際勞工組織第107號公約之內容。

26 Courtney Jung, *Transitional Justice for Indigenous People in a Non-transitional Society*, International Center for Transitional Justice Research Brief, October 2009, p. 2, https://www.ictj.org/sites/default/files/ICTJ-Identities-NonTransitionalSocieties-ResearchBrief-2009-English.pdf，檢索日期：2022.07.29。

27 Courtney Jung, *Canada and the Legacy of the Indian Residential Schools: transitional justice for indigenous people in a non-transitional society*, Aboriginal Policy Research Consortium International (APRCi). 295, March 2009, p.2, https://ir.lib.uwo.ca/cgi/viewcontent.cgi?article=1149&context=aprci，檢索日期：2022.07.29。

28 同前註，頁13。

29 詳實的討論，請見Rick Hornung, *One Nation Under the Gun: Inside the Mohawk Civil War* (1992).

30 詳實的討論，請見Andrew Cohen, *A Deal Undone: The Making and Breaking of the Meech Lake Accord* (1990).

31 詳請參見The Canadian Encyclopedia (2006), Royal Commission on Aboriginal Peoples, https://www.thecanadianencyclopedia.ca/en/article/royal-commission-on-aboriginal-peoples

32 謹節錄此協議之執行要項如下：（1）一般經驗補償（common experience payment, CEP）：對於前寄宿學童進行一次性的償付、承認之前寄宿學校所引起的集體傷害。寄宿學生在最後一年的學校生活，可以有 1 萬加幣、加上每年 3,000 元加幣的賠償。（2）獨立的評估程序（independent assessment process）：對於性犯罪、嚴重的身體虐待或其他虐待而導致心理上嚴重創傷的受害者，最高提供 275,000 加幣的賠償。（3）真相與和解委員會（Truth and Reconciliation Commission, TRC）：規劃以五年、經費 6,000 萬加幣進行修復工作，辦理論壇，讓生還者可以公開說明當初的寄宿學校經驗，教育大眾有關於寄宿學校的情況與遺緒（legacy）。（4）療癒（healing）：以 12,500 萬加幣設立原住民族療癒基金會（Aboriginal Healing Foundation），進行關於記憶與恢復精神的工作，當時管理寄宿學校的教會也提供一億加幣與服務。（5）紀念（commemoration）：提供兩千萬加幣對於事件和紀念的工作，以確保寄宿學校這段歷史經驗被認知。完整內容，請參見 http://www.residentialschoolsettlement.ca/english_index.html

33 Statement of apology to former students of Indian Residential Schools, https://www.rcaanc-cirnac.gc.ca/eng/1100100015644/1571589171655

34 對此議題的詳實討論，請參見 Tamara Starblanket, 'Kill the Indian in the child': genocide in international law, in *Indigenous Peoples as Subjects of International Law* 171-200 (Irene Watson ed., Routledge, 2017).

35 道歉文完整內容，請參見 Australian Government, Apology to Australia's Indigenous peoples, http://www.australia.gov.au/about-australia/our-country/our-people/apology-to-australias-indigenous-peoples

36 Mabo and Others v. Queensland (No. 2), (1992) 175 CLR 1

37 Yorta Yorta v. Victoria, (2002) 214 CLR 422

38 關於此議題的詳細解析，請參見 Robert A. Williams, Jr., *Columbus's Legacy: Law as an Instrument of Racial Discrimination Against Indigenous Peoples' Rights of Self-Determination*, 8 Ariz. J. Int'l & Comp. L. 51 (1991).

39 Robert A. Jr. Williams, *The American Indian in Western Legal Thought: the Discourses of Conquest* 44-45 (1990).

40 相關研究論述，請參見 Robert J. Miller, Jacinta Ruru, Larissa Behrendt, and Tracey Lindberg, *Discovering Indigenous Lands: The Doctrine of Discovery in The English Colonies* (2010); Siegfried Wiessner, *Rights and Status of Indigenous*

Peoples: A Global Comparative and International Legal Analysis, 12 Harv. Hum. Rts. J. 57 (1999).

41　Paul Keal, *European Conquest and the Rights of Indigenous Peoples: The Moral Backwardness of International Society* 76 (2003).

42　1969年聯合國人權委員會特別報告員針對種族歧視在政治、經濟、社會與文化面向所呈現之問題向聯合國防止歧視與保護少數附屬委員會提出研究報告（Study on Racial Discrimination in the Political, Economic, Social and Cultural Spheres），其中並以專章對於原住民族的人權問題提出關心與行動方案。該項研究報告內容，請參見U. N. Document E/CN.4/Sub.2/301。

43　Economic and Social Council Resolution 1589 (L) of May 21, 1971, authorizing a "comprehensive study of the problem of discrimination against indigenous populations."

44　U.N. Sub-mission on Prevention of Discrimination and Protection of Minorities, Study of the Problem of Discrimination against Indigenous Populations, U.N. Doc. E/CN.4/Sub.2/1986/7/Add.1-4 (1986).

45　完整內容，請參見General Recommendation No. 23: Indigenous Peoples: CERD/C/51/Mis.13/Rev.4 (1997), 1997/08/18.

46　United Nations Declaration on the Rights of Indigenous Peoples, A/RES/61/295.

47　原文為：Indigenous communities, peoples and nations are those which, having a historical continuity with pre-invasion and pre-colonial societies…, consider themselves distinct from other sectors of the societies now prevailing in those territories... They form at present non-dominant sectors of society and are determined to preserve, develop and transmit to future generations their ancestral territories, and their ethnic identity, as the basis of their continued existence as peoples, in accordance with their own cultural patterns, social institutions and legal systems. Retrieved from E/CN4/Sub2/ 1986/7/Add.4 (1986).

48　中華民國總統府，〈總統核定《總統府原住民族歷史正義與轉型正義委員會設置要點》〉，總統府新聞，2016年8月1日，https://www.president.gov.tw/NEWS/20605。前開要點已於2020年7月27日修正，原有五個主題小組，調整為三個：包括土地小組、歷史小組、和解小

組。詳請見 https://indigenous-justice.president.gov.tw/Page/21，檢索日期：
2022.10.04。

49 施添福，〈日本殖民主義下的東部臺灣——第二臺灣的論述〉，《臺
灣風物》，第67卷第3期，2017年9月，頁105-106。

50 同前註，頁80；另，請參見孟祥瀚，〈日據初期東台灣的部落改造：
以成廣澳阿美族為例〉，《興大歷史學報》，第13期，2002年6月，
頁122。

51 除1895年頒布日令26號「官有林野及樟腦製造業取締規則」，總督府
復於1896年制定府令45號「臺灣官有森林原野豫約賣渡規則」，其中
第20條揭示「臺灣總督認定其預定事業完成時，該管官廳應予徵收土
地價款並將其豫約賣渡地移交之」；以及府令47號「臺灣官有森林原
野貸渡規則」，該規則第1條載明官有林野得放租予業者。有關前揭法
令的析論，請參見王學新，〈日治前期桃園地區之製腦業與蕃地拓殖
（1895-1920）〉，《臺灣文獻》，第63卷第1期，2012年3月，頁57-
100。

52 《促進轉型正義條例》第3條第1款。

53 張松，《臺灣山地行政要論》，正中，1953年，頁69-70。

54 International Labour Organization (ILO), Convention concerning the
Protection and Integration of Indigenous and Other Tribal and Semi-Tribal
Populations in Independent Countries, C107, 26 June 1957.

55 臺灣省政府民政廳，《進步中的本省山地》，臺灣省政府，1954年，
頁174。

56 李亦園，《山地行政政策之研究與評估報告書》，臺灣省政府民政
廳，1983年，頁10。

57 官大偉、蔡志偉、林士淵，《「原住民保留地土地政策調查研究——
非原住民使用總登記為原住民保留地問題研析」期末報告》，原住民
族委員會，2015年，頁8-10。

58 瓦歷斯‧諾幹、余光弘，《臺灣原住民史——泰雅族史篇》，國史館
臺灣文獻館，2002年，頁128-130。

59 潘繼道，《國家、區域與族群：臺灣後山奇萊地區原住民族群的歷史

變遷（1874-1945）》，東臺灣研究會，2008年，頁311。

60 李文良，〈帝國的山林：日治時期臺灣山林政策史研究〉，國立臺灣大學歷史學研究所博士論文，2001年，頁187-197。

61 總統府原住民族歷史正義與轉型正義委員會土地小組，《「釐清原住民族土地流失過程——以林務局林田山林業文化園區為例」調查報告》，總統府原住民族歷史正義與轉型正義委員會第9次委員會議，2019年3月。

62 李文良，前揭註60，頁211-212。

63 臺灣總督府殖產局，《森林計畫事業報告書（上卷）》，臺灣總督府殖產局，1937年，頁253。

64 林田山林場於1958年轉由省營臺灣中興紙業經營，及至1973年，再交回林務局營運；今日則係屬行政院農業委員會林務局花蓮林區管理處轄域範圍之林田山林業文化園區。

65 總統府原住民族歷史正義與轉型正義委員會土地小組，〈原住民族土地納入國家管理之過程：以林田山林業文化園區為例〉，《原住民族文獻》，第39期，2019年10月，頁17-18。https://ihc.cip.gov.tw/EJournal/EJournalCat/459

66 有關原住民保留地登記、註銷及塗銷之法律性質與效力之析論，請參見戴秀雄，〈從林田山原住民保留地案看原住民保留地之登記及其更正問題〉，《台灣土地研究》，第23卷第2期，2020年11月，頁109-155。

67 行政院農業委員會，〈預告原住民族採取傳統領域土地森林產物管理規則草案 尊重原住民族採集野生植物、菌類使用權益〉，《農業新聞》，2016年8月5日，https://www.coa.gov.tw/theme_data.php?theme=news&sub_theme=agri&id=6595，檢索日期：2022.10.04。

68 中央廣播電臺，〈原住民林地採集 妥善配套以達轉型正義〉，2016年8月10日，https://www.rti.org.tw/news/view/id/1095，檢索日期：2022.10.04。

69 原住民族電視臺（2016），〈國慶介紹16族爭議 學者指文化認知不足〉，2016年10月11日，https://youtu.be/iTVJ6uSBnX0，檢索日期：2022.10.04。

70 蔡英文總統於2011年首次投入總統選戰時，藉由參與霧社事件紀念日之儀式，首次提出若當選總統，將循澳洲與加拿大之模式，以國家元首身分代表政府為原住民族過去所遭遇的不正義，正式向臺灣原住民族道歉。復於2015年第二次參與總統大選再次宣示，並明列為其所提出「原住民族政策」核心項目之一。

第八章 基於環境教育模式的生態旅遊：
以北花蓮客庄為研究場域

Ecotourism Based on Environmental
Education Models: Taking the North
Hualien Hakka Villages as the Research Field

石慧瑩、程進發、劉慶昌

一、前言

　　客家人於臺灣成為清帝國版圖之前即已展開東部移墾，時間上雖晚於原住民與福佬人，但仍為東臺灣重要族群之一。早在清咸豐3年（1853）就有沈私有等人於現在花蓮縣玉里鎮（當時稱璞石閣）建立「客人城」。同治至光緒年間鼓勵移墾，東部客家人漸多。[1] 至日治時期，因原鄉耕地不足、生活困頓、天災人禍等因素，適逢日人為開發東部資源，移民村勞力不足，糖廠、農場、樟腦開採等勞力密集工作亟需補充大量勞動力，因此在大正10年（1921）以後從西部招募工，客家族群攜家帶眷前進希望之地，從而帶動一波移民潮。戰後初期，由於政府實施「公地放領」及「耕者有其田」等政策，再次促使客家族群前往後山發展，花東地區遂逐漸成為桃竹苗、六堆等地之外客家族群的分布地（黃玉振，2010：2；潘繼道，2008：2；劉還月，2010：14）。客家族群的勞動力使得樟腦、糖業、伐木、菸草、茶葉……等產業在花東札根，既帶動水利等基礎設施，也帶入伯公、三山國王、三官大帝、義民信仰等習俗信仰與族群文化（黃玉振，2010：2；潘繼道，2008：3）。在此歷史因素下，臺九線在

花東縱谷上展現出鮮明的客庄文化，近年來有相當多的遊客為了親近客家文化而特意造訪，出現了多個客庄旅遊的區域熱點。

文化學習是客庄旅遊的一大特色。而藉由傳承並擴充一個個文化本體，不必每一世代都要重新發明或發現這些文化知識，正是人類獨有的能力，如同 Claudio Tennie、Josep Call 和 Michael Tomasello（2009：2405）在一篇關於文化累積的文章中所提到的，人類的文化成果顯示出人類擁有某些獨特的文化傳播過程，而且文化具有隨著時間推移不斷積累變化的特徵，他們稱之為「棘輪效應」（ratchet effect），[2] 這是人類在社會學習和合作過程中共同形成的一種獨特的累積文化的形式。東部特殊的客庄文化若能累積形成客庄生態旅遊文化棘輪，藉由旅遊活動加以傳播擴展，對保存客家族群文化及滿足民眾旅遊需求，可說是兩全其美的作法。

然而，即便是文化學習之旅，只要是旅遊活動，對人類社區及生態環境仍具有潛在的負面影響，這是非常值得關注的客觀事實。雖然透過族群文化產業的成立，可以增加在地工作機會、防止地方人口繼續流失、協助客庄建構或復甦產業鏈、美化客家社區風貌、吸引觀光旅遊消費，打造整體客家社區成為商機可期的「文化創意產業」，形成族群文化工程等等正面效益。然而，客庄文化與產業結合成為觀光資源之後，族群文化產業化對在地社區的影響也可能變質，使得族群文化流於只是發展產業的一種工具。客庄旅遊以文化之名起始，但在推動與執行族群文化產業的過程中，只強調追求經濟利益，在執行上不僅未能將族群文化價值理念納入考量，甚至造成文化與生態的實質傷害。客庄觀光活動常見之負效益，依蔡孟尚（2007：68-72）整理資料大致上

有：（一）為發展客庄觀光旅遊所辦的客家文化活動往往淪為大拜拜形式活動，內容只是傳統的客家社區自己熱鬧一下的歌舞表演，對活化當地聚落效果不大，和客家民眾現實生活的結合程度也不大，活動過後未能彰顯客家文化等。部分客家文化界人士擔心過於強調觀光和產業面向，導致部分客家文化因不討喜而遭邊緣化，失去深耕客家文化的意義。而且許多活動雖以活化客庄為目標，但未妥善規劃，只侷限在一次性的活動，無法落實認識客家文化的目的，強化客家子弟對文化的認同感與自信心。（二）早期客庄旅遊地的居民擁有一片寧靜的山林，發展客庄旅遊之後，客家文化被旅遊業設計成一種套裝行程觀光旅遊活動，遊覽車接送遊客，載到指定地點消費，不僅未讓當地社區賺到錢，居民還要忍受觀光的種種商業負面影響和大批遊客造成髒亂、交通壅塞等困擾。還有觀光業者為了迎合遊客喜好，把原先具有客家味的農村景觀改掉，改成咖啡廳或飲料攤，當成遊樂區亂開發，只留下一地髒亂，還出現外地攤販趕市集般的利用活動期間湊熱鬧賺了一票後就走了，把爛攤子留給當地民眾收拾。

此外，觀光旅遊對客庄語言與文化也有相當程度的負面影響。本來旅遊應是一種文化差異性探索活動，客庄獨具特色的族群文化吸引遊客，帶來人潮，外地遊客應在當地領略客家文化風采，當地居民也可與遊客帶來的異文化進行溝通，將彼此承載的文化元素傳遞給對方，促進客家文化與異文化的交流。然而大量的遊客也可能在無意識中形成一種新殖民主義形式，使客庄文化受到外來文化的衝擊，客庄文化在交流的過程中面臨被同化、庸俗化和商業化的危險（薛寶琪、王桂，2005：205），族群文化的本真性受到挑戰，特別是在族群語言的保存上，觀光旅遊的興

盛非但未促成客語復甦，反而可能因爲迎合觀光客的喜好，使得原屬當地主流語言的客家話逐漸萎縮，甚至退出當地公共領域，造成客庄觀光化後的客語流失現象。[3]

　　觀光旅遊除了造成客庄社經文化方面的負效益，也衝擊到自然生態環境的完整性，例如因應交通需求配合拓寬馬路以及造成停車問題（邱秀宇，2009：311）。王鑫（2002）也指出，因遊客習慣於較現代且豪華的生活，爲了滿足遊客需要，旅遊地必須提供旅館、道路、餐廳、商店、水電設施、娛樂設施等，設施的闢建使旅遊地「變形」（transformation），較輕微的情況是使美景或淳樸的民風消失；最糟的結果是使該地的自然環境受到永遠無法挽回的破壞。而且，觀光旅遊過度追求經濟及社會效益，不顧一切追求商機，極可能壓迫到在地動植物的生存空間、食物與生態棲所，造成許多本土生態系統的威脅或失衡現象。[4]

　　由以上種種影響可見，客庄旅遊雖可提供民衆一個認識客家文化的時空場域，增加客家族群的能見度，促進客家社區的經濟收入，帶動客庄產業發展，創造可觀的經濟效益。但也可能因爲過度的商業活動帶來社區困擾及生態污染，造成許多社會及環境問題。因此，儘管客庄大衆旅遊經濟效益高，我們仍應反思如何規劃出更完善的北花蓮客庄旅遊模式，讓以族群爲特色的客家社區旅遊活動有更健全的內容，兼顧保存永續客庄與永續環境之目標。

　　爲了避免傳統觀光模式對旅遊地的文化及生態環境造成衝擊，旅遊者的環境素養成爲其中關鍵因素，這使得問題回到「人與環境」的基本模式，民衆唯有謹愼覺察己身活動對自然生態的影響，才能使旅遊不成爲破壞性的行動。可見旅遊看似個人或團

體的休閒活動，本質上仍是一種公民行爲。就這層意義而言，生態旅遊的倡議提供人們重新思考旅行的意義，培養公民對環境的敏銳感覺，是進行環境教育、提升公民環境素養的絕佳管道。因此，本文主張，生態旅遊的內涵應以環境教育爲基礎，唯有奠基於環境教育之上，才能使生態旅遊兼具休憩與環境學習的目的。在這過程中，旅遊者也是學習者，既能達到娛樂效果，也有助於學習環境生態知識，在旅遊當下及日後都能預防或減少其行爲對環境所產生的負面影響，進而促進保護環境的公民行動。本研究採文獻分析（document analysis）、行動研究（action research）及觀察研究（observational research）等方法，將行動與研究相結合，過程包括以環境教育模式作爲發展客庄生態旅遊的行動主軸，到採取實地踏查當地客庄實施該行動的相關資源，佐以搜尋生態旅遊及環境教育等研究領域相關文獻知識，最後回到研究本身，對北花蓮客庄生態旅遊進行實務反思。

二、生態旅遊和環境教育

1864年，Perkins Marsh 發表了《人與自然》（*Man and Nature*）一書。他研究人類與自然環境的關係，強調人類是自然的一部分，不能脫離自然而獨自存在，唯有保持生態的衡定才能保有和諧安全的生活環境，因此呼籲人們一定要關注和研究人類活動帶給自然界的影響，而且指出，人類對於自然世界負有責任和義務去改善環境，要以國家力量投入到環境與資源管理之中，提高環境保護政策的有效性，使人與自然的關係能夠得到恰當的監管（Marsh, 1864）。然而，隨著科技快速發展，人們爲了追求

經濟繁榮與生活便利，伴隨而來的卻是生態環境受到更大規模的污染及破壞，自然資源也因濫用而枯竭。1970年代以後，人們體會到環境破壞的後果，自然保育工作刻不容緩，環境哲學應運而生，一種全新的環境倫理觀因而成型，環境素養也成為地球村公民最重要與最迫切的共同教育目標。

（一）生態旅遊的興起

近年來隨著城市擁塞、社會生活壓力沉重，民眾普遍重視休閒生活，加上對親近自然環境的渴望，國內外短期旅行逐漸成為旅遊市場的主力。但在旅遊風潮的帶動下，許多自然生態景點出現過度消費和管理不善的情況，造成旅遊地包括：水、土壤、空氣、動植物、衛生、景觀美學、文化社經等多方面的環境耗損或傷害。隨著環境意識普及，大眾媒體對自然區域的廣泛報導，越來越多人注意到旅遊對環境的影響，加上消費市場的轉變，開始醞釀著一種有別於傳統大眾旅遊（mass tourism）、而是將遊憩活動與生態保育、環境教育以及文化體驗結合的旅遊型態。Nicholas D. Hetzer是最早提出生態旅遊概念的人之一，1965年他在《領客》（Links）雜誌中批評觀光活動對發展中國家所造成的衝擊，建議以「生態的旅遊」（Ecological Tourism）取代傳統的觀光模式，並提出負責任旅遊的四大支柱（four fundamental pillars），包括：（1）盡量減少對環境的影響；（2）尊重在地文化；（3）為當地社區帶來最大利益；（4）儘可能提高遊客娛樂滿意度（Fennell, 2012: 323）。墨西哥保育專家Héctor Ceballos-Lascuráin則於1987年正式定義「生態旅遊」（Ecotourism）這個名詞，前往相對未受干擾或未受污染的自然區域，其具體目標是

研究、欣賞和享受風景及其野生動植物，以及在這些地區發現的任何過去和現在的文化形式，並倡議以生態保育來活絡當地的經濟活動（Wearing and Neil, 2009: 5-6）。其後，相繼出現形形色色的定義來詮釋生態旅遊。1990 年國際生態旅遊學會（The International Ecotourism Society, TIES）定義生態旅遊為「在自然地區負責任的旅行，顧及環境保育並促進地方居民的福祉」。[5] 也有學者提出「另類旅遊」（alter-native tourism）一詞，用來包含文化、教育、科學、探險、休閒農業等內容，和生態旅遊有異曲同工之妙，指稱一種低調的（low key）、最小衝擊的（minimal impact）、解說性的（interpretative）自然或生態的旅遊，這樣的旅遊有助於所造訪的環境和地方文化的保存、理解與欣賞，在設計上符合自然、社會和社區價值觀，同時能讓主客都享有正面且有價值的互動和經驗分享（Wearing and Neil, 2009: 4；蕭振邦，2002）。依據 Mieczkowski 對旅遊的區分，這種重視自然生態的旅遊即為有別於大眾觀光性質的另類旅遊。如下頁圖所示。

　　除此之外，也有學者用自然保護、低度影響、可持續性、有意義的社區參與和環境教育等五個標準來描述「生態旅遊」（Arsenijevic & Bohanec, 2012；Bhuiyan, 2019: 1）。隨著時代變遷、旅遊實務成熟，以及越來越多的學術論述，國際生態旅遊學會在 2015 年修訂了生態旅遊的定義為「生態旅遊是在自然地區負責任的旅行，顧及環境保育，維續地方居民的福祉，並要有解說及對業者與遊客教育的內涵」。[6] 由生態旅遊的定義演變可以看出，環境教育漸漸成為生態旅遊的關鍵內涵，對民眾進行環境教育有助於民眾了解自然生態系統和保護其在環境中的作用，進而承擔保護環境的責任，建立可持續的生活型態，已成生態旅遊

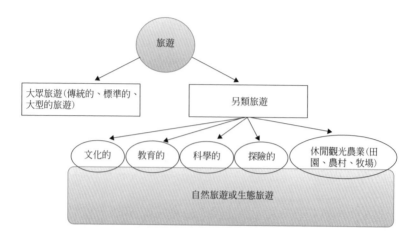

圖1：另類旅遊

（Mieczkowski, 1995: 459；Wearing and Neil, 2009: 4）

的必要條件。

（二）旅遊過程融入環境教育的必要性

　　以往臺灣的教育目標偏重升學導向，並未積極鼓勵學子理解和欣賞自然系統，也因都市化趨勢，多數人的日常生活處在一個越來越少看到完整生態系統的人造環境裡。疏離自然容易使人們忽略自然界受到的威脅，幸好都市叢林的生活緊迫感讓人們嚮往自然風光。既然民眾有親近大自然的需求，在寓教於樂的策略下，融入環境教育的生態旅遊可說為全民生態學習提供了務實的目標。規劃者盡可能地以解說（說故事）方式幫助旅人了解當地的風土民情，並且學習相關的環境原則，帶領遊客認識旅遊地的相關人文脈絡並了解生態環境的特性、人與自然的交互影響，幫助人們學會珍愛環境既是一項義務也是一項崇高的使命。也就是

說，融入環境教育的生態旅遊能使旅遊活動變得更有意義，從而提高遊客對環境保護的意識和承諾，以社會學習的長遠正向力量來抵消旅遊活動的短期負面影響。

環境教育以澄清概念、建立價值、改善環境作為教育目標，進而了解並重視人與自然環境及其文化三者間之相互關係。然而環境危機是人類社經活動所致，環境問題的種類、狀況也因時空背景不同而有所差異，故環境教育不應僅侷限於學校教育，社會大眾也應不時接受環境教育，以充實、更新環境新知（蘇宏仁等著，2012：10）。考量學習效果，環境教育的實施除了在課室當中的靜態學理講授，還應包含自然研習、戶外教育及保育教育。自然研習聚焦於自然中的真實世界，透過對周遭環境的親身觀察、體驗，讓人們了解真實的自然生態及各項環境因子，認識大自然的力量及運作方式，學習多種技能及適應自然的能力，並且培養豐富的想像力及欣賞、喜愛自然之美的情操（蘇宏仁等著，2012：5-6）。就此而言，生態旅遊可說是以休閒方式達成此目標的一項重要方式，規劃完善的生態旅遊不僅是一種遊憩行為，同時也可藉由在自然地區的旅遊行為，使旅客學習到生態基本知識，提升包括自然及社會全方位的環境觀念，對環境具備敏感度，喚起旅遊者對地方文化的關心與興趣，覺察環境問題之所在，了解個人或團體與環境間交互作用下所產生的生態與文化內涵，進而以更實際的參與行動促進生態保育。

就此而言，生態旅遊正是一種「以學習者為中心」（Mile, 1987: 8）的環境學習模式，藉由適當的解說材料增強生態旅遊的學習體驗，透過編製旅遊地區相關資訊與基本的解說材料，盡可能清楚、完整地描述旅遊計畫和活動目標（Mile, 1987: 7），鼓

勵參與者使用實地指南，幫助他們從中發現並學習人與自然的連結。例如在臺灣各地，許多特定族群聚居之處具有大量早期先人移墾與產業發展軌跡，以及該地區形成聚落後之風土民情，加上當地野生動植物自然生態等豐富條件，若能在旅遊前提供相關資料，將有助於旅遊者提早預習或事後查閱，加深印象，以補足現場解說可能忽略或遺漏的訊息。融入環境教育的生態旅遊模式透過不斷讓參與者融入環境，系統性的規劃學習，引導旅遊者將注意力集中在景觀環境的形塑過程，設身處地思考曾經在該土地上生活的人們如何與環境互動，欣賞並關心當地語言發展和文化的傳播，強調發現、探究和意義的探索過程，藉此學習如何尊重和愛護環境和當地人，進而成為旅遊地特殊文物的守護者，而不只是走馬看花地浪費旅遊資源。

由上述可知，融入環境教育的生態旅行可以是不分年齡、不分國籍、適合所有人的環境教育學習活動，透過完善的規劃與解說，生態旅遊行程既可滿足人們親近自然的渴望，更可達成保護自然、低度影響、可持續性、有意義的社區參與等多重目標。

（三）環境教育場域和北花蓮客庄生態旅遊

我國於2010年立法通過環境教育法，[7] 於2011年實施，是繼美國、巴西、日本、南韓、菲律賓之後，全世界第六個實施環境教育法的國家，[8] 並依該法訂定「環境教育設施場所認證及管理辦法」。所謂環境教育設施、場所，指整合環境教育專業人力、課程方案及經營管理，用以提供環境教育專業服務之具有豐富自然或人文特色之空間、場域、裝置或設備，秉持尊重生命並維護自然生態的精神，避免興建不必要之人工裝置、鋪設或設備。根

據環境部公布的設施場所分類，自然教育中心、國家公園（含都會公園）、農場、風景區／遊樂園、水資源及濕地、社區型、博物館／動物園、環保／綠能設施、文化資產及水土保持等十大類型，[9] 皆可申請認證為環境教育設施場所，根據場域特色或宗旨，規劃並推展各項環境教育服務。

　　花東地區的天然景觀是大自然送給臺灣最好的禮物，這個區域可說是渾然天成的生態旅遊場域，而北花蓮客庄就在風景寧靜怡人的處所，不僅具備海灘、湖泊、河流、丘陵、森林、野生動物、國家公園等自然野地的生態優勢，也擁有多元族群生活、歷史古蹟、民俗、宗教、手工藝品等文化遺產。近年來客委會積極投入文物館等基礎設施，客家先民的移墾歷史、多元族群共存的融合型文化和自然與人文兩相結合，充分發展生態旅遊的先備條件。客庄生態旅遊環境教育設施場所，可運用客庄現有之人文與自然資源，整合環境教育專業人力與客庄文化教育資源，整體發揮其能量，提供客庄環境教育給學校學生及一般社會大眾，以達成教育、研究、保育、保存並推廣客家族群文化、遊憩之多元目標。若能妥善整合客庄生態旅遊景點成為環境教育設施場所，透過客庄旅遊過程的解說及自然體驗，鼓勵民眾學習在地的風土民情，無疑可在旅遊過程學習客家人移墾臺灣後在土地上所開展出的生活與文化內涵，並搭建學習人與自然關係的平臺，可說是極佳的環境教育場域與資源。

　　因此，本文以北花蓮之花蓮市、吉安、壽豐與鳳林等四鄉鎮為目標，探討當地客庄在文化、經濟、生態等各方面具發展生態旅遊模式的潛在資源，並透過環境倫理的分析，探討客庄生態旅遊結合環境教育的可能性。以北花蓮豐富的自然與人文內涵搭配

適當的環境教育，在豐富的先天條件下，創造出更多元的環境教育學習機會，也能連結在地族群文化與各類型組織，進行跨領域學習整合，除保育自然環境及人文特色空間外，也能積極向社會大眾解說環境場域的族群故事。未來若政府單位及民間組織能強化對旅遊經濟、社會、政治和生態方面的清晰認知，積極提升環境知識，建制專業環境教育團隊、規劃並發展評量指標，找出和土地、自然連結的環境教育與客庄旅遊素材，串聯成「可以說的故事」，妥善規劃並確實實施環境教育生態旅遊活動，將會有相當良好的條件累積客庄文化棘輪，實現優質的客庄生態旅遊，並提升旅遊者的環境素養。

三、北花蓮客庄生態旅遊內涵

　　東部客庄是一個人文與生態的交會點。除了客家族群，還有原住民、福佬人、外省人、新住民，先來後到的各種族群在此安身立命，融合出相異又相容的文化內涵，不論語言、飲食、風俗、技藝、生活方式及自然景觀，都有其獨特風格。客家族群聚居的村落大多具備悠久歷史及豐富的族群文化特色，也是客家族群與土地之間和諧共生的見證，客庄生態旅遊以客家族群文化為背景，呈現東部客庄之生活、生產與生態等多樣內涵，並以解說方式傳遞客家人的生活故事，進而保存地方文化、提升客家文化產業的發展及社區價值、同時提升社區經濟。而融入環境教育之後更能凸顯保育自然生態的旅遊目標，引導旅遊者保護所造訪的自然環境，並以友善方式對待周遭的他人、動植物及自然環境，達成以環境教育途徑有效實現客庄生態旅遊的目標。

（一）建立三生（生活、生產及生態）合一的永續社區

北花蓮客庄在文化、經濟、生態等各方面可發展生態旅遊模式的資源及內涵分述如下：

1. 生活層面

客家人進入東臺灣的時間甚早，在尚未進入清帝國之前就開啓了客家人移墾東部的風潮。現在在這片土地上，多種族群發展出兼容並蓄的文化內涵，及獨特的多元族群風格。由於東臺灣各族群關係大致和諧，客家人除保有原先在西部原鄉文化之外，往往也願意融合同處一地的其他族群風俗民情，這使得東部客家在某些方面發展出與西部客家不同的生活方式，形成獨特的東部客家文化。例如客家族群較具規模的東移源自日治時期，由於日本人經營的東部移民村勞力不足，招募不少來自西部的客家移墾者：戰後日本人離臺，客家族群仍保留日本移民村的部分風貌，而有豐田移民村、客庄移民村警察廳等內含日本文化的多處景點。到了戰後，國民政府的土地政策刺激了另一波客家人前來，客家人成為東部數個鄉鎮的主要族群，花蓮更成為桃竹苗以外，另一個重要的客家族群聚居區域，[10] 早期先民移墾過程可藉由花蓮市客家文物館中豐富的史料建置可得而知。其次，許多客家人延續日治時期種植菸葉的產業傳統，反映在生活上的空間遺址可見於菸樓建築，如鳳林鎮廖快菸樓。而在信仰上，客家人除了原鄉移入的三山國王廟之外，還有壽天宮的關聖帝君，在對待宗教的態度也表現出多元寬容的精神，保留日式地神遺址，並融入佛教及臺灣民間信仰諸神祇，例如獨特的壽豐鄉豐田神社、豐田地神祠等，都顯出不同於西部客庄的特殊文化基調。

然而要注意的是，東部客家人也面臨日益嚴重的母語流失問

題，早期客語鄉音處處聞的景象透過傳播力極強的主流文化，客家語言、山歌漸爲華語文化取代（劉還月，2001：329），令有心人士極爲憂心，客家族群有「寧賣祖宗田，不忘祖宗言」的古訓，希望重視文化多樣性的生態旅遊能夠有效保護客家語言文化的延續性。

2. 生產層面

生態旅遊可透過文化產業的成立與發展，增加在地工作機會、防止地方人口繼續流失、協助地區建構或復甦產業鏈、美化社區風貌、吸引觀光旅遊消費，打造整體社區營造計畫的目標，形成商機可期的「文化創意產業」，可說是客庄生態旅遊文化工程的正面效益。由於客家族群過往的生活及產業型態，傳統客庄擁有許多文創產業的潛在景點。根據調查研究顯示，臺灣早年閩、客行業分布不同，客家人行業爲農牧獵業、林業、礦業的百分比高於閩南，而閩南在漁業、商業的百分比高於客家（張維安，2007：140）。北花蓮客庄的客家族群符合該項調查結果，目前除農林業仍爲客家族群的主要產業之外，早期曾經經營的產業遺址也在當地留下相當多的文化產業景點，這些據點在近期的文創風潮下陸續發展出相關的族群產業，例如農場、窯燒拼貼彩繪、炭工房等，也建置相關的客家產業文物館，如，壽豐農業生態館及林田山林業文化園區等，都是極佳的環境教育生態旅遊標的。

3. 生態層面

北花蓮客庄有相當豐富的自然生態資產，例如自然步道。當今社會因工業化與都市化社會帶來的環境污染與生活壓力，促使人們對親近自然有比以往更迫切的需求。在自然中行走本應是自

由平等的基本人權，大眾自由行走的平等權利成爲世界主流趨勢，爲尊重並鼓勵自由行走，目前許多國家致力於發展長距離步道。特別值得一提的是古道的概念，這種歷史悠久的步道承載著兩地互通有無的交流故事與歷史，同時保存了有形遺址如石板道、驛站、古橋、乃至隘口等重要場所，把時間感導入空間，並呈現無形的工匠技藝，兼具文化資產的價值，能讓人從有形中想像其他曾經在場的無形（台灣千里步道協會，2016：217），是人類在時間的長河中留下的珍貴共同襲產，幫助旅遊者在旅遊過程中學習相關的人文地理與歷史。例如，世界上第一條被指認的文化路徑，就是由歐洲各地出發，翻越庇里牛斯山前往西班牙西岸的聖地牙哥康波斯特拉「聖雅各之路」（Camino de Santiago），它保留了延續千年的徒步朝聖文化，今日也成爲國際著名的長距離健行路徑。這類文化遺產的維護，強調保留文化資產的「眞實性」、「整體性」，最大特色在於這種文化步道結合歷史主題，重現了路徑上的族群、信仰、戰爭、產業變遷的故事，並發掘沿線文化資產，加以整體保存，帶領步行者親臨現場時觸發「歷史的聯想」（台灣千里步道協會，2016：219）。在北花蓮客庄不乏此類的人文生態景點，若能挖掘出早期各種客家產業文化內涵，以及早期客家人的生活經驗，再用故事形式串接人與土地的生活記憶，就可形塑屬於客家符號的自然步道，並生產出具生態關聯性的客家族群文化環境記憶場域。

（二）北花蓮客庄各區生態旅遊潛在資源概述

　　早期客家人帶著特殊的語言、文化、風俗和信仰自中國東南沿海各省移居臺灣，然而在臺灣西部平原的拓墾競逐中，福佬人

在抵臺時程及人數上明顯佔有優勢，客家人只得退而求其次地選擇在丘陵地帶勤勉耕作，但經常性的荒旱、蟲災、與山區原住民間層出不窮的紛爭，產業收益有限，生活更顯艱苦，加上人口大量繁衍，形成嚴格的生存挑戰。[11] 面對經濟與生活壓力，為了另尋出路，過上更好的生活，部分西部客家人放棄墾拓數十年，甚至上百年的家園，再次邁出移墾步伐，出現第二次、甚至第三次的移民，翻山越嶺進入當時仍被視為蠻荒地帶的花東縱谷，建立新家園。[12] 進入花東地區生活的客家人因臺灣東西部地理條件的差異，雖然也說客家話、唱山歌、吃粢粑，卻和傳統西部客家生活方式出現明顯差異，形成獨特的東部客家文化與客家現象（劉還月，2001：293-299）。

　　生態及地理條件影響移居者的發展，但落腳於東部的客家族群憑藉豐富的墾拓經驗，在艱困的環境中淬煉出許多令人讚賞的生態智慧，並呈現於現今的民俗文化之中，也成為今日北花蓮客庄得以發展生態旅遊的豐厚資源。這些客庄蘊藏著專屬於客家人的族群故事，經過不同時期的客家民俗長年累月的堆疊，形成文化綜合體現，透過各種客家文化面向了解客家人的生活方式、經濟模式、社會結構、風俗民情。這些客家民俗中豐富的族群文化內涵，是客家人精神生活與物質生產的文化載體，也是臺灣多元文化的具體呈現，既反映出先人拓墾臺灣初期篳路藍縷的艱苦歷程，也承載著傳統客家意象。依前述 Mieczkowski 的說明，生態旅遊包含文化的、教育的、科學的、探險的、休閒觀光農業等，這些生態旅遊項目多數可於北花蓮客庄找到對應的旅遊景點，透過客家在地社區人文民俗資料的發掘與研究，可使得客家族群文化再現，激發人們對客家民俗的好奇心，若有機會親身體驗並參

與客家文化生活空間，再透過專業解說了解其民俗來歷、主要內容及對人們的影響，即可進一步熟悉客家族群於北花蓮客庄的歷史及文化，甚至能比較東西部客庄的文化呈現與現代生活的明顯差異。這種文化生活體驗的旅遊方式，既可達到輕鬆學習的休閒目的，也可滿足生態旅遊者的好奇心與求知欲。同時，透過生態性旅遊的倡議，發展具環境教育內容的旅遊事業，既可兼顧地方經濟效益、滿足旅客休閒旅遊要求，減少對環境負面影響，讓旅客學習欣賞不同類別的文化價值，滿足參加者的娛樂教育需求，降低對自然環境的傷害，又可讓當地社區居民受益，甚至藉由收入提供改善保護措施，藉此取代淺碟式的傳統觀光旅遊模式。

北花蓮之花蓮市、吉安、壽豐及鳳林等鄉鎮皆為客委會指定之客家文化重點發展城鎮，[13] 蘊含豐富的客家文化及自然生態資產，具備實施客庄生態旅遊之潛能。茲依鄉鎮特色略述如下：

1. 花蓮市

花蓮市是東部各城都市化程度較高的地區。日治時期，當時的規劃者即意識到開闢道路是開發東部最重要的建設。早期陸路多為步道，日本政府著手開闢可供汽車通行的蘇花公路；水路則是開闢花蓮港，以交通船定點接駁乘客及貨物。由於花蓮港的設立，海運降低了進入東部的陸運成本，也使得航運業成為花蓮的重要產業，建構花蓮市成為東部的首要城市。此外花蓮也擁有太魯閣國家公園、東海岸等豐富的自然資源，在族群文化上，除了福佬及客家族群之外，還有阿美族、泰雅族等重要原住民文化資源。在產業上，礦石與水泥業為近幾十年花蓮市的重要產業，但開發造成的環境劣化卻也引發環保與產業的眾多爭議。

花蓮市總人口數約11萬，其中客家族群近4萬人，聚居地分

布於主農里、主安里、主和里、主權里、國慶里、國強里、國富里等地，與吉安鄉之太昌、永安、北昌、稻香、仁里、東昌、仁安、永興諸客家村落比鄰，在移民史上可說具有脣齒相依的關係。不過在產業特色上，與其他多半務農的客庄較為不同的是，花蓮市的客家人較少從事農業生產，多半是經營小生意維生，至於工商產業方面，少數投入礦石業、建築業及製造業，較少觀光及金融等服務業（張維安等，2017：263-264）。近年來花蓮市公所和花蓮市客家諮詢委員會等專家學者密切合作，積極向上級單位爭取經費，辦理歷史文化脈絡調查、傳統祭儀慶典活動、語文傳承與客語無障礙環境、培訓產業人才等活動，在軟、硬體並進的推動下，結合妥善的旅遊規劃，期可達成推展客家文化之旅的目標。

2. 吉安鄉

吉安舊名 Cikasuan，漢人譯作「知卡宣」或「七腳川」，是東部客家最具指標性意義的地域（劉還月，2001：328）。西元1908年（明治41年）發生「七腳川事件」，[14] 日本人沒收七腳川社土地，收容來自日本四國德島縣吉野川沿岸移民，改稱「吉野村」，成為臺灣第一個日本移民村（張素玢，2017：76），並引入日本佛教。西元1917年（大正6年），川端滿二募建真言宗高野派「吉野布教所」，以宗教安定的力量撫慰移民思鄉之情。攢尖式屋頂的日式傳統建築，流露濃厚的江戶風格。寺院內88尊石佛依序排列。據說川端滿二曾遵循真言宗開山祖師——空海大師的遺規，行遍日本四國島上88所寺院，請回88尊石佛，讓信徒能就近參拜，免除了奔波之苦。臺灣光復後，吉野布教所改名為「慶修院」，吉野亦於西元1948年（民國37年）改名「吉

安」。西元1997年（民國86年）慶修院公告爲縣定古蹟。寺院內，歷經歲月更疊的神龕不動明王石刻、百度石、石佛等重要文物留存至今，不但敘說了日治時期到民國時期的聚落發展歷史，百年前渡海而來的東洋神祇也依然聆聽著人們的祈願和祝福。[15]

吉安鄉的客家移民多來自苗栗（劉還月，2001：330），保有豐富的客家文化。以信仰而言，吉安、稻香及永興三村都有立基於民宅的義民廟；吉安及永興的土地公充滿客家庄情調，與旁立的麵包樹、扣樹及刺桐並列，呈現出阿美族、客家及平埔族多元融合的生活與信仰；配祀於土地公祠側邊的石爺與石娘則凸顯客家先祖傳下的石神崇祀特色；吉安村的五穀宮是客家人信仰中心，管理委員及信衆都以客家人爲大宗，幾代客家人維持著晨昏上香的傳統古風，具有族群信仰特色的神聖空間不僅有客語流通，偶而還會有鄉親傳唱古老的山歌。

3. 壽豐鄉

壽豐鄉擁有清代漢人於花蓮開墾的一個重要地標——「吳全城」。該地原稱「志學」，清道光五年，吳全招募佃農來墾，爲防原住民侵擾，築堡壘防禦，後人稱其所築之地爲「吳全城」（劉還月，2001：330、366，2003：73）。到了日治時期，日人賀田金三郎於此種植甘蔗，設立「吳全城製糖工場」（林素珍、林春治、陳耀芳，2005：191），改名「賀田」（劉還月，2001：330）。二戰之後，該地尙設有吳全村，1978年併入平和村，如今東華大學主校區即位於「吳全城」附近。[16]

壽豐另一個重要客家移民聚落是豐田移民村，此地雖匯聚了客家、福佬、原住民及新住民，但仍以客家人佔絕大多數，客家移民多來自新竹地區，少數爲苗栗人。該地位於壽豐之南，在日

治時代稱為「豐田村」，包括今日的「豐裡」、「豐坪」、「豐山」等村，當時設有「豐田驛」，即今日之「豐田車站」，車站內向陳列相當多可一窺早期生活的珍貴歷史照片。壽豐鄉中正公園內的碧蓮寺則為豐田三村的信仰中心。碧蓮寺原為日治時期興建的日本神社，戰後居民商議改祀釋迦牟尼佛，神社變身佛寺，寺廟建築也經多次修建，日本神社外觀雖已改頭換面，但由於廟內仍供奉日本佛教常見的不動明王，加上廟前石燈及入口處的鳥居，多處遺跡仍隱約可見日治時期的文化樣貌。[17] 碧蓮寺每年有三大祭典，分別為四月八日浴佛節、七月十五日中元節，以及十月十五日的謝平安。其中謝平安是客家社群秋收酬謝天地萬物的傳統習俗。由碧蓮寺融合日華信仰的特色，可見出客家人不僅珍視所屬族群的宗教信仰，同時也對不同族群信仰有很高的接受度。

4. 鳳林鎮

鳳林舊名「馬力勿」（Marlimu），為泰雅族語「上坡」的意思。早期是泰雅族和阿美族勢力的緩衝地帶，清末漢人入墾，改稱鳳林，因「早年森林叢密，木蘭繞樹滋長，狀如鳳鳥展翅，漢人來墾，名其地曰鳳林。」客家人也在清末移入，到了日治初期已墾拓成獨立聚落，至今仍是花東縱谷客家成分最「純」的客家庄，依客委會推估，設籍客家人口百分比為66.28%（客委會，2011：37），早期客家居民多來自苗栗一帶。鳳禮、鳳智、鳳仁、鳳義等里客家人口皆佔六成以上（長橋里更高達八成左右），客語及客家美食普及，是花東縱谷最具客家特色的鄉鎮，泗縣話是最常用語言，連非客籍人士也說起客家話。更難得的是鳳林出校長的特別現象，顯示客家人重文教的特質（劉還月，

2001：334-335）。

在語文保存上，鳳林積極成立客家歌謠班，讓客家山歌得以傳承不斷；在信仰上，鳳林長橋里的褒忠義民亭及鳳林壽天宮的褒忠義民爺，為當地客家人提供最具族群代表性的信仰中心；在文化信仰上，客家人敬奉神明，不管大廟小祠，都有人晨昏上香，灑掃清淨，成為客家人在信仰上的一種文化現象，敬重三元節，年年謝平安，老一輩的婦女傳承「四月八，蟻搬家」的古風，在農曆四月八日那天，在廚房、門內、川堂等處貼上紅紙，並準備簡單祭品祭拜蚊蟲螞蟻，請牠們搬家，不要危害家屋及傢俱（劉還月，2001：336）。以不傷害生命的仁心與萬物共處的精神，與生命中心倫理的護生理念十分契合。

茲將花蓮市／吉安鄉／壽豐鄉／鳳林鎮之客庄生態旅遊資源分類臚列如下：

分類	鄉鎮位置／名稱
自然環境景觀	**花蓮市**洄瀾灣 **吉安鄉**中園桐花步道、嘉德花田、七腳川溪（吉安溪）源頭、福興村楓林步道、初英親水生態公園、初英自行車道、吉安親山線自行車道、吉安圳水利生態步道、干城村福德宮百年樟樹、五十甲公園 **壽豐鄉**白鮑溪水土保持教室、白鮑溪自行車生態步道、鯉魚潭環潭自行車道、鯉魚山森林生態步道、池南森林遊樂區、樹湖生態步道、櫻花步道、荖山瀑布、雲山水夢幻湖、豐之谷自然生態公園 **鳳林鎮**鳳林公園、鳳凰瀑布
古蹟／古道／歷史建築	**花蓮市**護國宮——三山國王廟、國慶里福祠廟、好客文化會館、松園別館、花蓮舊酒廠文化創意產業園區、國福、國慶里茄苳樹客家百年屯墾情藝術陶板牆、鐵道文化園區、洄瀾橋

	吉安鄉舊街庄紋理回復示範廊道、福興買菸場、南華菸樓文化館、五穀宮、好客藝術村、吉野拓地開村紀念碑（縣定古蹟）、永興村地神碑、庄頭伯公廟、客庄傳統市場、慶修院、西寧寺、橫斷道路開鑿紀念碑 **壽豐鄉**客庄移民村警察廳、碧蓮寺、豐田文史館、豐田地神祠、豐田移民村、豐田車站、豐田福德祠、豐裡國小、豐田三村客家廊道街道窯燒拼貼彩繪 **鳳林鎮**林田山林業文化園區、廖快菸樓、余相來菸樓、徐家興菸樓、林田神社遺址、鳳林車站、客家文物館、萬榮義民廟、壽天宮、觀音寺、大榮國小、臺鐵舊林榮車站
文化祭典／民俗曲藝	歲時節慶——五月油桐花季、天穿日、義民祭、收冬戲、三腳採茶戲、吉安客家文化藝術節——農曆十月十五日、呂為榮師傅禾稈凳、吉安四里「吃伯公福」、永興村——天神良福祭、鳳林鎮校長夢工廠
在地文化／生態相關產業	**吉安鄉**買菸廠故事館暨吉野生活館吉安鄉吉野一號天皇米、吉安三寶——龍鬚菜、韭菜、芋頭、吉安鄉竹篙屋客庄文化產業交流中心 **壽豐鄉**亞洲有機農業研究中心、豐田五味屋、壽豐休閒農業區、小雨蛙生態民宿、壽豐農學苑、如豐休閒農場、江玉寶有機農場、心宿體驗農場、立川漁場、壽豐魚塘路落羽松秘境、魔法雲莊——有機黑豆田 **鳳林鎮**蜂之鄉蜜蜂教育館、兆豐農場、讚炭工房

四、整合政府與民間力量共同推動融合環境教育之客庄生態旅遊

　　民國100年正式實施《環境教育法》表現出我國重視並積極保護自然生態的態度，結合生態旅遊的環境教育更可提供所有年齡層的民眾都有機會在輕鬆的氛圍中進行環境學習，二者有機結合，使旅遊成就了包含環境體驗和文化學習的全民終身學習計

畫。為實現環境公民終身學習計畫，周延的規劃和環境監管在旅遊過程極為重要，這一點凸顯了環境管理的重要性。融合環境教育之生態旅遊除了為旅遊者設計積極參與的學習歷程之外，旅遊地區的管理者（包括中央、地方政府及旅遊業者）、旅遊規劃者、或是旅遊者，都應意識到人類活動對自然生態的影響，並為實施旅遊活動進行適當的環境防護措施。環境教育與生態旅遊涵蓋多方面議題，需要政府與民間力量合力推動。本文參酌《交通部觀光局生態旅遊白皮書》（2002）部分內容，融入以環境教育結合生態旅遊之作法，將客庄生態旅遊環境管理重點分述如下：

（一）政府角色

　　無論是中央政府或是地方政府都是推動永續生態旅遊的重要力量，除了整合各級機關可用資源、制定維護生態旅遊的相關法規之外，也可在教育體制內及社會學習層面積極實施環境教育計畫。有關將客庄生態旅遊融入環境教育的發展目標，可分別就推動及管理機制、生態旅遊規劃與規範、市場機制、研究與教育來進行推廣，並辦理評鑑及觀摩活動。

　　1. 客庄生態旅遊的部分

　　　（1）訂定客庄生態旅遊地點遴選準則。

　　　（2）遴選具有客庄生態旅遊潛力地區。

　　　（3）推動在地居民參與規劃客庄生態旅遊培力計畫。

　　　（4）有效整合資源，支持並協助業者及地方創生組織推動客庄生態旅遊。

　　　（5）辦理客庄生態旅遊創業貸款、協助規劃或補助辦理客庄生態旅遊行程。

（6）訂定客庄生態旅遊業者、旅遊地之評鑑機制。

（7）訂定客庄生態旅遊地點生態環境監測評鑑機制。

（8）建置客庄生態旅遊服務資訊網站以利查詢及宣傳。

2. 結合並推動客庄生態旅遊納入環境教育課程的部分

（1）獎勵或協助編寫客庄生態旅遊環境教育學習手冊。

（2）輔導公私立客庄生態旅遊地申請認證成為合格之環境教育場所。

（3）協助客庄生態旅遊營隊活動納入各級學校環境教育課程。

（4）協助客庄生態旅遊納入各級學校校外教學場域或畢業旅行規劃行程。

（5）鼓勵各級政府機構以客庄生態旅遊研習活動做為公務人員環境教育訓練課程。

（6）鼓勵社教機構及企業辦理客庄生態探索研習活動。

（二）民間組織

　　包含企業及民間社團在內的各種民間組織，在環境保育行動過程具有不可忽視的充沛能量，特別是國內外的非政府組織，對提高人們環保意識都有相當顯著的貢獻，包括國外重要環保組織，如世界自然基金會（World Wide Fund for Nature, WWF）、聯合國教科文組織（United Nations Education Scientific and Cultural Organization, UNESCO）以及臺灣本土的環保社團，如荒野保護協會、各地愛鄉協會等。此外，雖然國際民間組織對環保理念的倡議功不可沒，但真正將理念付諸實踐的，往往是一群守護家園、在地方默默耕耘的草根人物，尤其是在地的文史工作

者，他／她們嫻熟在地的人文歷史，若能進一步擴大培養生態相關解說能力，組建常態性的生態旅遊專業解說人員，就能確保生態旅遊在環境教育上的豐沛師資，提升學習功效。

此外，各客庄所屬地方政府除了積極建構地方感、挖掘地方故事、建構體驗行程之外，也應定期舉辦客庄生態旅遊區研習班，並有計畫地培訓足額的地方生態解說員。生態旅遊解說員除基本的環境專業知識之外，也應強化溝通與解說、組織和領導能力。環境旅遊解說技能和領導力方面的培訓都是不可或缺的項目，特別是在行進過程中，領隊或解說者的職責，就是在該地區的保護目標範圍內，提高遊客對周圍環境的欣賞和理解（Weiler & Davis, 993: 93），當然也應包含建立和修正遊客環境行為，以確保其對環境負責。例如環境適應是一個重要且實用的環境永續議題，解說員除了解說該地區的地質和氣候特徵、生命形式如何適應的背景，也可利用生態適應做為主題，召集參與者進行簡短的解說、提供旅客發問及討論機會，以便傳遞人在環境之中的生態適應概念，幫助參與者將旅行時學習到的單點知識轉移到更實際、更切身的環境議題上。

此外，客庄生態旅遊也應加強媒體宣傳。媒體是推動社會往進步理念發展的有力武器，透過媒體介紹生態旅遊的發展，同時也鼓勵人們投身環境學習及教育。政府和民間組織都應積極開展各種生態旅遊的宣傳活動，透過動態或靜態的宣傳媒介，包括各種在地活動、廟會、年節及族群慶典、研討會等各種項目，都有助於民眾認識客庄生態旅遊和環境意識的提升。

五、結論──累積客庄生態旅遊文化棘輪

　　人類本是自然界的成員之一，擁有親近自然的天性，加上工業化與高科技的現代都市高壓生活型態，形成龐大的旅遊需求。每年為數可觀的旅客人次，雖然為各旅遊社區帶來可觀的經濟效益，但也帶來許多令人擔憂的負面影響。特別是自2020年全球爆發Covid-19疫情之後，各國紛紛祭出封鎖國境、甚至封城措施，以阻斷病毒傳染。臺灣由於疫情控制得當，民眾生活大致如常，這使得無法出國旅遊的限制轉化成國內旅遊需求大增的商機，2020-2022期間幾次連續假期，各景觀區更數度出現所謂「報復式旅遊」的現象，雖為國內各旅遊景點帶來大量遊客與經濟收益，但也可能為景點所屬社區帶來「過度旅遊」的困擾。根據聯合國世界旅遊組織（World Tourism Organization, UNWTO）的說法，「過度旅遊」不僅對目的地居民生活素質產生負面影響，同時也降低遊客的旅遊品質，更可能製造環境污染、破壞生態棲地等問題。這個現象提醒我們要關注人類活動帶給自然界的影響，承諾每個人對於保護環境都負有責任和義務，甚至要積極地以政府及民間組織的力量投入到環境與資源管理之中，提高環境保護政策的有效性，使人與自然的關係能夠得到恰當的監管。

　　2015年開始，聯合國訂下一系列具體的永續發展目標（Sustainable Development Goals，簡稱SDGs），並於2016年起在全世界推行，希望達成「永續發展目標的在地化」，包括所有人、大學、政府、機構和組織都被納入共同努力，以便達成各個目標。其中多項目標可透過環境教育來傳遞與落實，與客庄生態旅遊相關的指標則大致有五項，包括第4點確保有教無類、公平

以及高品質的教育，及提倡終身學習；第11點促使城市與人類居住具包容、安全、韌性及永續性；第12點確保永續消費及生產模式；以及第16點和平、正義與健全制度。目前我國政府已特別針對第12項「確保永續消費及生產模式」制定並實施政策，以監測永續發展對創造就業、促進地方文化與產品的永續觀光的影響。生態旅遊兼具休憩與環境學習的功能，旅遊者也是學習者，在相對輕鬆的學習行程中培養公民對環境的敏銳感覺，是進行環境教育的絕佳管道，有助於學習環境生態知識，在旅遊當下及日後都能預防或減少其行爲對環境所產生的負面影響，是促進保護環境的善的行動。客家族群所聚居的村落大多具備悠久歷史及豐富的族群文化特色，也是客家族群與土地之間和諧共生的生活、生產模式的表現。客庄生態旅遊正是展現族群文化、提升社區經濟的一種產業型態，若能融入環境教育及永續發展目標，定能發展成爲友善環境的生態旅遊活動。

本文藉由北花蓮的花蓮市、吉安鄉、壽豐鄉與鳳林鎮等四鄉鎮客庄生態旅遊研究調查，蒐羅客庄族群文化與生態資源，結合環境教育目標，強化客家文化生活、產業、生態等永續環境教育視野，推動生態旅遊時真正可以發揚客家族群文化特殊性，謀求兼顧文化多樣性、生物多樣性與資源永續利用之間的平衡，既作爲推動東部客庄生態旅遊之可操作資源，也期待藉此累積臺灣東部客家人文與環境教育文化棘輪，保存一個不斷擴充的客家族群文化知識本體，並且融入環境教育的生態旅遊方式，達成創生客庄產業、共享客庄生態旅遊資源的目標。

註釋

1　移墾花蓮之客家族群，北路坐船，在今花蓮溪口北邊上岸，聚集於花蓮市、吉安鄉及壽豐鄉一帶；中路移民則多落腳於璞石閣及拔子庄（今瑞穗富源村）一帶（潘繼道，1998：2）。

2　Tomasello 等人從過程角度觀察指出，人類獨特的文化成果和實踐的一個關鍵特徵在於累積性。先輩以某種方式做事，其後代以同樣方式照做（當然可能會有一些修改或改進），其後代再學習修改或改進的版本，如此代代相傳。因此，人類文化傳播的特點就出現這種「棘輪效應」。這個過程需要文化創新的能力，更有賴於代代相傳的忠實傳播，以保持活力。雖然生物學家在靈長類動物中也能發現創造的能力，但人類跨代傳播文化的獨特性，說明了為什麼人類文化能隨著時間的推移積累改進，而其他動物文化則不然（Tomasello et al., 1993）。

3　參見〈客庄觀光產業的「利」與「弊」：兼論挽救「客庄觀光化」的客語流失現象〉，《客家雜誌》，230 期社論。網路資源：http://hakka226.pixnet.net/blog/post/50418222-%E5%AE%A2%E5%BA%84%E8%A7%80%E5%85%89%E7%94%A2%E6%A5%AD%E7%9A%84%E3%80%8C%E5%88%A9%E3%80%8D%E8%88%87%E3%80%8C%E5%BC%8A%E3%80%8D，檢索日期：2019.04.18。

4　以最著名的客家意象桐花祭為例，民間業者為了搶佔桐花商機，確實有人在淺山地區廣植油桐木，不僅破壞生態平衡、降低生物多樣性，嚴重時甚至會剝奪後代子孫的環境權利。楊國楨教授指出油桐成為嚴重外來入侵種的七個原因，其中包含了「欣賞油桐花成為一窩蜂的時尚，種油桐來賞花的情形也成為時尚，分布擴散開來」。參見新唐人電視臺，2016，〈處處桐花祭？專家：台灣應維持熱帶生態〉，http://www.ntdtv.com/xtr/b5/2016/04/20/a1263267.html，檢索日期：2022.06.20。另見ETnews新聞雲，〈台灣生態浩劫？一棵油桐樹10年就「染白」山頭〉，http://www.ettoday.net/news/20150528/508743.htm，公視新聞，〈浪漫桐花五月雪　學者憂恐生態衝擊〉，http://news.pts.org.tw/article/322376，檢索日期：2021.05.01。

5　參考 The Wise Travellers網站，What Ecotourism is，網址：https://www.thewisetravellers.com/inspiring-blog/what-ecotourism-is-definition-and-benefits-for-tourism/，檢索日期：2022.02.06。

6　參考〈國際生態旅遊學會對生態旅遊的定義〉，網址：https://m.xuite.net/blog/wild.fun/blog/588568061，檢索日期：2021.11.11。

7　《環境教育法》第19條規定：「機關、公營事業機構、高級中等以下學校及政府捐助基金累計超過百分之五十之財團法人，每年應訂定環境教育計畫，推展環境教育，所有員工、教師、學生均應參加四小時以上環境教育，且戶外學習應選擇環境教育設施場所辦理。」參見https://law.moj.gov.tw/LawClass/LawSingle.aspx?pcode=O0120001&flno=19，檢索日期：2022.01.21。

8　〈2011世界環境日　我國環境教育法正式啟動〉，《環境教育及訓練》，第50期電子月刊，網址：https://record.epa.gov.tw/Epaper/10050/1-1.html，檢索日期：2022.01.19。

9　參見〈環境教育設施場所認證指引〉，頁2，網址：https://khenvedu.kcg.gov.tw/upload/CMS/20181009113104496.pdf.檢索日期：2022.01.19。

10　若依《客家基本法》「具有客家血緣或客家淵源，且自我認同為客家人者」所定義的客家人來看，臺灣各縣市客家人口比例最高的前五個縣市依序為：新竹縣（69.5%）、苗栗縣（62.2%）、桃園縣（39.1%）、花蓮縣（31.9%）及新竹市（30.5%），花蓮高居第四位（客委會，2014：1）。

11　桃竹苗地區多丘陵，當地客家居民多靠種茶及熬樟腦維生。清末新竹地區樟腦業式微，茶葉外銷衰退，又面臨荒旱、蟲害及激烈競爭，農作產量及收益都大幅衰退。加上自咸豐以來，客家人大規模移民來臺，人口暴增，土地卻沒增加，使得客家人處境越加困苦（劉還月，2001：315）。

12　當時移居花東的客家人大多來自桃竹苗丘陵地帶，分為北中南三條路線，本研究為北花蓮客家移民，因此聚焦於來自桃竹苗地區行走的北路。移民經復興或尖石，越過插天山或李崠山，下到樓蘭，沿三星出宜蘭平原，再經蘇澳沿海岸線過大南澳、澳花、和平，出太魯閣後抵達花蓮港；此外蘇澳到花蓮港間也有民間私營的駁仔船，提供移民某種程度的便利。到了1940年，新竹州的客家人已成為花蓮港區最主要的移民，佔51%強。新竹州的客家人比其他各地的人更熱衷移民後山，除了因生活困頓，逼使他們另尋新天地之外，也因他們早年開墾竹苗地區的旱田，讓他們有能力克服花東縱谷河床上石頭比泥土多的問題，向河床爭地，蓋起一畝又一畝的石頭田，給了他們移墾後山最大的本錢，移民人數自然比其他地區的人多出許多倍。依據1965年的

統計資料，花蓮客家人共有 55,701 人，佔所有漢人 42% 左右（劉還月，2001：317-321）。

13 客委會為加強客家語言、文化產業之傳承及發揚，特依據《客家基本法》公告客家人口達三分之一以上比例之鄉鎮為客家文化重點發展區。根據客委會《99 至 100 年全國客家人口基礎資料調查研究》報告顯示，該四鄉鎮之客家人口比例如下：鳳林鎮 66.28%、壽豐鄉 34.38%、吉安鄉 33.03%，客家人口比例皆超過三分之一；而花蓮市客家人口比例雖為 31.89%，但因估計之誤差值為 4.54%，研究報告指出，依統計理論上的信賴區間推算，理論上該鄉鎮市客家人口仍可能達到三分之一（客委會，2011：37-39），因此該四鄉鎮皆被列為客家文化重點發展城鎮。

14 七腳川事件為日治時期七腳川人與日本警察衝突事件。導火線為長期以來日本政府給付看守隘勇線之原住民阿美族薪資微薄，甚至時遭扣押，引發抗議，後來衝突擴大成全社暴動，且過程中日方一軍官及士兵戰死，事件結束後，七腳川社人被流放至花蓮南部及臺東，原社地成為日本官設移民村，當時招募許多客家勞工，日人離開後，客家族群聚居於當地，成為今日的吉安客庄（林素珍、林春治、陳耀芳，2005）。

15 參見吉安慶修院網頁，網址：http://www.yoshino793.com.tw/about.html，檢索日期：2022.02.17。

16 維基百科「吳全城」https://zh.wikipedia.org/wiki/%E5%90%B3%E5%85%A8%E5%9F%8E，檢索日期 2021.08.10。

17 不動明王被視為毘盧遮那佛的忿怒相化身，日本東密信徒信奉之神尊。目前在花蓮縣新城鄉以及吉安鄉慶修院、干城村西寧寺和壽豐鄉豐田村碧蓮寺四地仍有奉祀明王尊像，可以藉此追溯當年居住於此的殖民者的生活軌跡與信仰內容。線上資源：維基百科「不動明王」https://zh.wikipedia.org/wiki/%E4%B8%8D%E5%8A%A8%E6%98%8E%E7%8E%8B，檢索日期 2021.08.10。

第九章 認同形構的多重交織：
花蓮縣客家認同形塑的公私部門協作
Multiple Interweaving of Identity Formation: Public-Private Sector Collaboration in Hakka Identity Formation in Hualien County

吳忻怡

一、花蓮客家：從若隱若顯到大鳴大放？[1]

臺灣客家研究的議題是：所謂的客家人如何在新地移墾定居、安身立命、繁榮發展，成為臺灣客家人。（李文良，2019：3）19 世紀中國原鄉的客家族群，遷徙至臺灣西部拓墾。因為遷臺時間較晚，土地取得較為困難，謀生不易。因此，出現了部分臺灣西部客家移民繼續向花東縱谷的族群遷徙。這樣所謂的「二次移民」[2]，造就了夾雜於原住民、福佬人間營生，特殊的東部客家族群聚落。再者，因為日治時期，對應日本殖民政府的拓墾安排與規劃，西部客家人陸續移入東部的過程，明顯受到殖民政治的作用，亦展現了殖民歷史的軌跡。

相較於前述移民歷史中的東部客家，若從當代臺灣族群政治發展的脈絡來考察，自 1980 年代末期以降，「四大族群」（閩南／客家／外省／原住民）這樣新的人群分類原則被重新創造出來以後，「臺灣人」之中的差異重新被看見，「客家人」也更明確地被整合到一個嶄新的政治共同體的想像之中。然而，在這個有關「族群尊嚴」與自我認同的「客家人運動」中，臺灣社會對

「客家人」的認識與想像，在地緣上，幾乎聚焦於西部客家，特別是桃園、新竹、苗栗、高雄等等這些為眾人熟知的「客家大縣」。在客家族群透過「客家人運動」，不斷地自我動員與改造，使不同層面客家問題的合法性，獲得確立與正視的過程中，所謂的「東部客家」，在運動前期，卻仿若隱身，鮮少為大眾所指認。[3] 以花蓮為例，花蓮縣轄一市（花蓮市）、二鎮（玉里、鳳林）、十鄉（秀林、新城、吉安、壽豐、豐濱、光復、瑞穗、萬榮、卓溪、富里），除了秀林、萬榮、卓溪多為原住民部落之外，其他十幾個鄉鎮皆有客家聚落或者客家人散居於閩南、平埔、原住民等不同族群之間。也因此，與客家族群相關的文化，會呈現在日常飲食、語言使用、宗教祭祀，甚或產業發展之中。然則，這些與「客家」的關聯，過去甚少系統性或制度性地被指認出來。

　　2001年，「行政院客家委員會」（以下簡稱「客委會」）成立，其宗旨為「延續客家文化命脈」，開宗明義地闡明了此一族群行政機構的重要功能之一，就是「提升客家能見度，營造客家新意象」[4]。也因此，找出「歷史上的客家」、「隱形的客家」並使其在當代「現身」，就成了客家事務相關公部門的重要任務。根據《客家基本法》第2條，所謂客家人指具有客家血緣或客家淵源，且自我認同為客家人者。客語係指臺灣通行之四縣、海陸、大埔、饒平、詔安等客家腔調，以及獨立保存於各地區之習慣用語或因加入現代語彙而呈現之各種客家腔調。[5] 在這樣的法源基礎上，輔以相關的社會調查，「客家文化重點發展區」逐一確認，「東部客家」的形貌也有機會逐漸清晰而明確起來。譬如，參考2010年的「99年度花蓮縣客家重點城鎮發展綱

要計畫」，以及後續「花蓮縣浪漫臺九線客家文化生活廊道計畫」，就可以透過相關規劃，見證公部門發展出將花蓮縣區分為北區（新城鄉、花蓮市、吉安鄉、壽豐鄉）、中區（鳳林鎮、光復鄉、瑞穗鄉）、南區（玉里鎮、富里鄉）等三大客家文化生活圈的治理規劃與思維。

根據客委會 2016 年全國客家人口基礎調查資料，花蓮縣客家人口比例已佔 32.4%，全國排行第五。2018 年立法院通過《客家基本法修正案》，強化多項客家語言復振以及文化推動方針，內容包括：明定客語為國家語言之一；在客家人口集中區域推動客語作為通行語；增訂「國家客家發展計畫」以為各級政府相關客家事務施政之依據；鼓勵跨行政區域成立「客家文化區域合作組織」，以便推動客家語言、文化行政事項；設立「財團法人客家語言研究發展中心」、「財團法人客家公共傳播基金會」、「客家文化發展基金」等，來輔導客家文化發展區。這些新的族群政策工具，產生新的力道。而政府分別在北部、南部、東部等客家族群群聚地區，規劃推動「浪漫臺三線」、「靚靚六堆」、「浪漫臺九線」等客家文化帶之跨域發展計畫，更是從中央層級的高度，透過制度與政策運作，勾勒出「東部客家」的邊界，並企圖打造其認同內涵。

從上面的政策推移，配合考察晚近臺九線上偏於北半邊的，花蓮市、吉安、鳳林、壽豐四個客家文化重點發展區相關的客家事務與推廣，我們約略可以看到，一種搭配政策支援，「由文化敘事打造、強化族群認同」的發展趨勢：

（一）吉安鄉客家人口數約 32,000 人，為花蓮客家人口最多的鄉鎮，[6] 由於是客家文化重點發展區，亦是花蓮北區的客家文

化發展核心，近年來透過客家事務公部門的預算資源投入，不管是在鄉鎮的硬體建設（例如：伯公廟等客庄景點、可探尋客家移民歷史的自行車步道網、植基於南埔客家溯源計畫的洄瀾步道），或是客家文化內涵打造（如：推動「客家文化人才培訓計畫」、各種客家民俗培訓、打造「吉安好客藝術村」等），都企圖喚起「隱性客家族群」，再現東部客家的當代風貌。至於與吉安鄉相鄰的花蓮市，具備較完善的都市生活機能，也能發揮傳播客家意象、推廣客庄風情的效果。例如花蓮市推動「茄苳樹客家百年屯墾情規劃設計」，並於2018年策展花蓮移民史，企圖透過飲食、信仰、居住環境等三大敘事主題，建構具花蓮客家特色的移民史。[7]

　　（二）根據花蓮縣鳳林鎮公所資訊，[8] 客家人於清末日治初期來到當地，並於日治初期即拓墾成獨立聚落，其中長橋里，更是花東縱谷中「最純」的客家庄。這些來到花蓮的客家人，原鄉大多位於新竹、苗栗，四縣話則是最常用的語言。現今鳳林鎮約有人口一萬多人，其中至少有六成是客家人，雖然人口數不如吉安鄉多，但人口比例卻是最高。鎮內的長橋褒忠義民亭，是重要的客家民間信仰實踐之地。在客委會資源挹注與催生下成立的「鳳林客家文物館」，作為東部第一座客家文物館，則以在地的視角展示了客家東部移民的拓殖與生活史。近年在地客家文史工作者更不斷推陳出新，2014年透過取得「國際慢城」認證，輔以在地客家元素轉譯（菸樓、客庄移民村警察廳、客家服飾、織紋、染布等），企圖將鳳林打造成客家意象鮮明的宜居城鎮。

　　（三）壽豐鄉以豐田三村（豐裡、豐平、豐山）最具客家代表性，他們既是日治時期的移民村，也是客家鄉親二次移民的聚

落地。地方打造的「客庄聚落保存」計畫，目的在於保存日本移民村的文化資產，以及戰後客家族群的集體生活記憶。作為花蓮縣第一個推行無毒農業的鄉鎮，壽豐鄉民也透過勤奮的實作，展現出客家子弟代代承傳的「硬頸精神」。

從上述有關客家文化重點發展區近期幾個相關的文化政策執行、活動規劃與客家敘事來看，聚焦於「文化敘事」的「東部客家族群化」，無疑是理解臺九線客家族群認同形構的重要切入點。「文化」，以及相應的文化象徵或衝突、文化論述生成、文化建制與組織，是理解當代臺灣族群政治發展過程中的核心議題，亦是理解「花蓮客家」適切的出發點（point of departure）。

表1：花蓮市、鳳林鎮、壽豐鄉、吉安鄉的客家圖像

	花蓮市	鳳林鎮	壽豐鄉	吉安鄉
總人口[9]	99,537	10,567	17,182	82,604
客家人口比率推估[10]	30-39%	60-69%	40-49%	30-39%
客語腔調[11]	四海腔	海陸、四縣[12]	四海腔	四海腔、海四腔

本研究聚焦於花蓮市、吉安鄉、鳳林鎮、壽豐鄉等四個行政區域，企圖以不同層級之客家事務治理機關為研究對象，透過分析客家事務治理機關的相關敘事打造過程，直面國家本身；同時探究花蓮客家族群，在發展族群文化身分意識覺醒的過程中，如何經由不同尺度、制度面向的各類型行動，來形塑族群成員的群體意識。

參照上述的理論與研究脈絡導引，研究試圖將問題意識聚焦於：國家治理角色與制度安排為何？以及花蓮客家族群、客家社群如何透過文化實作來區辨「我群」與「他者」等面向，以便進

行後續的資料分析與觀點對話。至於田野工作，主要訪談對象包括：客家地方耆老、政府機關客家政策執行人員、社區發展協會活躍成員、學校教學場域等相關人士，收集與訪談問題則包括：家庭遷徙至花蓮的過程？與客家文化、語言間的親近程度？地方政府客家事務機關如何推動客家相關事務？這些客家相關事務與中央客委會的主要論述如何連結？等等。並走訪花蓮市、鳳林等地，踏查相關客家活動區域、文物館、鄉鎮空間中出現之客家符號等相關文化元素於地方空間中的實際施作。

本研究將聚焦下列三面向，來進行理解與分析：（1）官方認同敘事如何落實：著重於探討花蓮地方政府各層級公部門，在中央層級客家事務委員會的政策指引之下，對於在地客家事務的相關論述如何打造、推行與所遭遇的阻力；（2）在地的客家認同轉譯：著重於理解花蓮在地客家文史工作者對於「客家意象」、「客家論述」、「客家日常生活」的日常發掘、發想與挪用；（3）社群世代交替的客家文化再造：著重於考察花蓮臺九線四個「客家文化重點發展區」之各類客家社群，對「東部客家人」概念是否產生詮釋、擴張與再造的影響力。

二、理解花蓮客家的學術視角

在研究「客家的形成」時，林正慧（2015：9）認為「客家總稱」的形成，有複雜的過程與豐富的內涵；同時，也因為臺灣各地有各地的特殊性，因此難以從一地的「粵人論述」或「客人論述」，推演出類同或一統的客家認同。更有甚者，林正慧強調，對不同時代的客方言人群來說，面對不同的國家力量，遭遇

不同的主客觀環境，也因此經歷了殊異的認同形塑過程。換言之，不管從歷史性或地域性的角度來看，臺灣「客家人」呈現出的，都應該是複雜而多元的面貌。由此觀之，當下所謂的「東部客家」或「花蓮客家」，事實上也是經歷複雜的過程，成爲當代臺灣多元客家面貌的一部分。

考察林正慧（2015：5）的分析，他表示：從清代到日治時期，「客家」並非臺灣客方言人群的自稱，甚至可能不是臺灣本土的用語；反倒是在二次世界大戰結束，新的統治者到來之後，才普遍用來指涉臺灣的客方言人群，甚至成爲客方言人群的自稱。戰後臺灣本省客方言人群，「不僅經歷了從日本人變成中國人的國籍轉換，也經歷了從廣東人變成客家人的調適過程。」（林正慧，2015：383），這個歷史過程的揭露顯示：不只是花蓮客家族群才經由「二次移民」再造所謂的「客家認同」；反而是不論臺灣哪個地區，所有的客家族群在戰後，都要面對統治者有關人群分類的制度，透過法定給定的指稱，與日常生活中的自稱，重新摸索與肯認自己的族群身分，學習在不同地區安身立命，從「客人」轉變爲「客家人」。

而根據謝世忠（2019：19-26）的分析，當代臺灣客家研究，可以從一、基礎學理；二、國族角色；三、面對他者；四、跨境之地四個面向展開。其中關於國族的角色，關懷的重點在於：國家所看到的客家地位爲何？客家族群如何看待自身群體與國家之間的關係？以及，民主化過程中，客家文化於臺灣國家文化之中的演變，又是如何？顯然面對客家認同形塑，謝世宗與林正慧同樣強調國家力量對於族群團體的影響，以及對於族群認同形塑所可能發揮的制度效應。

從上面的論點來看，族群作為一種身分認同類屬，如何成為日常生活中顯著的人群分類概念與運作原則，與國家政策、資源分配、主要敘事息息相關。要理解花蓮客家由日治而當代，由西部而東部，隨著時間之流，經由不斷遷徙，在花蓮安身立命，並自我主張為客家的過程，理應關照不同時期國家在概念層次對其客家族群身分的肯認（與否）、當代族群議題的敘事主軸發展，以及實際的政策規劃與資源分配來一一理解。

　　邱榮舉、王保鍵、黃玫瑄（2017：1-2）檢視臺灣客家運動發展三十年的歷程，認為該族群運動有三項特徵：一、客家運動發展之初，並未有相關政策產出，一直要到主責行政機關設立後，才有政策產出；二、伴隨臺灣民主化與本土化的發展，融合「客家中原記憶」與「臺灣本土意識」之「臺灣客家記憶」漸趨主流；三、當代客家運動在政府的法律框架下，由公部門與非政府組織形成「公私協力治理」機制，持續推動臺灣客家運動。「治理如何協力」？也將是本研究考察的重點項目之一。

　　根據客委會（2004）所做的全國客家人口基礎資料調查研究顯示，居住在客家鄉鎮的客籍人士，其對於客家身分的認同感，要比住在非客家鄉鎮之客籍人士來得高。也就是說，居住在客家籍集中地區的客家住民族群認同感，要比離散地區的客家住民來得高（黃靖嵐，2008：3）。就黃靖嵐（2008）論文資料所顯示，花蓮縣客家籍人士對於「我以作為客家人為榮」的同意程度（32.6%），高於全國平均數（29.6%），也就是說，就縣市級層次的資料而言，花蓮縣客籍人口集中居住程度高，正面影響了他們對於族群的認同。而這個現象，在2011年客委會首次公告「臺灣客家文化重點發展區」之後，將討論的範圍限定在鄉、

鎮、市、區層級的客家重點發展區是否更爲強化？或者產生了哪些質變或量變？值得我們透過更細緻的研究來探索。

三、研究場域與研究方法

花蓮縣的客家族群人口數約略10.8萬人，佔總人口比例高達32.4%，僅次於新竹縣、苗栗縣、桃園市、新竹市，位居第五，可以稱得上臺灣客家大縣。除了人口佔比高，另一個值得關注的花蓮客家人口特徵則在於：客家組成與客語的高度多樣性。根據呂嵩雁（2014）的研究，花蓮北區、中區，以來自桃園、新竹、苗栗的四縣腔、海陸腔爲客語使用大宗，南區還是以四縣、海陸腔爲主，但還加上少數來自六堆「南四縣腔」的移民。此外，在吉安、壽豐、鳳林、富里等地，還可以聽到雲林崙背、二崙的詔安客語；以及見到祖上來自新竹饒平、中壢長樂的客家人。同時，國共戰後的外省移民，亦有過去原鄉居於廣東梅縣、廣東揭西、福建長汀的客家人，散居於花蓮各地眷村、榮家、農場，這使得花蓮的「客家面貌」，更加豐富而多元。

沿著臺九線，花蓮市、壽豐鄉、吉安鄉是客家人口達三分之一以上的鄉（市），鳳林鎮客家人口更高達二分之一以上。這些地區，各有其作爲客家鄉鎮的面貌與特色。本研究針對花蓮市、吉安鄉、壽豐鄉、鳳林鎮等四個鄉鎮的公部門客家政策執行人、地方客家社團參與者、學校客家課程主持者、地方客家耆老，透過滾雪球的方式，尋找訪談對象，進行對客家政策論述、執行、敘事轉換的深入訪談，理解中央層級的客家政策如何在花蓮地區不同場域實作、落實，以及其所碰到的相關挑戰與困境爲何。研

究共訪談了10位受訪對象，走訪鄉公所社會暨客家事務所、花蓮客屬會、社區發展協會、國小等[13]，嘗試透過深入訪談，釐清從中央政府到地方政府，從地方政府到民間社團與社區發展協會，如何看待相關的中央客家政策，並且以哪些方式，將政策論述轉化地方敘事，並以之為打造客家認同的軸心。透過這樣的研究，近一步釐清花蓮客家的認同形構。

表2：受訪者背景介紹[14]

姓名	任職單位	客家相關經歷
A	花蓮縣鳳林鎮某國小	鳳林鎮為客家重點鄉鎮，該國小為客語生活學校，長期辦理客語生活學校、客語競賽、參與大小客家活動 本人獲得客語初級認證
B	客語薪傳師	曾任多所國小的客語薪傳師，辦理客語認證課程、辦理客家文化營
C	現任中央級行政機關客家事務組組長	曾任某立委辦公室助理，負責客家社團、客家活動之爭取、溝通、協調
D	現任某鄉公所客家事務所	曾任花蓮縣某發展協會秘書，辦理各種客家文化活動、辦理客庄文史調查、客庄小旅行、客家產業計畫
E	某文化工作室負責人	曾執行花蓮縣客家重點發展城鎮專家輔導團計畫
F	某社區總幹事	曾舉辦相關客家文化活動
G	某國小退休校長	客家相關社團參與者、客家文史研究者
H	客家藝術工作者	從事與客家文化相關之藝術創作
I	某國小退休校長	客家文化研究者
J	歷任A社區發展協會幹部、B社區發展協會總幹事、專案經理	推動、主辦過相關客家十二大節慶（鼓王爭霸戰）、推廣客家藝文活動

資料來源：研究者田野筆記、深入訪談表2受訪者背景介紹

四、研究分析

在討論都會地區（新北市）客家族群關係建構與政策網絡時，陳定銘（2016）指出：多元的公民參與、政府資源挹注的平衡、積極性與回應性的行政官僚、互惠與溝通的重要、民間團體的協力、創新與知識轉換、政治支持網絡關係、客家文化園區的建構、軟體人才培訓等九項要素，是相關族群關係分析的重要議題。若從本研究的深入訪談資料加以分析，亦可以看出上述部分要素對於建構東部客家認同，具有相當關鍵的重要性。

（一）從中央的族群政策來說

1. 輸人不輸陣：政黨政治對相關客家政策的影響

雖然不同政黨有其各自的族群政策與族群論述，各種身分認同與相關的行動者也往往成為族群政治角力的目標與對象，然而，談到不同政黨在族群政策上的異同，對於花蓮在地的客家事務相關人士、客家社群與政策執行者而言，政黨輪替可能也是打造東部客家認同的助力與轉機，實踐政黨政治有可能成為肯認多元族群與認同的制度基礎。例如受訪者A認為：「臺灣的兩次政黨輪替是好事，因為這樣原住民、客家族群才會被重視，也成為影響臺灣政壇的關鍵少數。每一次的政黨輪替，就會將前一個政黨沒做好的地方補上、改進，促成整體社會的進步，能夠獲得更多的重視。」受訪者C則認為：「在友善客語環境的方面，平心而論，早期國民黨在整體的客家發展也有做了一些事情，例如六堆園區的規劃。兩個政黨各有很多努力的地方，族群的議題上，有不同程度的努力。」受訪者E則根據其在不同執政黨時期與客

家事務機關互動的經驗表示：「政黨輪替只有好。感覺上國民黨時代的客委會比較會『主動』式給予，也比較偏重在硬體建設；而民進黨時代比較『被動』，或者更準確說是希望自主提案與競爭的感覺，也比較偏重在軟體。但兩個政黨都不會忘記客家族群。」

不過，第一線的客家政策執行者，確實會在政治場域實作時，遭遇實際的政黨角力，也成為推動政策與論述的過程中，難以迴避的挑戰。受訪者C表示：「因為花蓮縣是屬於偏藍為主的縣市，國民黨還是屬於大多數。環境跟氛圍都不是我們想要的，推行起來非常不容易。很多資源的來源可以依靠客家事務處的爭取。但是很多個人與團體並不需要也不會主動來尋求協助或給予資源。花蓮客屬會長期都是國民黨的分支機構，觀察各會的總幹事的名冊就可以發現。客委會雖然很多資源直接資助，但是受到地方政治因素的影響，代表目前執政的民進黨或綠營立委到了一些現場，還是會刻意冷落或提防你，讓氣氛非常尷尬。」受訪者J也以他從事推動相關客家事務二十年以上的觀察表示：「客委會草創是在扁政府時期，當然一開始他的經費，慢慢逐年逐年的增長，後來國民黨就再多一點，再回到民進黨經費又再多一點，這是一個趨勢。」受訪者D更直言：「客委會本來就是政治性很高的部會，以前國民黨執政時，花蓮市公所首長是田智宣，是民進黨的，所以無論寫了多麼好的計畫，送了幾次，修改了幾次，不會過就是不會過。其他只要是國民黨的首長的鄉鎮，寫一些亂七八糟的計畫，也都是會過。花蓮市就是一毛也沒有。社團小額補助更不用說，都要看你跟國民黨的關係。」

是以，地方政治、在地政治網絡的角力，仍舊是中央政府企

圖由上往下，打造族群認同時，無可迴避的重要戰場。不同政黨，也往往爲了爭取客家鄉親的支持，確保這些支持可以轉化爲有效的選票，而在相關經費的增加上，不斷競逐、技巧性分配。也不難理解民進黨政府上臺後，爲何企圖積極利用「行政院東部辦公室客家組」這樣制度化的官僚體系，來積極擴張其在花蓮，乃至東部客家事務、論述場域的影響力。

2. 老大說了算？中央論述的錨定效果

中央層級的客委會，對於相關客家論述，具有相當重要的主導效果。也因此，地方客家事務相關人士受訪者J、C都表示：「客委會也會因爲主政者（主委）就有很大的差別。」「前客委會ＸＸＸ主委，重視客家硬體的建設，對於軟體不那麼多。現任的主委ＸＸＸ則是非常重視軟體的部分。」

不過上級的論述，固然主導了地方客家事務、活動的走向，但有關客家歷史來源、遷徙源流這些認同敘事，卻不一定是官方政策可以強力定調。受訪者J認同臺灣客家與中原客家已經完全不同：「就很像東部客家受到原住民影響，就跟西部客家有很大不同的地方。其實這件事情就是不要太侷限，我東部客家就跟你西部不同，到ＸＸ才隔幾代，但是再回去竹苗跟我們很不同。」不過他還是強調：「客家人也不是憑空出現在臺灣，也是從中原過來。」「我覺得是順其自然，最重要的是在地性、接地氣，然後再看之後如何去發展。」可以說，對花蓮地方的客家鄉親來說，臺灣客家認同與源流論述雖不是日常主要的關懷，但可說仍處在一個「競逐」的階段，哪一種說法究竟能成爲取得優位的認同論述，目前尚在發展之中。比較可以確定的是，「認同的選擇自由」，是頗爲普遍的共識。受訪者C認爲：「臺灣的客家認

同，像我也有認識一些苗栗的進步青年，整個桃竹苗環境還是支持國民黨，但青年還是會做自己，有自己的選擇權。」受訪者E則表示：「在東部比較是拓墾的概念，客家人為了求生存，大多選擇隱性，傾向與原住民、閩南人的融合生活。普遍對於中原客家的認同較為強烈。」C、E受訪者皆非常明確地表達了其對客家認同源流論述的偏好，但從談話中，也感受出兩位對此議題的開放性。

甚至有在地的公職人員認為，在地方基層做客家事務，「客家認同」根本不是他們在社區中可以直接著力的問題，也不是他們想要討論的問題。像受訪者D就非常坦率地表示：「你跟我們地方的客家大老講中原客家，我覺得他們也應該很不熟悉，跟我們的關係有點遙遠。」顯然，認同大敘事的定調，對於想要把任務完成的基層公務員來說，並不是最關心的事情。反而，在執行地方客家事務時，如何在科層體制中解決科層體制帶來的困擾與阻礙，才是迫切需要考慮的。

（二）從地方的行政體系來說

從行政組織的角度來看，目前許多縣（市）政府層級，皆設有客家事務專責機構，例如：臺北市政府客家事務委員會、桃園市政府客家事務局、高雄市政府客家事務委員會、花蓮縣政府客家事務處。然則，若以鄉（鎮市）公所層級來說，設有專責機關者，卻僅有少數，如：花蓮縣花蓮市客家行政事務所、花蓮縣吉安鄉客家事務所、南投縣國姓鄉客家暨觀光所。本研究所設定的研究場域：花蓮市、吉安鄉，正是極少數在鄉鎮行政體系設有獨立編制、獨立預算之客家事務專責機構的鄉鎮。[15] 這一方面有助

於我們考察專責客家事務機構對於地方執行族群相關政策的特性；二方面也可以讓我們進一步探究行政體系與族群認同形塑之間，究竟展現出怎樣的交互關係。

1. 主管者的態度

從公共行政的角度切入，王保鍵（2018：130）的研究顯示：客家文化重點發展區是依附在鄉（鎮、市、區）的地方自治團體，因此相關客家事務推動，需依賴民選地方行政首長的善意配合。地方政府重視與否，對於中央相關政策的「客家論述」能否貫徹，的確具有決定性的影響力。然而，中央與地方的角力與難處，卻可能出現在實際的經費核銷項目，而非對論述或實際政策的同意與否。

初期客委會因為有政策錨定的立意，對某些經費項目，有其主管機關的堅持，然而主計單位基於公務單位的執行規範與權責，也會有不同的解釋，造成執行與核銷上的困難，間接導致從論述到政策執行間的斷裂。例如受訪者A說：「政策面由客委會制定，縣市政府執行，縣市政府重不重視很重要，這樣才有辦法下到第一線來執行。初期客委會的一些補助，經費核銷項目的部分，客委會有它的立意，主計單位也有相關規範，解釋也有所不同，經過溝通，這幾年比較有改善。」

2. 基層行動者在官僚體系中的能動性

當訪問執行地方客家事務的基層公務員時，一個有趣的發現是，中央層級所關心的族群認同大論述與架構，有可能和地方的日常生活與未來發展並無直接關聯，甚至產生斷裂。如何兼顧兩者，主要必須依賴具有能動性的公務員行動者，依照其經驗、能力、意願與企圖，來架起中央與地方之間政策落差的橋樑。

以吉安鄉為例，相對於花蓮市主要產值來自於工商業，有其特有的就業類型（專門技術人員為主）與人口年齡分布（0到14歲兒童約佔三成以上）。當該鄉的公務人員，思考到未來的人口結構與產業發展時，相對於所謂的客家重點鄉鎮論述，他們可能會更專注於思考如何開發、著重鄉鎮未來可以永續發展的產業與人口培育，並將「客家內涵」包裹其中，而非先依靠在一個「客家認同」的大傘之下，讓認同論述先行。在上述例子中，部分受訪者就認為，相對於搭上地方創生風潮，以族群文化為元素發展觀光產業，是缺乏特色的複製。反之，發展幼兒教育產業，創造客家文化的浸淫式、融入式教學，才是一條有特色的出路。姑且不論此一發展方向所涉及的行政權責區分，但就如此構思而言，若無一定經驗、意願與能力的承辦人員，可能難以規劃出符合地方實際發展需求的建設藍圖。畢竟這是一份長遠的規劃，多數時候並不符合地方民選首長需要立即可見的政績以利選舉的需求。因此，相對於中央客委會、地方花蓮縣政府，如何培育第一線公務機關的客家事務執行者，可能才是族群文化向下深耕或者能否永續的關鍵能動者（agency）。

3. 科層組織的橫向連結與溝通

以官僚體系而言，平行機關之間無上下隸屬關係，各單位多半時間專注於執行自身任務，鮮少與平行單位協力互動。以花蓮鄉鎮級地方客家事務為例，如果某一鄉想要規劃客庄小旅行，至少可能就牽涉客家所、文觀所、原民課、農業課等等科室。如果鄉鎮長或公所承辦人沒有意願或能力推動平行單位之間的互動與合作，則許多計畫將難以完整推動或徹底整合。

即便花蓮縣客家事務處設有輔導團來輔導縣內的八個客家重

點城鎮相關事務承辦人員，但對執行地方客家事務第一線的鄉鎮公所來說，效力仍舊有限。這樣的狀況對基層的新手公務員來說，更是一個巨大的挑戰。受訪者 E 認為：「鄉鎮公所的人員流動性大，也經常沒有相關可以書寫計畫的人員，所以非常需要協助與陪伴。」而實際上，這些原本應該由行政機關主動進行的橫向連結，因為組織的慣性，還是必須經由外部的手段，來加以解決。譬如縣府提出的跨域整合型計畫，意欲整合吉安、壽豐、鳳林三個地區，成立「花蓮移民村」，即是透過花蓮縣輔導團這樣的外部組織協助，才將整個行政單位橫向連結的架構確立下來。

甚至，從基層公務人員的眼光來看，公所裡面最困難的就是有客家事務要做，但是如同受訪者 D 所言：「客家事務不是只有『客家』。」例如：如果要振興客家產業，可能涉及農業產銷與相關的法令規章，這時候客家所與農業課之間究竟如何分工？哪個單位來主導？這些行政措施如何啟動、權責如何分配？事實上並無明確規章可循。如果規劃的承辦人員沒有經驗，著實難以從整個組織架構中，找到有效的行政著力點；公所中有限的、甚至單一的負責承辦人員，也很難處理。

4. 行政組織之間的學習與競合關係

有關地方客家事務的推動，很常被在地的族群事務工作者拿來與文化部（以及其前身文建會）過去推動「社區營造」的方式與效果做比較。這一方面是因為當年從文建會到文化部，透過推動「社區營造」，[16] 成就了許多嫻熟於經由向公部門提案申請經費，深耕社區議題的地方文史工作者，乃至社區營造工作專業從業人員；另一方面，自客委會成立以來，客家鄉鎮透過對在地社區的重新認識、文史調查、族群產業規劃經營等等有關客家認同

的復振工程，其操作方式也與不少過去的社區營造計畫，有異曲同工之妙。對地方的客家事務執行者而言，兩個部會最顯著的差異在於：文化部可以接受社區直接申請相關計畫；客委會則必須透過鄉鎮公所提案，送往縣府初審，再送往客委會複審。後者所帶來的行政難度，也讓地方政府推動客家事務時，必須付出更多人事與行政成本，並墊高了計畫確實落實的門檻。

同時，公部門地方層級的客家行政事務推動人員也感受到，在推動「社區營造」與「地方客家事務」之時，出現一些實際執行層面的落差。譬如客委會許多的補助專案都是交給地方公所來執行，但初期卻缺乏對於公所執行者的培力與輔導。這些基層工作人員往往在尚未完全清楚掌握中央制定的客家政策與相關計畫施行細則時，就要上手執行客委會的計畫。也因此，為了完成上級的任務交辦，公所採取的辦法往往是將這些所謂的「活動」或「專案」招標出去，執行的結果與成效則相對有限。

反過來說，就算是公部門認知到相關客家事務需要在機構內對承辦人進行人才培育，可以找到的輔導師資，也往往是社造界的前輩或是相關民間組織負責人，其過去多以外部「申請者」的角色行動，熟稔於過去對口公部門的法令規章，卻缺乏在公部門內任職的經驗，不了解公務機關橫向整合的困難或眉角，使得這樣的「培力」也無法完全符合第一線公務員在執行計畫上的需求。即使公部門承辦人員在受到訓練之後，最終有辦法在形式上把計畫寫得很好，但實質效益也往往不如預期。弔詭地，「寫計畫」、「寫報告」而非「執行計畫」，反而成為第一線人員最重要的工作，資源與人力動員的最終結果，也可能只留下一份「漂亮的」成果報告書。例如受訪者J的切身經驗：「當時XX公所

也有推一些客家產與文化空間的計畫，……一直都沒有達到預期，公所迄今也沒有再推，規劃報告書就被當成垃圾。」顯然就是這樣的寫照。

（三）與公務機關之外第一線的族群行動者與文化工作者協力

論述作為政策的指引，敘事作為溝通與安置認同的文本，自有其於認同政治與打造族群認同的重要性。然而，這些大型的敘事，終究是要落實並安置於日常生活之中，才可能成為常態的族群身分實作。地方政治、社會網絡、資源分配都會影響到第一線族群相關事務之實務工作者的感受、投入程度，以及對相關政策的評價與支持。

探問花蓮在地的客家事務相關執行人士，從自身的經驗中，他們認為，最引起共鳴或者有效的相關客家活動包括：客語藝文競賽、客家節日推廣、客語薪傳師的貢獻等。例如受訪者 A 認為：「客委會與主辦單位都相當用心，每年都會更新與創新參賽的項目，讓客語藝文競賽的成果更加多元，非常有成效。」「例如天穿日、桐花季，讓客家族群有了明顯的標記，獲得重視。」「鳳林鎮上三位的客語薪傳師，黃瑞香、劉光鶯、宋德祿老師，在客語的教導與傳承上，貢獻良多，他們貢獻非常多，用非上班時間來推動客語文化。」

至於受訪者 C 則認為，地方政府需要透過「溝通」，讓民眾多了解中央對於制定客家政策的思考與脈絡，才能達到打造認同與認同傳承的目的：「東部是二次甚至是三次客家移民，以文化傳承為目的。中央的政策落實到地方上，以花蓮縣政府的客家事

務處爲例，在一些重大建設的提案，就會辦理許多座談、說明會，讓更多民眾了解。」而這些座談會、說明會之後，落實到社區，就轉化爲活動：「而客家文化論述到了地方就是以一些學術活動爲主，例如各社團會申請八音班、山歌班，甚至有舞蹈、戲曲的文化傳承。」顯見民眾對於自身的族群身分，還是要透過與語言、藝術、生活相連結的活動，才易於相互扣合。包括「客家飯篤比賽」客家嘉年華、「客家小炒比賽」、「瑞穗鄉富里的鼓王爭霸戰」都是讓受訪人津津樂道的客家活動。雖然某種程度，這些活動必須慢慢向商業化經營靠攏，脫離純粹的族群文化承傳，然而受訪人更在乎的，是「自己的」文化「被看見」。而受訪者B也表示：「『鼓王爭霸戰』有跟一位老師合作一個闖關活動，之前整個活動外包給公關公司，設計出來的東西非常好，闖關活動的內容非常豐富、用心，效果非常好。」

不過，也有受訪者質疑，「一次性的活動」對推廣客家文化與認同，可能造成負面的效果。受訪者B說：「兩黨之前沒有明顯的差異，但是希望客委會的補助要斟酌一下，發給很多社團作很多一次性的活動，人潮之後，又留下什麼呢？對文化推廣的效果如何？有什麼成效？」此外，行政主管機關，對於上級交辦的事項，有績效與管考的壓力，有的時候「有沒有辦」比「如何辦」更被看重。例如受訪者J就相當惋惜，該鄉前後舉辦了二十四、五年的客家文化活動，在後期的四、五年改由縣政府主辦，並由社區主導模式，改由標案模式。標案公司只需要完成標案內的指定項目，就算履約。但是這樣的方式，卻讓地方人士期許的文化承傳、社區動員付之如闕。過去該活動由社區主辦時，主辦的社區發展協會相關人員，會動員社區人士、附近鄉里、親朋好

友，同時，也會去跟地方居民討論活動與地方的關聯性，以及與客家的連結。但是後期得標的公司，把這些活動項目當成執行專案，在商言商，過去居民間的串連、集體記憶的建構，並不是他們在乎的重點。

針對上述對於何謂「有效的活動」的不同觀點，Comaroff & Comaroff在其作品 Ethnicity, Inc（2009）解析族群性商品化時就指出：族群身分的商品化涉入了某種浮士德式的交易，這一方面涉及了自我嘲弄（self-parody）與貶值，但另一方面，卻又可能讓人們有機會透過市場（重新）塑造認同，（重新）活化文化主體性、（重新）喚起集體的自我覺察（self-awareness），以及塑造新的社會性（黃應貴，2018：5）。某種角度來說，客家委員會成立之後，常態性地透過各項活動補助、資源分配，凸顯對某些類型之文化敘事的偏好或強調，也間接促成地方政府客家事務主關機關對於這些類型活動的模仿或挪用。對照吳忻怡（2021：151）對桃園市客家事務局之族群敘事與認同建構的相關研究，這些彼此借鏡與挪用敘事的活動，再次可能「成為族群性（ethnicity）的兩面刃：一方面文化轉譯為交易與現金、品牌，延伸為財產權、專利權、版權，成為市場經濟中的備受期待與流通的品項，挑戰了文化，或者說族群性的本真性與純粹；另一方面，這些活動、族群節慶與衍生商品，透過市場『能見度』，也讓人們透過體驗、購買，認識了（客家）文化的差異性，進而增加對（東部客家）族群式地理解，並增強了實質的認同，相當程度體現了認同經濟的效力。」

（四）客家社群網絡與相關客家論述的連結

1. 相關宗親會

不同於西部客家發展出強大的宗族、地域組織，東部客家移民為了生活上的務實考量，更傾向於和地方上其他不同族群（閩南、原住民）合作，因此較難見到類似西部客家如此穩固的宗族或地域組織。即便有成立，也常常面臨主事者年事已高、老成凋零，而無以為繼。

2. 各類客屬團體

根據黃靖嵐（2008：103）有關花蓮玉里客家社區的研究，東部客家人平常並不熱衷於為族群相關事務結社，其後因選舉動員所需，才成立了世界客屬會花蓮分會。同時，這些由地方頭人（比如里長）來主持的客屬會，也出現部分疊床架屋的現象。不過這些具有特定目的的社團，還是一定程度地提升了當地的客家意識，也滿足了部分社交與資訊、資源交換的功能。雖然如同前述宗親會，地方客屬會也出現了類似無人接手相關組織工作的窘境，但可以確定的是，不管是義民節、鳳林踩街或是鼓王爭霸戰等客家文化活動，客屬會是官方行政部門（客家事務處）必定動員參與活動的對象，彼此之間也有相當程度的合作。

至於我們透過訪談所取得的資料，大部分的受訪者都表示，花蓮在地的客家社團，有所謂的「代間議題」。也就是說，許多客家社團的主力成員，都是較為年長的客家鄉親，他們主要的活動，以傳統的聚餐、交誼為主，較無法吸引年輕一輩的加入。受訪者B說：「這些社團，我都不熟。只有接觸過鳳林客屬會，但是客屬會的年齡層都太老了，聚在一起就是吃吃喝喝，很多利益糾結，久了很不好。」而受訪者D在評價這些客家社團時則認

爲，相較於這些（政治）聯誼性社團，「有客家傳統的團體，比較容易在宗教中發現。宗教中才有比較明顯的族群性，例如伯公的管理委員會。」

反倒是一些網路上的集結，對在地客家鄉親更有吸引力，像受訪者B就表示：「有參加一些臉書的社團，例如：『我講客家話』、『客家文化交流』的臉書社團，裡面有很多客家人，大家可以交流彼此的差異點爲何？」「另外，我還有參加一個LINE群，是謝傑雄老師建立的，是一個四縣的客家群（屋）（音似豆）、一個海陸的客家群（屋）（音似豆）。」相較於過去傳統客家長輩依賴客屬會、農會作爲其日常生活中重要的社會網絡，值得進一步觀察的是，當網路社團成爲新一代東部客家人的認同中介團體，他們更可以跨越實體的地域疆界，與各地不同的客家人進行互動、連結。則對於所謂的「東部客家」，究竟是一種解構，還是一種強化，需要進一步更細緻的觀察與研究。

3. 客語薪傳師：伴隨文化認識的語言學習

黃靖嵐（2008：112）的研究指出：客委會成立後，撥款給地方單位，特別適用在學校，進行客語生活學校、山歌歌謠班、文史資源調查計畫。特別是「客語生活學校」的政策，以當地客語爲校園生活主要使用語言，不管是哪一個族群的學生，都必須一起參與說客語，師生也能因爲參與客語比賽，獲得到外縣市的機會，因此，這樣由上而下的客家語言推廣政策與資源分配，基本上是相當受到地方歡迎的，也拓展了客語作爲母語使用的空間。

客語認證基本上也是類似，根據受訪的客語薪傳師表示，因爲需要準備教材、題庫，並提供給學生，以應付認證考試，客語

薪傳師的適任與否，[17] 往往影響了校園內的客語學習風氣；而資源是否合理分配，以及是否可以順利地傳遞到第一線教學工作者的身上，則明顯地影響了第一線教學者的身心、士氣，亦影響了校園內客語、客家文化推行的品質與成效。在地客語推廣者受訪者B發出如下的抱怨：「確實有人只是為了賺錢不是認真在承傳，那個就老鼠屎壞了一鍋粥，沒辦法。」

4. 網路協助培育的「客家後生網路原住民」與其認同形塑

　　網路的無遠弗屆，以及新一代學子作為「網路原住民」的成長經驗，某種程度也讓「打造認同」這件事，透過新的科技、工具與物質基礎，跨越了一些傳統的障礙，達成過去難以達成的目標。例如受訪者B就非常稱讚客委會的網頁，讓他可以理解客家政策的來龍去脈，同時，也提供了很好的客語教學教材。他提到：「幼幼闖通關的互動遊戲、客語卡通：在教學的時候，有時候可以穿插客語的卡通、5-6分鐘的短故事影片『講麼个故事』都非常的好用。」這樣的回應，也使我們必須去思考，透過不同的物質媒介，新型態的認同形塑如何可能的相關議題。

五、結論

　　從中央層級的客家論述透過政策制定連結至地方政府的過程，到地方行政官僚依賴特定行政組織架構與資源落實相關客家政策，再到第一線客家文化推廣者如何經由政策導引與資源分配與地方政府協作，花蓮四個「客家文化重點發展區」的客家住民，基於歷史發展脈絡，未被納入80年代解嚴後的客家認同運動；也因為脫離傳統客庄，與閩南、外省、原住民不同族群共居

的環境因素，發展出較為彈性、協商，乃至工具性的客家認同；這些時、空交錯下的特殊性，也讓花蓮客家在2001年客委會成立之後，透過各種政策與不同層級行動者的實作、協作與角力，逐步發展出相當獨特而務實的客家認同面貌。

一方面，花蓮四鄉鎮雖然被標誌為客家文化重點發展區，但受制於行政機關的編制、業務執行模式與工作量，其在處理族群文化事務時，既出現了「路徑依賴」的狀況，又面臨執行上的商業衝擊：一方面複製「社區營造」時期路線，打造客家認同的核心藍圖與重點規劃，仰賴在地社區發展協會，以及相關輔導單位過去的經驗與模式來進行連結與推動；但同時，迫於行政績效管考，近來許多計畫又透過「發包」方式，交由以商業模式經營的盈利單位來執行，一定程度阻礙了在地的社區動員與認同深化。在如此的推力與拉力來回之間，也讓地方客家人士對於逐漸成形的「花蓮客家」未來如何可能，產生了憂慮。

二方面，相對於中央層級對於客家認同敘事的「節慶化」傾向，以及類似像西部桃園客家大縣多將推動客家認同的行動「事件化」（吳忻怡，2021：151），花蓮四鄉鎮的客家認同形構，仍舊偏向以「社區化」的方式進行。特別是連結諸如歌謠班、八音班、神轎班、客家織布班等在地社團，以及地方信仰中心（天公廟、義民亭等等），透過日常的重要生活經驗、習俗與空間，連結集體記憶、藝術、文化推廣，打造與強化具有在地內涵的客家認同。在這個過程中，中央層級的客家認同敘事顯然並未被刻意凸顯。某種程度也可以解讀成：花蓮在地客家鄉親認知到花東地處偏遠、人口稀少且老化的實際問題，傾力辦大型活動吸引大規模人流，乃至成為全國注目焦點這樣的事情，終究只是曇花一

現，徒然耗損自身有限的資源，對客家認同持續深化並無實益。也因此，能夠實質強化地方社區發展的中央客家政策，諸如「客家重點城鎮計畫」，透過資源分配，協助具體改善客家城鎮文化與產業景觀，自然比較容易受到社區好評。

總結來說，針對花蓮縣客家認同形塑的公私部門協作，本文聚焦以下三個面向進行討論：

（1）官方認同敘事如何落實：管理客家事務的中央部會，對相關的認同論述發揮了重要的錨定作用，並且影響了資源分配。然而，這些與族群身分認同相關的「大敘事」，既可能受到中央執政政黨輪替的影響，也可能受到地方派系角力的挑戰，甚至不見得為地方人士所認同。同時，這些敘事也需要地方層級的客家事務行政官僚以其對行政程序的理解、熟稔，乃至行政技巧的操作，透過各類法規、條文來配合落實。而地方層級的行政主管抱持何種配合態度、基層公務員是否具備足夠的能動性、科層組織之間是否產生有效的橫向連結、以及行政組織之間的競合關係，都牽動了這些敘事是否落實的可能性。

（2）文史工作者對客家認同的轉譯：不管是以「社區營造」模式操作，還是透過與鄉鎮市公所配合提案爭取資源，文史工作者選擇哪些項目來推動客家文史或社區工作，也蘊含了其對「客家認同」內涵的理解或者核心認識。不少受訪者提到客家語言的教學與競賽、客家節日的推廣、客語薪傳師的貢獻，在在顯示語言與常民文化的實作，才是一般民眾最有感的身分認同標誌。透過語言、藝術（如：客家織紋、藍染）、飲食文化、信仰（如：伯公信仰）乃至族群技藝（如：打鼓）等項目，經由集體的、日常的再現或展演，讓自身族群文化「被看見」，也可呈現

移民過程與生活經驗差異所逐漸累積的，不同於西部的「花蓮客家」。而透過走訪這些鄉鎮，也不難發現，這些相關的族群文化內涵，透過公部門的資源協力，部分化身為巷弄中的建築、壁畫、告示牌、各類標誌等，於環境、街景中將客家元素視覺化，亦一定程度營造出了具客家意象的空間感。

（3）社群世代交織的客家文化再造：從早期的宗親會、各類客屬團體，到晚近伴隨文化認識來進行語言學習的客語薪傳師制度，再到無邊界的網路社團，在本研究所關注的四個客家文化重點發展區，可觀察到的一個現象是：隨著花蓮客家移民的世代交替，客家文化承傳的中介者，由早年的宗族、地域組織，慢慢移向具備教學專業的語言、文化傳播者，現在則更逐漸轉移到無邊界的網路（社團），呈現出一個實體社團退位，虛擬社群漸起的客家文化造型過程。相對於透過交陪、互動來維持客家認同的族群結社，目前網路上跨域客家社群的參與者，具有一定程度的主動性，對於客家文化的認同強度也可能更高。這些人的互動，也不一定需要依賴官方的資源或協作，因此自由度更大，對相關客家文化復振的議題或想像，也可能更為活潑或創新。

是以，巨觀層次的認同敘事指引，固然提供了理解族群身分認同的脈絡與線索，建構了意義。然而，落實到生活層次，行動者首先要能解決日復一日所面臨的困境與挑戰，獲得安定的生計與發展，才能在這些再真實不過的挑戰中，得以有餘力安置家族乃至族群過往的移住歷史與落地生根經驗，整理出自己的族群敘事。除了實際勾勒出從中央到地方再到社區人士如何協作打造花蓮客家認同，本研究亦可回應黃靖嵐（2008：101）的發現：「東部這裡的客家想像，一直便停留在傳統，反而建立一種社區

的認同。」如果相關族群機關能持續做有效的資源配置，回應並設法解決花蓮客家社區所面臨的實際生活議題，則已然建立起來的社區認同，或許反倒是強化並鞏固花蓮客家認同最好的地基。

註釋

1 謝國雄主編的《群學爭鳴：臺灣社會學發展史，1945-2005》（2008）
  一書，討論了臺灣社會學各個不同研究次領域，自1945年以來的發
  展。其中第八章「族群篇」，收錄了王甫昌所撰寫的〈由若隱若現到
  大鳴大放〉，論述臺灣族群研究由隱而顯的歷史過程。此處借用該文
  篇名，意在指出花蓮客家族群由隱形到現身，亦走過了如同臺灣族群
  研究發展的類似歷程。

2 根據羅烈師（2018），當代臺灣客家研究學者事實上尚未對客家「二
  次移民」的概念，達成研究上的共識：有一派，如賴志彰，認爲所謂
  二次移民實際上是所謂的「再移民」，著眼於梳理移定居前的多次遷
  徙過程，這些遷徙多發生於清代；另一派則是偏向靜態思考的概念性
  質，如劉還月，比較接近清末初墾、日治時期是二次移民的說法。本
  論文談及「二次移民」時，亦偏向後者。

3 根據黃靖嵐（2008：13）的研究，1988年客家還我母語文化運動主要
  爲挽救客家語言與文化流失現象。然而，東部的客家人在其日常生活
  中，本來就以多元的方式使用語言，較無語言和文化流失的問題，反
  而閩客之間，會因爲政府「獨厚」原住民的各項優惠政策，共同起而
  抗議。因此，早期客家文化運動的訴求，在東部客家居民之間，獲得
  的共鳴有限，也難以召喚其認同。

4 參見2002年行政院客家委員會簡介。

5 孫煒、韓保中，〈客家知識體系的分析架構〉，《客家研究：社群省
  思與政策對話》（2013，智勝文化出版）第二章，第14頁。

6 https://www.chinatimes.com/newspapers/20170926000455-260107，檢索日
  期：2019.01.30。

7 http://www.hakkatv.org.tw/news/175349，檢索日期：2019.01.30。

8 https://www.fonglin.gov.tw/files/11-1049-3674.php，檢索日期：
  2019.01.30。

9 資料來源：中華民國內政部戶政司全球資訊網。

10 資料來源：中華民國客家委員會全球資訊網公布之「110年全國客家人

口暨語言基礎資料調查研究報告」，頁39，表3-4各鄉鎮市區依客家人口佔比歸類——達三成以上。

11 本欄位有關花蓮市、壽豐鄉、吉安鄉客語腔調資料來源：行政院客家委員會網頁：花蓮客語及相關方言分布，作者呂嵩雁 https://www.hakka.gov.tw/file/Attach/1990/1/5114164371.pdf（2014.03.03張貼）。

12 資料來源：黃菊芳（2017），〈花蓮縣鳳林鎮客家化的家戶空間分布〉，《民族學研究所資料彙編》25：25-44。為了呈現所考察之花蓮市、吉安鄉、鳳林鎮、壽豐鄉等四個客家重點發展區與客家族群相關的形象，本研究試圖從總人口數、客家人口比例、客語腔調等三個面向，來勾勒這四個地區所呈現出的「客家圖像」。如註腳9、註腳10、註腳11所示，各鄉、鎮、市總人口數的資料來源為「中華民國內政部戶政司全球資訊網」；客家人口比例推估的資料來源為「中華民國客家委員會全球資訊網」公布之「110年全國客家人口暨語言基礎資料調查研究報告」，頁39；客語腔調的資料來源有二，其一為「行政院客家委員會全球資訊網」所公布之「花蓮客語及相關方言分布」（作者呂嵩雁）；其二為黃菊芳（2017），〈花蓮縣鳳林鎮客家化的家戶空間分布〉，《民族學研究所資料彙編》25：25-44。

13 因為疫情關係，部分訪談以線上方式進行，相關訪談皆有錄影，再將訪談內容轉錄為逐字稿。

14 此表主要說明本研究受訪者之工作性質，以及其與客家事務相關之工作經歷。訪談過程透過拜訪鄉公所社會暨客家事務所、花蓮客屬會、社區發展協會、國小等單位，以及相關報導人之介紹（滾雪球抽樣Snowball Sampling），得以接觸到這些願意接受深入訪談的對象。論文中所述受訪者之經歷，皆整理自深入訪談時的田野筆記，以及訪談逐字稿。

15 另一種客家事務專責機構，則是以內部單位方式設立，例如：苗栗縣苗栗市公所客家文化課、苗栗縣頭份市公所客家文化課。

16 文建會（現文化部）於民國83年，配合臺灣當時社會運動勃發，整體社會結構的轉變期，提出了「社區總體營造政策」，企圖將社會運動的能量轉進社區，透過推動地方居民積極參與公共事務，凝聚社區共識，乃至地方意識與在地認同。

17 東部客家人的客語夾雜了四縣與海陸的腔調，被客家語言學者羅肇錦稱之為「四海腔」，屬於東部客家人獨特的客語使用特徵。然而，客

語檢定只簡單區分為「四縣腔」、「海陸腔」等幾個選項，對東部客家人而言，實屬挑戰。因此，在準備客家語言檢定考試時，更需要透過客語薪傳師提供的題庫、模擬練習，才較易通過檢定。也因此，客語薪傳師的教學能力、帶領學生面對考試的經驗、以及教學熱忱，往往造成客語教學成果的差異。而盡責的客語薪傳師，需要付出許多實質的物質成本（印製教材、編寫講義、考題）、時間成本（收集資料、整理考古題、轉化生活語言為考試題目）與心力，因此對於相關資源是否可以公平地分配，更為在意。

結語 ▌期盼的下一步
Looking Forward the Next Step

王俐容

　　本書在研究設計與專書規劃時，希望可以從每位作者所關注的議題或是場域裡，以東部族群的遷移與混居的經驗、族群關係與邊界互動的現象，分析出原住民與客家族群如何在每天生活與文化交融中，持續確立「我們」與「他們」群體的分類方式與文化內涵，形成有用的族群認同或行動的框架，可以對臺灣的原客關係、認同流動、族群邊界、語言發展、族群文化或觀光政策等提出貢獻。因此在結語部分，特別指出本書的幾個目的：

　　一、貢獻東部區域研究的發展：長期臺灣研究以西部為中心，但西部的研究成果都難以適用或推論到東部區域的個案。因此，本書希望從夏黎明教授所提出「東臺灣及其生活世界的構成」，在歷史過程、國家治理、居民與人群、網絡、日常生活及其變遷這五方面的獨特性（夏黎明，1997：7-16），進行當代的思考與分析。第一、在歷史過程的面向，本書的論文分析了花東縱谷、奇萊平原、秀姑巒溪流域、與東海岸等地的族群遷移歷史；第二、在治理部分，分析了日本與戰後在土地使用、產業發展、語言政策、文化與觀光政策等案例，帶領讀者探索不同治理工具與模式，如何形塑構建族群認同與文化生活；第三、居民與人群面向則深入個別區域（例如花蓮、吉安、壽豐、鳳林、瑞穗等等），照看居民與人群如何流動、相遇、合作、競爭、資源分

配與遷離；第四、網絡部分側重自西部遷移過來的客家族群，如何在經濟產業、宗親家族、在地社團、政治參與、社會運動等，與西部或其他區域的族群形成交往網絡？如何維繫與互動？第五、以日常生活及其變遷為焦點，希望深入到從個人或是家庭的生活，細緻地詮釋族群文化、認同、邊界維持、自己與他者的分類方式，如何被實踐與落實？又可能在什麼社會與歷史情境下逐漸改變？

　　二、原住民與客家研究間的探索與對話：本書作者群以原住民研究及客家研究的學者組成，有些在原住民及客家研究均有豐富經驗，例如謝世忠與潘繼道教授；有些為原住民學者首度書寫與客家相關議題，從他們所擅長的原住民議題與區域出發，結合對東部客家的觀察（但過去沒有機會發表）來詮釋，例如浦忠成、王昱心與蔡志偉教授；有些來自客家研究背景，但在花蓮場域感知與理解原住民族群所帶來的影響，提出更具族群互動的觀點，例如王俐容、姜貞吟與王保鍵教授。對本書的許多作者而言，從原客互動的視野出發，進入花東的場域來進行實證調查，帶給他們新的經驗與挑戰，也希望未來持續開發在原客關係的研究路徑。

　　三、跨領域合作的成果：區域研究本就重視跨領域的整合研究，本書更是集結了人類學、社會學、歷史、文學、哲學、法律、文化研究、藝術研究、公共行政等不同科系背景，運用了史料分析、田野調查、空間分析、語言調查、政策分析、法解釋論、行政體系等多元研究方法，最終貢獻於**族群關係**、**認同政治**、**轉型正義**、**傳統領域**、**族群產業**、**遷移歷史**、**觀光研究**、**環境生態**、**語言政策**、**文化行政**、**宗親家族**等研究領域。希望可以

將東部區域研究的各種面向，具體而眞實的提出我們的觀點。

　　對團隊而言，因爲疫情讓許多原本的規劃難以落實，團隊共同討論的機會大爲減少，自然對研究成果多所限制，遺憾的情緒在此時湧上心頭。成員在有限的時間與精力，完成現有的作品，則是非常感激。特別是謝世忠教授與東華大學的教師們，一再大力支持，對於許多的修正與催促多予配合，才有本書的出版。當然，客家委員會對於本計畫的支持，給予了本書最初的發展可能，在此表達深深的感謝。中央大學出版中心願意支持本書的出版，在此一併致謝。

　　本書最後，最期盼的事情是，接下來將有更多東部客家以及族群關係的研究繼續出現；除了原住民與客家之外，閩南族群、外省族群、新住民的觀點與經驗也可以被研究與討論，除了貢獻族群關係的學術研究之外，讓臺灣社會民衆對於自身與其他族群、文化及價值有更多的認識、理解與欣賞，才有可能共築多元平等共融的社會。

參考書目

導論

李宜憲，2011，〈東臺灣日本統治體制的建立與原住民的民族發展〉。國立政治大學民族學系博士論文。

呂嵩雁，2007，《台灣後山客家的語言接觸現象》。臺北：蘭臺出版社。

——，2014，《花蓮客語及相關方言分布》，客委會補助計畫，資料來源：http://www.hakka.gov.tw/Content/Content?NodeID=624&PageID=36404。

林玉茹，2013，《殖民地的邊區：東臺灣的政治經濟發展》。臺北：遠流出版社。

施添福編，2005，《臺灣地名辭書：卷二花蓮縣》。南投：臺灣省文獻委員會。

孟祥瀚，2014，〈東台灣國家與族群之歷史研究的回顧〉。《東台灣研究》21：55-74。

夏黎明，1997，〈東台灣及其生活世界的構成〉。《東台灣研究》2：7-16。

陳文德，2005，〈東台灣「族群」的研究〉，《戰後東臺灣研究的回顧與展望工作實錄》，東臺灣叢刊之六，頁55-57。臺東：東台灣研究會。

陳鴻圖，2014，〈戰後東台灣的區域史研究：政府出版品的回顧〉。《東台灣研究》21：75-102。

張素玢，2001，《臺灣的日本農業移民（1909-1945）——以官營移民為中心》。臺北縣新店市：國史館。

康培德，2000，〈從地理學的區域概念試論東台灣的形構：以《東台灣研究》為主的討論〉。《東台灣研究》5：17-33。

廖致苡，2009，〈花蓮地區客語阿美語接觸研究〉。國立中央大學客家語文研究所碩士論文。

潘繼道，2001，《清代臺灣後山平埔族移民之研究》。臺北：稻鄉出版社。

詹素娟，1995，〈宜蘭平原噶瑪蘭族之來源、分佈與遷徙：以哆囉美遠社、猴猴社為中心之研究〉。頁41-76，收錄於潘英海、詹素娟編，《平埔研究論文集》。臺北：中央研究院臺灣史研究所籌備處。

蘇祥慶，2012，〈花東縱谷北部客家鄉鎮的歷史淵源與當代社會特性簡述：以吉安鄉為中心〉。《東台灣研究》18：95-125。

謝世忠，2022，《佈點人類學：觸角與廣識》。臺北：秀威出版。

謝若蘭、彭尉榕，2007，〈族群通婚的身份認定與認同問題之研究——以花蓮地區原客通婚為例〉。《思與言：人文與社會科學雜誌》45（1）：157-196。

Jenkins, Richard, 1997, *Rethinking Ethnicity: Arguments and Explorations*, London: Sage.

Karner, Christian, 2007, *Ethnicity and Everyday Life*, London: Routledge.

第一章

王俐容，2011，〈臺灣客家族群文化權的經驗性調查研究〉。《客家公共事務學報》3：33-66。

范振乾，2007，〈文化社會運動篇〉。頁417-447，收錄於徐正光編，《台灣客家研究導論》。臺北：行政院客家委員會／臺灣客家研究學會。

張維安，2019，〈《客家與文化公民權》導論〉。頁11-27，收錄於張維安編，《客家與文化公民權》。新竹：國立交通大學出版社。

楊長鎮，2007，〈族群關係篇〉。頁389-416，收錄於徐正光編，《台灣客家研究導論》。臺北：行政院客家委員會／臺灣客家研究學會。

謝世忠，1987，《認同的污名：臺灣原住民的族群變遷》。臺北：自立。

——，1989，〈中國族群政治現象研究策略試析：以"傣泐"為例的探討〉。《國立臺灣大學考古人類學刊》46：42-66。

——，1993，《傣泐：西雙版納的族群現象》。臺北：自立。

——，1994，〈「內部殖民主義」與「對內自決」的對立：泰國國族

　　——國家建構過程中的北部山地族群〉。《山海文化》2：17-27。

——，2001，〈少年婚、文化、與傳統力量——一個花蓮太魯閣部落的例子〉。《考古人類學刊》57：35-54。

——，2019，〈《客家族群關係》導論：彰顯現代性課題——客家族群關係研究的新進程〉。頁11-31，收錄於謝世忠編，《客家族群關係》。新竹：國立交通大學出版社。

——，2020，〈族語文字的入心——從阿美族展典場域的語言書寫風貌談起〉。《原住民族文獻》42：43-58。

Belhassen, Yaniv, Kellee Caton and William P. Stewart, 2008, "The Search for Authenticity in the Pilgrim Experience." *Annals of Tourism Research*, 35 (3): 668-689.

Chio, Jenny, 2019 "The Miao Festival Crowd: Mediations of Presence, Body Politics, and an Ethnic Public in 'Minority' China." *Current Anthropology*, 60 (4): 536-558.

Feuchtwang, Stephan, 1992, "Boundary Maintenance: Territorial Aetars and Areas in Rural China." pp. 93-109 in *Sacred Architecture in the Traditions of India, China, Judaism & Islam*, edited by Emily Lyle. Edinburgh: Edinburgh University.

Freedman, Maurice, 1967, "Ancestor Worship: Two Facets of the Chinese Case." pp. 85-103 in *Social Organization: Essays Presented to Raymond Firth*, edited by Maurice Freedman. London: Frank Cass & Co. Ltd.

Freedman, Maurice, 1974, "On the Sociological Study of Chinese Religion." pp. 19-41 in *Religion and Ritual in Chinese Society*, edited by Arthur P. Wolf. Stanford, CA: Stanford University Press.

Goody, Jack, 1997, *Representations and Contradictions: ambivalence towards Images, Theatre, Fiction, Relics and Sexuality.* Oxford, UK: Blackwell Publishers.

Harrell, Stevan, 2001, *Ways of Being: Ethnic in Southwest China.* Seattle, WA: University of Washington Press.

Keyes, Charles F., 1995 [1977], *The Golden Peninsula: Culture and Adaptation in Mainland Southeast Asia.* Honolulu: University of Hawaii Press.

Locke, Lawrence F., Waneen Wyrick Spirduso, and Stephen J. Silverman, 2007,

Proposals that Work: a Guide for Planning Dissertations and Grant Proposals. Thousand Oaks, CA: Sage Publishers.

Martin, Keir, 2010, *Living Pasts: Contested Tourism Authenticities. Annals of Tourism Research*, 37 (2): 537-554.

McKay, James and Frank Lewins, 1978, *Ethnicity and the Ethnic Group: A Conceptual Analysis and Reformulation.* Ethnic and Racial Studies, 1 (4): 412-427.

Miettinen, Satu, 2009 [2006], "Raising the Status of Lappish Communities through Tourism Development." pp. 159-174 in *Culture Tourism in a Changing World: Politics, Participation and (Re)presentation*, edited by Melanie K. Smith and Mike Robinson. Clevedon, UK: Channel View Publications.

Notar, Beth E., 2006, "Authenticity Anxiety and Counterfeit Confidence: Outsourcing Souvenirs, Changing Money, and Narrating Value in Reform-Era China." *Modern China* 32 (1): 64-98.

Potter, Jack M., 1978, "Cantonese Shamanism." pp. 321-345 in *Studies in Chinese Society*, edited by Arthur P. Wolf. Stanford: Stanford University Press.

Smith, Melanie K. and Mike Robinson eds., 2009 [2006], *Culture Tourism in a Changing World: Politics, Participation and (Re)presentation.* Clevedon, UK: Channel View Publications.

第二章

胡傳，1960，《臺東採訪冊》。南投：臺灣省文獻委員會。

邱秀英，2006，《客家信仰的轉變：以吉安鄉五穀宮為例》。臺北：蘭臺網路出版商務有限公司。

徐正光，1991，《徘徊於族群與現實之間：客家社會與文化》。臺北：正中書局。

康培德、陳俊男、李宜憲，2015，《加禮宛事件》。新北：原住民族委員會。

姜禮誠，2014，《花蓮地區客家義民信仰的發展與在地化》。臺東：東台灣研究會。

黃靖嵐，2008，〈東部客家？花蓮玉里二個客家社區的族群關係與認同

之研究〉。國立中央大學客家語文暨社會文化研究所碩士論文。

楊國鑫，1993，《臺灣客家》。臺北：唐山出版社。

廖高仁編著，2015，《悅讀鳳林客家小鎮》（鳳林校長夢工廠叢書）。
花蓮：廖高仁出版。

——，2016，《悅讀1939年的花蓮港廳》。花蓮：廖高仁出版（花蓮縣
文化局補助出版）。

廖致苡，2009，〈花蓮地區客語阿美語接觸研究〉。國立中央大學客家
語文暨社會文化研究所碩士論文。

劉還月，2004，《台灣的客家族群與信仰》。臺北：常民文化。

謝若蘭、彭尉榕，2019，〈族群通婚的身分認定與認同問題之研究：以
花蓮地區原客通婚為例〉。收於謝世忠主編，《客家族群關係》（臺
灣客家研究論文選輯4）。新竹市：國立交通大學出版社。

臺灣總督府，黃宣衛譯，2007，《蕃族調查報告書（第一冊）阿美族：
南勢蕃、阿美族瑪蘭社、卑南族卑南社》。臺北：中央研究院民族學
研究所。

第三章

毛利之俊，1933，《東臺灣展望》。臺東：東臺灣曉聲會。

田代安定，1900，《臺東殖民地豫察報文》。臺北：臺灣總督府民政部
殖產課。

矢內原忠雄，1935，《帝國主義下の臺灣》。東京：岩波書店。

矢內原忠雄著，周憲文譯，1987，《日本帝國主義下之臺灣》。臺北：
帕米爾書店。

吉武昌男，1942，〈臺灣に於ける農業移民〉。頁545-596，收錄臺灣經
濟年報刊行會編，《臺灣經濟年報》。東京：臺灣經濟年報刊行會。

沈葆楨，1959，《福建臺灣奏摺》。臺北：臺灣銀行經濟研究室。

吳親恩、張振岳，1995，《人文花蓮》。花蓮：花蓮洄瀾文教基金會。

李文良，1997，〈林野整理事業與東臺灣土地所有權之成立形態（1910-
1925）〉。《東臺灣研究》2：169-195。

吳翎君編纂，2006，《續修花蓮縣志（民國七十一年至民國九十年）·
歷史篇》。花蓮：花蓮縣政府。

林文龍，1975，〈清代開闢臺灣中路之吳光亮事略〉。《臺灣文獻》26（3）：152-161。

林子候，1976，〈牡丹社之役及其影響——同治十三年日軍侵臺始末〉。《臺灣文獻》27（3）：33-58。

林聖欽，1998，〈日治時期花東縱谷中段地區的土地開發〉。頁239-277，收錄於聯合報系文化基金會主編，《守望東臺灣研討會論文集》。臺北：聯合報系文化基金會。

林呈蓉，2005，《近代國家的摸索與覺醒——日本與臺灣文明開化的進程》。臺北：財團法人吳三連臺灣史料基金會。

林玉茹，2011，《國策會社與殖民地邊區的改造——臺灣拓殖株式會社在東臺灣的經營（1937-1945）》。臺北：中央研究院臺灣史研究所。

孟祥瀚，2001，《臺東縣史・開拓篇》。臺東：臺東縣政府。

胡傳，1960a，《臺東州采訪冊》。臺北：臺灣銀行經濟研究室。

──，1960b，《臺灣日記與稟啓》，第1冊。臺北：臺灣銀行經濟研究室。

施添福，1996，〈日治時代月野村的移民和拓墾〉。《今日關山》7專刊。

施添福總編纂，2005，《臺灣地名辭書・卷二・花蓮縣》。南投：國史館臺灣文獻館。

陳文騄修，蔣師轍、薛紹元編纂，1956，《臺灣通志》，第2冊。臺北：臺灣銀行經濟研究室。

陳英，1960，〈臺東誌〉。頁81-86，收錄於胡傳，《臺東州采訪冊》，附錄。臺北：臺灣銀行經濟研究室。

馮建彰，2000，〈東部客家產經活動〉。頁203-275，收錄於張維安等撰稿，《臺灣客家族群史：產經篇》。南投：臺灣省文獻委員會。

張家菁，1996，《一個城市的誕生——花蓮市街的形成與發展》。花蓮：花蓮縣立文化中心。

張素玢，2001，《臺灣的日本農業移民——以官營移民爲中心》。臺北縣新店市：國史館。

喜多孝治撰寫，1924，〈內地人移民か本島人移民か〉。《東臺灣研究叢書》，第2編，頁16-18。

筒井太郎，1932，《東部臺灣案內》。臺東：東部臺灣協會。

曾一平，1953，〈漢人在奇萊開墾〉。《花蓮文獻》1：77-80。

黃學堂、黃宣衛、吳佩瑾，2018，〈從國家政策與產業變遷探討池上的客家移民社會〉。《臺灣風物》，68（4）：17-68。

臺東廳，1932，《移民事業ノ概況》。臺東：臺東廳。

臺灣銀行經濟研究室編輯，1963，《清穆宗實錄選輯》。臺北：臺灣銀行經濟研究室。

臺灣總督府殖產局，1921a，《臺灣農業年報（大正八年）》。臺北：臺灣總督府殖產局。

臺灣總督府殖產局，1921b，《臺灣農業年報（大正九年）》。臺北：臺灣總督府殖產局。

劉還月，1998，《處處爲客處處家：花東縱谷中的客家文化與歷史》。花蓮：花蓮縣鳳林鎮公所。

駱香林主修，1974，《花蓮縣志・卷十五・交通》。花蓮：花蓮縣文獻委員會。

駱香林主修，1979，《花蓮縣志・卷五・民族宗教》。花蓮：花蓮縣文獻委員會。

潘繼道，2001，《清代臺灣後山平埔族移民之研究》。臺北：稻鄉出版社。

──，2008a，《國家、區域與族群──臺灣後山奇萊地區原住民族群的歷史變遷（1874-1945）。臺東：東台灣研究會。

──，2008b，〈漫談東臺灣客家移民史〉。《臺灣學通訊》17：2-3。

──，2017，〈從文獻資料論1945年之前的臺東地區客家移民〉。《東台灣研究》24：3-42。

蔡龍保，2004，《推動時代的巨輪──日治中期的台灣國有鐵路（1910-1936）》。臺北：臺灣古籍出版有限公司。

橋本白水，1922，《東臺灣》。臺北：南國出版社。

鍾淑敏，2004，〈政商與日治時期東臺灣的開發──以賀田金三郎爲中心的考察〉。《臺灣史研究》11（1）：79-117。

戴寶村，2006，《藍布衫油紙傘──臺灣客家歷史文化》。臺北：日創社文化事業有限公司。

第四章

王崧興，1991，〈中國人的「家」制度與現代化〉。頁9-14，收錄於喬健編，《中國家庭及其變遷》。香港：香港中文大學。

林美容，2008，《祭祀圈與地方社會》。臺北：博揚。

林修澈主編，2018，《臺灣原住民部落事典》。臺北：原住民族委員會、政大原住民族研究中心。https://bit.ly/3ns7QUa

姜貞吟，2021，〈做男人：宗族裡的男子氣概與性別象徵〉。《人文及社會科學集刊》33（4）：737-785。

紀駿傑、陳鴻圖、簡月眞、陳進金，2008，《花東縱谷客家的區域研究：鳳鳥展翅的鳳林（一）》。臺北：客家委員會補助計畫研究報告。https://bit.ly/3qj2DzY

韋煙灶，2010，《新竹地區客家移民祖籍分佈的空間意涵解析——以湖口及新埔的調查爲例》。客家委員會獎助客家學術研究99年度計畫成果報告。

夏黎明、馬昀甄、蘇祥慶，2012，〈花蓮市客家族群的分布調查〉。《東台灣研究》19：73-96。

莊英章、羅烈師，2007，〈家族與宗族篇〉。頁91-110，收錄於徐正光編，《臺灣客家研究概論》。臺北：客家委員會／臺灣客家研究學會。

許秀霞，2011，〈做客「成功」、成功做客：臺東縣成功鎮客家家族記事〉。《臺東大學人文學報》1（2）：137-177。

許秀霞、溫文龍，2008，《臺東縣成功鎮客家家族記事》。臺北：客家委員會補助計畫研究報告。https://bit.ly/3KWvPER

陳奕麟，1984，〈重新思考Lineage Theory與中國社會〉。《漢學研究》2（2）：403-446。

曾秋美，1998，《臺灣媳婦仔的生活世界》。臺北：玉山社。

黃學堂、黃宣衛，2010，〈臺東縣客家族群之分布及其社會文化特色〉。《東台灣研究》14：89-150。

廖高仁，2014，《閱讀日本官營移民村》。花蓮：縱谷文化。

廖經庭，2007，〈饒永昌與鳳林客家聚落的形成與發展〉。頁373-423，收錄於吳冠宏編，《花蓮學第一屆學術研討會論文集》。花蓮：花蓮

縣文化局。

──，2014，〈花蓮縣鳳林地區翁林姓客家家族史研究〉。《臺灣文獻》65（4）：2-32。

臺灣行動研究學會，2017，《來去吉野村：日治時期島內移民生活紀事》。花蓮：臺灣行動研究學會。

劉紹豐、曾純純，2013，〈美濃地區家塚形制與祖先崇拜：以竹頭角榕樹坪「朱家墓園」為例〉。《人文社會科學研究》7（2）：16-36。

劉還月，2001a，《臺灣客家族群史・移墾篇（上）》。南投：臺灣省文獻委員會。

──，2001b，《臺灣客家族群史・移墾篇（下）》。南投：臺灣省文獻委員會。

鄧盛有，2013，〈臺灣東部客家話研究的現況與未來〉。《南臺人文社會學報》9：57-94。

鍾道明編著，2015，《祖蔭遺蹤：臺灣鍾集章家族尋根》。自行出版。

羅肇錦，2000，《臺灣客家族群史：語言篇》。南投：臺灣省文獻委員會。

蘇祥慶，2012，〈花東縱谷客家鄉鎮的歷史淵源跟當代社會特性簡述：以吉安鄉為中心〉。《東台灣研究》18：95-125。

Cohen, Myron L., 1976, *House United, House Divided: The Chinese Family in Taiwan*. New York: Columbia University Press.

Hsu, Francis L. K.（許烺光），徐隆德、王芃譯，2001，《祖蔭下：中國鄉村的親屬・人格與社會流動》。臺北：南天。

Hsu, Francis L. K.（許烺光），黃光國、國立編譯館譯，2002a，《宗族、種姓與社團》。臺北：南天。

Hsu, Francis L. K.（許烺光），許木柱譯，2002b，《徹底個人主義的省思：心理人類學論文集》。臺北：南天。

第五章

呂嵩雁，2014，《花蓮客語及相關方言分布》。客委會補助計畫，資料來源：http://www.hakka.gov.tw/Content/Content?NodeID=624&PageID=36404。

內政部戶政司，2018，〈107年12月縣市人口年齡結構指標〉。retrieved January 11, 2019 from https://www.ris.gov.tw/346。

林士凱，2020，〈台灣客家社團的分布與團結〉。《中華行政學報》26：31-46。

張振岳，1994，《後山風土誌》。臺北：臺原出版社。

夏黎明，馬昀甄，蘇祥慶，2012，〈花蓮市客家族群的分布調查〉。《東台灣研究》19：73-95。

黃永達，2008，《北迴線上：來去東客庄》。臺北：全威媒體創意。

黃靖嵐，2008，〈東部客家？花蓮玉里二個客家社區的族群關係與認同之研究〉。國立中央大學客家語文暨社會文化研究所碩士論文。

黃兪蒨，2016，〈花蓮市、吉安鄉客家族群之族群認同與語言行爲之研究〉。國立東華大學臺灣文化學系碩士論文。

陳涵秀，2018，〈花蓮鳳林日本移民村菸業文化遺產的生產與意義轉換〉，《台灣文獻》69（4）：36-64。

廖致苡，2009，〈花蓮地區客語阿美語接觸研究〉。國立中央大學客家語文暨社會文化研究所碩士論文。

蘇祥慶，2012，〈花東縱谷北部客家鄉鎮的歷史淵源與當代社會特性簡述：以吉安鄉爲中心〉。《東台灣研究》18：95-125。

謝若蘭、彭尉榕，2007，〈族群通婚的身份認定與認同問題之研究——以花蓮地區原客通婚爲例〉。《思與言：人文與社會科學雜誌》45（1）：157-196。

網路資料：

潘繼道，〈漫談東台灣客家移民史〉。https://www.ntl.edu.tw/public/Attachment/910261716242.pdf

——，〈客家平埔齊聚東台〉。http://www.twcenter.org.tw/wp-content/uploads/2016/11/g02_20_02_10.pdf

第六章

文化部，2022，〈南澳朝陽漁港〉。國家文化記憶庫，2022年2月14日，取自：https://memory.culture.tw/Home/Detail?Id=282791&IndexCode=Culture_Place。

王甫昌，2002，〈族群接觸機會？還是族群競爭？本省閩南人族群意識內涵與地區差異模式之解釋〉。《臺灣社會學》4：11-74。

王保鍵，2022a，〈客家孤島語言傳承與周邊族群：以宜蘭大南澳濱海客家為例〉。《文官制度》，14（3）：143-178。

——，2022b，《少數群體語言權利：加拿大、英國、臺灣語言政策之比較》。臺北：五南。

丘昌泰，2012，〈臺灣客家的過去與現在〉。《臺北市終身學習網通訊》，57：2-12。

行政院，2021，〈蘇揆：語言是文化的載體與靈魂，持續加強推動國家語言保護與發展〉。2022年6月3日，取自：https://www.ey.gov.tw/Page/9277F759E41CCD91/c8553ba8-d0e1-4d2c-861d-89deb692c39b。

行政院，2022，〈推動國家語言整體發展方案〉。2022年5月30日，取自：https://www.ey.gov.tw/Page/448DE008087A1971/b3ce03a0-8771-4bc9-967d-9c5226d2594d。

行政院客家委員會，2011，《桃園客家海脣人：新屋漁村展風貌》。臺北：行政院客家委員會。

何鳳嬌，2021，〈源成農場的糖業經營與農民爭議（1910-1944）〉。《臺灣文獻》72（2）：1-56。

典通股份有限公司，2017，《105年度全國客家人口暨語言基礎資料調查研究》。客家委員會委託調查研究報告，未出版。

——，2022，《110年度全國客家人口暨語言基礎資料調查研究》。客家委員會委託調查研究報告，未出版。

宜蘭縣政府，2019，〈南澳漁港區域及漁港計畫〉。2022年3月13日，取自：https://fisheries.e-land.gov.tw/News_Content.aspx?n=E7686ADFAB0239B0&sms=7F2002FB2D1D4FE7&s=95695F8BFCAE575F。

宜蘭縣蘇澳鎮公所，2019，〈蘇澳地方創生計畫〉。2022年2月27日，取自：https://ws.e-land.gov.tw/001/2015yilan/235/relfile/10954/205867/%E5%AE%9C%E8%98%AD%E7%B8%A3%E8%98%87%E6%BE%B3%E9%8E%AE%E5%9C%B0%E6%96%B9%E5%89%B5%E7%94%9F%E8%A8%88%E7%95%AB%E6%9B%B8%20.pdf。

林文凱，2014，〈晚清臺灣開山撫番事業新探：兼論十九世紀臺灣史的

延續與轉型〉。《漢學研究》32（2）：139-174。

林玉茹、李毓中，2004，《戰後臺灣的歷史學研究：1945-2000（第七冊）臺灣史》。臺北：行政院國家科學委員會。

林玉茹、畏冬，2012，〈林爽文事件前的臺灣邊區圖像：以乾隆49年臺灣番界紫線圖為中心〉。《臺灣史研究》19（3）：47-94。

林欣漢，2021年7月23日，〈推動地方創生，三峽五寮客家庄9月將成立駐地工作站〉。《自由時報》，2022年2月19日，取自：https://news.ltn.com.tw/news/life/breakingnews/3613560。

芮逸夫編，1989，《雲五社會科學大辭典（第十冊）人類學》。臺北：臺灣商務。

邱文彥，2019，《海洋文化政策概念形成研究》。國家海洋研究院委託研究報告（NAMR-108-007），未出版。

邱彥貴、廖英杰、林怡靚、彭名琍、吳中杰、蔡心茹、廖正雄，2006，《發現客家：宜蘭地區客家移民的研究》。臺北：國史館臺灣文獻館。

客家委員會，2021，〈走進藝術賞夕陽海景，客家海岸村風光無限好〉。2022年3月1日，取自：https://www.hakka.gov.tw/Content/Content?NodeID=34&PageID=45100。

客家委員會，2022a，〈2021年全國客家人口暨語言基礎資料調查發表，客語聽說能力下降，楊長鎮：加強推動客語復振〉。2022年4月3日，取自：https://www.hakka.gov.tw/Content/Content?NodeID=34&PageID=45419。

客家委員會，2022b，〈客委會推動客底文化發展計畫，歡迎具有客底身分之民眾踴躍參與〉。2022年11月10日，取自：https://www.hakka.gov.tw/Content/Content?NodeID=34&PageID=45827。

客家電視，2010年11月9日，〈客家新聞雜誌198集　打造客家生態村〉。2022年3月2日，取自：https://www.youtube.com/watch?v=O2hjC5tvLV0。

洪健榮，2011，〈清代臺灣方志中的「西學」論述〉。《臺灣文獻》62（2）：105-143。

施添福，1999，〈開山與築路：晚清臺灣東西部越嶺道路的歷史地理考

察〉。《師大地理研究報告》30：65-99。

原住民族委員會，2021，〈都市原住民族發展方案（107年－111年）〉。2022年5月29日，取自：https://www.cip.gov.tw/zh-tw/news/data-list/F6F47C22D1435F95/0C3331F0EBD318C23AF357BBB2D65ECD-info.html。

徐富美，2020，《彰化源成七界客家語言分布地圖製作（I）：二林鎮》。客家委員會補助大學校院客家學術研究計畫成果報告，未出版。

海洋委員會，2020，《國家海洋政策白皮書·2020》。高雄：海洋委員會。

張維容，2021，〈國際移民之理論、成因、類型與影響〉。頁1-35，收錄於柯雨瑞編，《移民政策與移民情勢》。臺北：五南。

張聰秋，2015年3月3日，〈彰化源成七界好客，傳統活動慶天穿〉。《自由時報》，2022年2月18日，取自：https://news.ltn.com.tw/news/local/paper/859381。

陳怡如，2021，〈古道開闢客庄經濟之路：一窺臺灣樟腦王國的黃金年代〉。《桃園客家季刊》26：26-29。

陳沿佐、徐榮駿，2019年5月14日，〈大南澳朝陽社區多客移民，溯源日據時代〉。客家電視臺，2022年2月18日，取自：https://n.yam.com/Article/20190514179643。

陳信仁，2013年4月3日，〈魚池五城村，客家公園啟用〉。《自由時報》，2022年2月18日，取自：https://news.ltn.com.tw/news/local/paper/667305。

陳國璋、李玉芬、韋煙灶，1996，〈宜蘭地區閩南語使用情況調查報告〉。《師大地理研究報告》26：117-138。

游明金，2013年7月10日，〈原童搶入蓬萊國小附幼，宜縣議員促增班〉。《自由時報》，2022年2月19日，取自：https://news.ltn.com.tw/news/local/paper/695356。

彭瑞金，2013，《蘇澳鎮志》。宜蘭：宜蘭縣蘇澳鎮公所。

隋龍、Botelho, F., 2022，〈以Berry涵化模型探討澳門菲律賓移民之涵化模式和適應結果〉。《中華心理學刊》64（1）：91-110。

黃紹恆，2012，《族群關係與產業發展（三之二）：日治中期（至1930年代爲止）臺灣客家族群與樟腦業之研究》。客家委員會獎助客家學術研究計畫成果報告，未出版。

葉碧珠、林怡靚、龍秀蘭、王秀玲、葉嘉惠、范振楓，2005，〈朝陽客屬之我識我見〉。《宜蘭文獻雜誌》71/72：190-224。

詹中原，2016，〈全球移民與人力資源管理：外國人應國家考試制度探討〉。《國家菁英季刊》12（1）：3-18。

廖英杰，2013，〈大南澳平原涉外關係之緣起〉。《臺灣學通訊》75：18-19。

廖倫光，2012，《五寮客家的山林拓墾故事：打造北北基客家第一庄》。新北：新北市客家事務局。

潘繼道，2008，〈漫談東臺灣客家移民史〉。《臺灣學通訊》17：2-3。

蔡振州、吳毓瑩，2011，〈以涵化策略詮釋族群多元文化的另一種可能方向〉。《教育與多元文化研究》5：1-39。

盧倩儀，2006，〈政治學與移民理論〉。《台灣政治學刊》10（2）：209-261。

賴于榛，2022年5月12日，〈國家語言發展方案，3領域推廣5年投入逾300億〉。中央社，2022年5月30日，取自：https://www.cna.com.tw/news/aipl/202205120178.aspx。

羅肇錦，2008，〈以「祭國父文」反襯中山先生與客家運動的破與立〉。頁11-34，收錄於張維安、徐正光、羅烈師編，《多元族群與客家：臺灣客家運動20年》。新竹：臺灣客家研究學會。

——，2019，〈客家的舌尖〉。2022年2月28日，取自：https://nclfile.ncl.edu.tw/files/201907/5951b0c3-3210-450c-b691-4ac2c3b00daf.pdf。

Allport, G., 1979, *The nature of prejudice*. New York: Basic Books.

Barford, V., 2016, January 15, "Is the word 'ghetto' racist?" BBC. Retrieved May 29, 2022, from: https://www.bbc.com/news/magazine-35296993.

Berry, J. W., 1997, "Immigration, acculturation, and adaptation." *Applied Psychology: An International Review*, 46 (1): 5-34.

Berry, J. W., 2010, "Intercultural relations and acculturation in the Pacific region." *Journal of Pacific Rim Psychology*, 4 (2): 95-102.

Berry, J. W., Poortinga, Y. H., Segall, M. H., & Dasen, P. R., 1992, *Cross-cultural psychology: Research and applications*. New York: Cambridge University Press.

Boberg, C., 2010, *The English language in Canada: Status, history and comparative analysis*. Cambridge, UK: Cambridge University Press.

British Broadcasting Corporation [BBC], 2012, "Comhairle nan Eilean Siar - Western Isles Council." BBC, Retrieved June 1, 2022, from: https://www.bbc.com/news/uk-scotland-scotland-politics-17526799.

British Broadcasting Corporation [BBC], 2014, "Scots Gaelic." BBC, Retrieved May 29, 2022, from: http://www.bbc.co.uk/voices/multilingual/scots_gaelic_history.shtmll.

Cartwright, D., 1998, "French-language service in Ontario: A policy of 'Overly Prudent Gradualism'?" pp. 273-300 in *Language and politics in the United States and Canada: Myths and realities*, edited by T. K. Ricento & B. Burnaby. New York: Routledge.

City of Westby, 2016, "About us." Retrieved May 30, 2022, from: https://www.cityofwestby.org/about-us.

Council of Europe, 2022, "Migration." Retrieved February 19, 2022, from: https://www.coe.int/en/web/compass/migration.

Department of Justice Canada, 2017, "First Nations in Canada." Retrieved May 30, 2022, from: https://www.rcaanc-cirnac.gc.ca/eng/1307460755710/1536862806124.

Department of Justice Canada, 2018, "Some thoughts on bijuralism in Canada and the world." Retrieved May 28, 2022, from: https://www.justice.gc.ca/eng/rp-pr/csj-sjc/harmonization/hfl-hlf/b2-f2/bf2d.html.

Dunbar, Robert, 2005, *The challenges of a small language: Gaelic in Scotland, with a note on Gaelic in Canada*, presented at the conference Debating Language Policies in Canada and Europe, University of Ottawa (Ontario), March 31-April 2.

Edwards, V., 2004, *Multilingualism in the English-speaking world: Pedigree of nations*. Malden, MA: Blackwell.

Eurenius, A., 2020, "A family affair: Evidence of chain migration during the mass emigration from the county of Halland in Sweden to the United States in the 1890s." *Population Studies*, 74 (1): 103-118.

Glasgow City Council, 2022, "Draft Gaelic Language Plan 2023 to 2028." Retrieved May 27, 2022, from: https://www.glasgow.gov.uk/CHttpHandler.ashx?id=57005&p=0.

Hilley, S., 2022, March 4, "Glasgow street signs to be replaced with Gaelic translation when they are due for renewal." *Glasgowlive*, Retrieved May 28, 2022, from:https://www.glasgowlive.co.uk/news/glasgow-news/glasgow-street-signs-replaced-gaelic-23291514.

International Organization for Migration [IOM], 2019, *Glossary on migration.* Switzerland: International Organization for Migration.

Jackson, J., 2020, *Introducing language and intercultural communication* (2nd Ed). New York: Routledge.

Library of Congress, 2019, "Japan: New Ainu Law becomes effective." Retrieved June 4, 2022, from: https://www.loc.gov/item/global-legal-monitor/2019-08-05/japan-new-ainu-law-becomes-effective/.

Lim, S., Yi, S. S., De La Cruz, N. L., & Trinh-Shevrin, C., 2017, "Defining ethnic enclave and its associations with self-reported health outcomes among Asian American adults in New York City." *J Immigr Minor Health*, 19: 138-146.

Mackey, W. F., 2010, "Comparing language policies." pp. 67-119 in *Canadian language policies in comparative perspective*, edited by M. A. Morris. Montreal, Canada: McGill-Queen's University Press.

Martin, P., 2013, "The global challenge of managing migration." *Population Bulletin*, 68 (2): 1-16.

Meyers, E., 2000, "Theories of international immigration policy: A comparative analysis." *The International Migration Review*, 34 (4): 1245-1282.

National Records of Scotland, 2012a, "Ethnicity, identity, language and religion." Retrieved June 1, 2022, from: https://www.scotlandscensus.gov.uk/ethnicity-identity-language-and-religion.

National Records of Scotland, 2012b, "Census 2011: Population estimates for

Scotland." Retrieved June 2, 2022, from: https://www.nrscotland.gov.uk/news/2012/census-2011-population-estimates-for-scotland.

Natter, K., 2018, "Rethinking immigration policy theory beyond 'Western liberal democracies'." *Comparative Migration Studies*, 6 (4). https://doi.org/10.1186/s40878-018-0071-9.

Office of the Commissioner of Official Languages [OCOL], 2020, "Fast figures on Canada's official languages (2016)". Retrieved May 31, 2022, from: https://www.clo-ocol.gc.ca/en/statistics/canada.

Ontario Ministry of Francophone Affairs, 2022, "Government services in French." Retrieved May 28, 2022, from: https://www.ontario.ca/page/government-services-french.

Parker, David and Song, Miri, 2006, "New Ethnicities Online: Reflexive Racialisation and the Internet." *The Sociological Review*, 54 (3): 575-594.

Paterson, S., 2022, February 24, "Plan to make Glasgow the most Gaelic city in the world." *Glasgowtimes*. Retrieved May 28, 2022, from: https://www.glasgowtimes.co.uk/news/19946513.plan-make-glasgow-gaelic-city-world/.

Qadeer, M. A., Agrawal, S. K., & Lovell, A., 2010, "Evolution of ethnic enclaves in the Toronto Metropolitan Area, 2001-2006." *Journal of International Migration and Integration*, 11: 315-339.

Scottish Government, 2017, "Scottish Government Gaelic Language Plan 2016-2021." Retrieved May 30, 2022, from: https://www.gov.scot/publications/scottish-government-gaelic-language-plan-2016-2021/pages/4/.

Takaki, R., 1994, *Ethnic islands: The emergence of urban Chinese America*. New York: Chelsea House.

Teske, R. H. C., & Nelson, B. H., 1974, "Acculturation and assimilation: A clarification." *American Ethnologist*, 1 (2): 351-367.

Tolsma, J., Lubbers, M., & Coenders, M., 2008, "Ethnic competition and opposition to ethnic intermarriage in the Netherlands: A multi-level approach." *European Sociological Review*, 24 (2): 215-230.

United Nations Educational, Scientific and Cultural Organization [UNESCO], 2003, "Language Vitality and Endangerment." Retrieved May 30, 2022, from:https://unesdoc.unesco.org/ark:/48223/pf0000183699.

Vacca, A., 2013, "Protection of minority languages in the UK Public Administration: A comparative study of Wales and Scotland." *Revista de Llengua i Dret*, 60 (1): 50-90.

Ward, D., 1982, "The ethnic ghetto in the United States: Past and present." *Transactions of the Institute of British Geographers*, 7 (3): 257-275.

Wilson, K. L., & Portes, A., 1980, "Immigrant enclaves: An analysis of the labor market experiences of Cubans in Miami." *American Journal of Sociology*, 86 (2): 295-319.

Young Center for Anabaptist and Pietist Studies, 2018, "Amish population profile 2018." Retrieved June 4, 2022, from: https://groups.etown.edu/ amishstudies/statistics/amish-population-profile-2018/?doing_wp_cron=1654 437152.7839560508728027343750.

Zucchi, J., 2007, *A History of Ethnic Enclaves in Canada*. Ottawa, CA: Canadian Historical Association.

第七章

中央廣播電台，2016年8月10日，〈原住民林地採集妥善配套以達轉型正義〉。https://www.rti.org.tw/news/view/id/1095。

中華民國總統府，2016年8月1日，〈總統核定《總統府原住民族歷史正義與轉型正義委員會設置要點》〉。總統府新聞，https://www.president.gov.tw/NEWS/20605。

王泰升，2011，〈日治時期高山族原住民族的現代法治初體驗：以關於惡行的制裁為中心〉。《臺大法學論叢》40（1）：1-98。

王學新，2012，〈日治前期桃園地區之製腦業與蕃地拓殖（1895-1920）〉。《臺灣文獻》63（1）：57-100。

瓦歷斯·諾幹、余光弘，2002，《臺灣原住民史——泰雅族史篇》。臺北：國史館臺灣文獻館。

立法院司法及法制委員會，2016年7月，立法院第9屆第1會期：「原住民族促進轉型正義」公聽會報告，1-119。

石忠山，2014年6月，〈轉型社會的民主、人權與法治——關於「轉型

正義」的若干反思〉。《臺灣國際研究季刊》10（2）：1-30。

行政院農業委員會，2016 年 8 月 5 日，〈預告原住民族採取傳統領域土地森林產物管理規則草案尊重原住民族採集野生植物、菌類使用權益〉。農業新聞，https://www.coa.gov.tw/theme_data.php?theme=news&sub_theme=agri&id=6595。

李文良，2001，《帝國的山林：日治時期臺灣山林政策史研究》。國立臺灣大學歷史學研究所博士論文。

江宜樺，2007，〈臺灣的轉型正義及其反思〉。《思想》5：64-81。

李亦園，1983，「山地行政政策之研究與評估報告書」。臺灣省政府民政廳。

官大偉、蔡志偉、林士淵，2015，「原住民保留地土地政策調查研究──非原住民使用總登記為原住民保留地問題研析」期末報告。原住民族委員會。

孟祥瀚，2002，〈日據初期東台灣的部落改造：以成廣澳阿美族為例〉。《興大歷史學報》13：99-129。

施添福，2017，〈日本殖民主義下的東部臺灣──第二臺灣的論述〉。《臺灣風物》67（3）：55-109。

施正鋒，2014，〈台灣轉型正義所面對的課題〉。《臺灣國際研究季刊》10（2）：31-62。

姜皇池，2013，《國際公法導論》。臺北：新學林。

原住民族電視台，2016 年 10 月 11 日，〈國慶介紹 16 族爭議學者指文化認知不足〉。https://youtu.be/iTVJ6uSBnX0。

張松，1953，《臺灣山地行政要論》。臺北：正中書局。

黃居正，2013，《判例國際公法 I》。臺北：新學林。

潘繼道，2008，〈國家、區域與族群：臺灣後山奇萊地區原住民族群的歷史變遷（1874-1945）〉。《東臺灣研究》。

戴秀雄，2020，〈從林田山原住保留地案看原住民保留地之登記及其更正問題〉。《台灣土地研究》23（2）：109-155。

臺灣省政府民政廳，1954，《進步中的本省山地》。臺灣省政府。

臺灣總督府殖產局，1937，《森林計畫事業報告書（上卷）》。臺灣總督府殖產局。

總統府原住民族歷史正義與轉型正義委員會土地小組，2019年10月，〈原住民族土地納入國家管理之過程：以林田山林業文化園區為例〉。《原住民族文獻》39，https://ihc.cip.gov.tw/EJournal/EJournalCat/459。

總統府原住民族歷史正義與轉型正義委員會土地小組，2019年3月，「釐清原住民族土地流失過程——以林務局林田山林業文化園區為例」調查報告，總統府原住民族歷史正義與轉型正義委員會第9次委員會議。

總統府原住民族歷史正義與轉型正義委員會，2016年8月1日，蔡英文總統代表政府向原住民族道歉全文。https://indigenous-justice.president.gov.tw/Page/16。

Anaya, S. James, 2004, *Indigenous Peoples in International Law*. Oxford University Press.

Australian Government, 2008, *Apology to Australia's Indigenous peoples*. http://www.australia.gov.au/about-australia/our-country/our-people/apology-to-australias-indigenous-peoples.

Cohen, Andrew, 1990, *A Deal Undone: The Making and Breaking of the Meech Lake Accord*. Canada: Douglas & McIntyre Ltd.

Hornung, Rick, 1992, *One Nation Under the Gun: Inside the Mohawk Civil War*. Pantheon.

Jung, Courtney, 2009 October, Transitional Justice for Indigenous People in a Non-transitional Society. International Center for Transitional Justice Research Brief, https://www.ictj.org/sites/default/files/ICTJ-Identities-NonTransitional Societies-ResearchBrief-2009-English.pdf

Jung, Courtney, 2009 March, Canada and the Legacy of the Indian Residential Schools: transitional justice for indigenous people in a non-transitional society. Aboriginal Policy Research Consortium International (APRCi). 295, https://ir.lib.uwo.ca/cgi/viewcontent.cgi?article=1149&context=aprci

Keal, Paul, 2003, *European Conquest and the Rights of Indigenous Peoples: The Moral Backwardness of International Society*. Cambridge University Press.

Miller, Robert J., 2011, The International Law of Colonialism: A Comparative

Analysis. 15 Lewis & Clark L. Rev. 847.

Miller, Robert J., Jacinta Ruru, Larissa Behrendt, and Tracey Lindberg, 2010, *Discovering Indigenous Lands: The Doctrine of Discovery in The English Colonies.* Oxford University Press.

Story, Joseph, 1833, Commentaries on the Constitution of the United States. http://www.thefederalistpapers.org/wp-content/uploads/2013/01/Commentaries-On-The-Constitution-by-Joseph-Story-Abridged.pdf

The Canadian Encyclopedia, 2006, Royal Commission on Aboriginal Peoples. https://www.thecanadianencyclopedia.ca/en/article/royal-commission-on-aboriginal-peoples

U.N. General Assembly resolution 1541 (XV), 1960, Principles which should guide Members in determining whether or not an obligation exists to transmit the information called for under Article 73 e of the Charter. http://www.un.org/en/ga/search/view_doc.asp?symbol=A/RES/1541(XV)

U.N. Permanent Forum on Indigenous Issues, 2010 February, Preliminary Study of the Impact on Indigenous Peoples of the International Legal Construct Known as the Doctrine of Discovery. U.N. Doc. E/C.19/2010/13.

UN Security Council, August 2004, The rule of law and transitional justice in conflict and post-conflict societies: report of the Secretary-General. S/2004/616.

U.N. Sub-mission on Prevention of Discrimination and Protection of Minorities (1986). Study of the Problem of Discrimination against Indigenous Populations. U.N. Doc. E/CN.4/Sub.2/1986/7/Add.1-4.

Watson, Irene, ed., 2017, Indigenous Peoples as Subjects of International Law. Routledge.

Williams, Robert A., Jr., 2012, *Savage Anxieties: The Invention of Western Civilization.* New York:St. Martin's Press.

Williams, Robert A., Jr., 1991, Columbus's Legacy: Law as an Instrument of Racial Discrimination Against Indigenous Peoples' Rights of Self-Determination. 8 Ariz. J. Int'l & Comp. L. 51.

Williams, Robert A., Jr., 1990, *The American Indian in Western Legal Thought: the*

Discourses of Conquest. UK: Oxford University Press.

Wiessner, Siegfried, 1999, Rights and Status of Indigenous Peoples: A Global Comparative and International Legal Analysis. 12 Harv. Hum. Rts. J. 57.

第八章

台灣千里步道協會，2016，《手作步道：築徑人帶你走向百年古道、原民獵徑、郊山綠道，體驗人與自然的雙向療癒》。臺北：果力文化。

王鑫，2002，〈發展永續旅遊的途徑之一：生態旅遊〉。《應用倫理研究通訊》24：28-44。

交通部觀光局，2002，《生態旅遊白皮書》。臺北：交通部觀光局。

宋瑞、薛怡珍，2004，《生態旅遊的理論與實務》。臺北縣：新文京開發出版社。

林素珍、林春治、陳耀芳，2005，《原住民重大歷史事件：七腳川事件》。南投：臺灣文獻館。

林連聰、徐瓊信、林高永、張樑治編著，2013，《生態旅遊》。新北：國立空中大學用書。

邱秀宇，2009，《政府政策行銷策略成效之研究——以客家桐花祭活動爲例》。國立中央大學客家政治經濟研究所碩士論文。

客委會，2011，《99年至100年全國客家人口基礎資料調查研究》。行政院客委會編印。

張素玢，2017，《未竟的殖民——日本在臺移民村》。新北：衛城出版。

張維安等，2017，《臺灣客家族群史·產經篇》。臺北：國史館臺灣文獻館。

黃玉振，2010，〈序〉。收錄於劉還月著，《處處爲客處處家：花東縱谷中的客家文化與歷史》。花蓮：花蓮縣鳳林鎮公所。

黃躍雯，2011，〈台灣生態旅遊的發展與推動：從國家角色暨行動予以檢視〉。《國家公園學報》21（1）：1-22。

劉還月，2001，《台灣客家族群史·移墾篇（下）：台灣客家的初墾與二次移民》。南投：臺灣省文獻委員會。

──，2003，《處處爲客處處家：花東縱谷的客家文化與歷史》。花

蓮：花蓮縣鳳林鎮公所。

——，2010，《處處為客處處家：花東縱谷中的客家文化與歷史》。花
蓮：花蓮縣鳳林鎮公所。

潘繼道，2008，〈漫談東臺灣客家移民史〉。《臺灣學通訊》17：2-3。
臺北：國立中央圖書館臺灣分館。

蔡孟尚，2007，《客家桐花祭政策執行之研究——以新竹縣為例》。中
華大學行政管理學系研究所碩士論文。

蕭振邦，2002，〈生態旅遊：一種發生在人內部的活動〉。《應用倫理
研究通訊》24：10-27。桃園：國立中央大學哲學研究所。

薛寶琪、王桂，2005，〈生態旅遊可持續發展——挑戰、問題及措
施〉。《河南理工大學學報（社會科學版）》6（3）：204-207。

蘇宏仁等著，2012，《環境教育與永續發展》。臺北：華都文化。

Cafaro, P., 2005, "Thoreau, Leopold, and Carson: Toward an Environmental
Virtue Ethics." in *Environmental Virtue Ethics*. New York: Rowman &
Littlefield Publishers, Inc.

Fennell, D., 2012, "Ecotourism." in *The Routledge Handbook of Tourism and the
Environment*. Routledge. Retrieved Feb 05, 2022, from: https://www.
routledgehandbooks.com/doi/10.4324/9780203121108.ch31.

Hetzer, N. D., 1965, "Environment, tourism, culture." *LINKS*, July, reprinted in
Ecosphere (1970) 1 (2): 1-3.

Marsh, G. P., 1864, *Man and Nature; or, Physical Geography as Modified by
Human Action*. New York: Scribner.

Mieczkowski, Z., 1995, *Environmental Issues of Tourism and Recreation*. University
Press of America, Lanham, MD.

Miles, J., 1987, "Wilderness as a learning place." *The Journal of Environmental
Education*, 18 (2): 33-40.

Ross, S. and Wall, G., 1999, "Ecotourism: towards congruence between theory
and practice." *Tourism Management*, 20: 123-132.

Tomasello, M., Kruger, A. C. and Ratner, H. H., 1993, "Cultural learning."
Behavioral and Brain Sciences, 16 (3): 495-511. DOI: https://doi.org/10.1017/
S0140525X0003123X

Wearing, S. and Neil, J., 2009, *Ecotourism: Impacts, Potentials and Possibilities*, 2nd. Oxford: Butterworth- Heinemann.

Weiler, B. and Davis, D., 1993, "An exploratory investigation into the roles of the nature-based tour leader." *The Journal of Environmental Education*, 91-98.

網路資料：

客委會，2014，《103年度臺閩地區客家人口推估及客家認同委託研究成果》。執行單位：典通股份有限公司，線上資源，網址：https://www.hakka.gov.tw/file/Attach/1990/1/491012343871.pdf，檢索日期2022.02.16.

潘繼道，1998，〈漫談東臺灣客家移民史〉。線上資源：https://www.ntl.edu.tw/public/Attachment/910261716242.pdf，檢索日期：2022.06.20。

Arsenijevic, M. and Bohanec, M., 2012, "Environmental Education and Ecotourism: A Case Study of Protected Areas in the Alps." BEST EN Think Tank VIII. Available on website: http://agrilife.org/ertr/files/2012/09/400_Arsenijevic_Bohanec.pdf.

Bhuiyan, A. H. , 2019, "Ecotourism and Environmental Education." Conference paper: International Conference on Environmental Aspects of Bangladesh (ICEAB10) 2010, Available on website: https://www.researchgate.net/publication/332738403_Ecotourism_and_Environmental_Education

Tennie, C., Call J. and Tomasello, M., 2009, "Ratcheting up the ratchet: on the evolution of cumulative culture," *Philosophical Transactions of The Royal Society. B, Series Biological Sciences*, 364 (1528): 2405-2415. Available on website: https://www.researchgate.net/publication/26683796_Ratcheting_up_the_Ratchet_On_the_Evolution_of_Cumulative_Culturedoi: 10.1098/rstb.2009.0052

第九章

王甫昌，2008，〈由若隱若現到大鳴大放〉。頁447-521，收錄於謝國雄編，《群學爭鳴：台灣社會學發展史，1945-2005》。臺北：群學出版社。

王保鍵，2018，《客家發展之基本法治建構》。桃園：國立中央大學出

版中心。

李文良編，2019，《成為台灣客家人》。臺北：臺大出版中心。

林正慧，2015，《臺灣客家的形塑歷程——清代至戰後的追索》。臺北：臺大出版中心。

邱嘉圓，2018，《臺灣慢城創生與客家鳳林慢活》。國立中央大學客家語文暨社會文化研究所碩士論文。

吳忻怡，2021，〈客家族群機關建置與文化敘事：以客家委員會與桃園市客家事務局為考察對象〉。頁129-155，收錄於周錦宏編，《制度設計與台灣客家發展》。臺北：五南出版社。

邱榮舉、王保鍵、黃玫瑄，2017，〈台灣客家運動的回顧與展望：以制度安排為中心〉。《客家研究》10（1）：1-32。

呂嵩雁，2014，《花蓮客語及相關方言分布》。客委會補助計畫，資料來源：http://www.hakka.gov.tw/Content/Content?NodeID=624&PageID=36404。

陳定銘，2016，〈都會地區客家族群認同與政策網絡之研究——以新北市為例〉。《客家公共事務學報》14：1-27。

黃靖嵐，2008，《東部客家？花蓮玉里二個客家社區的族群關係與認同研究》。國立中央大學客家語文暨社會文化研究所碩士論文。

黃應貴，2018，〈族群、國家治理、與新秩序的建構：新自由主義下的族群性〉。頁1-58，收錄於《族群、國家治理、與新秩序的建構：新自由主義化下的族群性》。臺北：群學出版社。

謝世忠，2019，〈導論：彰顯現代性課題——客家族群關係研究的新進程〉。頁11-31，收錄於《客家族群關係》。新竹：交通大學出版社。

羅烈師，2018，〈台灣客家分布與島內遷徙之再討論：以饒平篤祜堂七藍周姓彰化平原移民遷新竹湖口為例〉。頁163-192，收錄於莊英章、黃宣衛編，《客家移民與在地發展》。臺北：中研院民族所。

國家圖書館出版品預行編目（CIP）資料

緣於山海之間：東臺灣的原民與客家 / 王俐容主編 . -- 初版 .
-- 桃園市：國立中央大學出版中心出版；臺北市：遠流出
版事業股份有限公司發行, 2023.12
　　面：　公分
　ISBN 978-986-5659-47-9（平裝）

　1. CST: 臺灣原住民族　2. CST: 客家　3. CST: 遷移　4. CST:
民族史　5. CST: 臺灣

536.33　　　　　　　　　　　　　　　　112020081

緣於山海之間：
東臺灣的原民與客家

主編：王俐容
執行編輯：王怡靜

出版單位：國立中央大學出版中心
　　　　　桃園市中壢區中大路 300 號

　　　　　遠流出版事業股份有限公司
　　　　　台北市中山北路一段 11 號 13 樓

發行單位 / 展售處：遠流出版事業股份有限公司
地址：台北市中山北路一段 11 號 13 樓
電話：(02) 25710297　傳真：(02) 25710197
劃撥帳號：0189456-1

著作權顧問：蕭雄淋律師
2023 年 12 月 初版一刷
售價：新台幣 480 元

ISBN 978-986-5659-47-9（平裝）
GPN 1011201854
Ylib 遠流博識網　http://www.ylib.com E-mail: ylib@ylib.com